El tamaño sí importa

El tamaño sí importa

Fernanda Familiar

Grijalbo

El tamaño sí importa

Primera edición en México, 2008

Primera edición para EE.UU., 2008

D. R. © 2008, Fernanda Familiar
Grupo Charolet por la fotografía de portada

D. R. © 2008, Derechos exclusivos de edición en español reservados para todo el mundo:
Random House Mondadori, S. A. de C. V.
Av. Homero No. 544, Col. Chapultepec Morales,
Del. Miguel Hidalgo, C. P. 11570, México, D. F.

www.randomhousemondadori.com.mx

Comentarios sobre la edición y contenido de este libro a:
literaria@randomhousemondadori.com.mx

Random House Mondadori México
ISBN 978-970-810-326-8

Random House Inc.
ISBN 978-030-739-207-7

Impreso en México / *Printed in Mexico*

Distributed by Random House, Inc.

NOV   2008

Índice

Dedicatoria

A mis hijos: que el saber siempre los impulse a seguirse cuestionando.

Agradecimientos

¡Qué lista más grande! En este caso el tamaño sí importa porque todos los que participaron en este libro son gente que puso aceite en el engranaje de la rueda: Blanca Charolet, ¡qué sesión más divertida de fotografías, ¡no la olvidaré! Me dio frío. Socorro Rivera, por tu maquillaje y tanto spray para aplacar los miedos. Arturo Morales, por la poca ropa que usé, aunque por él no quedó porque me llevó como veinte modelitos. Para él el tamaño sí importa. Érika Pedroza Luna, tu nuevo apodo será "la preguntona" porque a cuántos encuestaste, qué ganas le echaste. A Liz Basañez, Enrique Alfaro, Libe Molinasevich, Fernando Figueroa, Edelmira Cárdenas, Paulina Millán, Tari Tron y Rinna Riesenfeld; al doctor Juan Luis Álvarez Gayou, que encabeza, hoy por hoy, el Instituto Mexicano de Sexología que compartió datos tan importantes para este trabajo. En todos ustedes profesionales del entendimiento de la sexualidad siempre encuentro una disposición sincera y amistosa. Creo y confío en que su conocimiento es invaluable y hay que hacerlo público.

Doctora Adriana López, ¡cómo aprendí contigo! Fueron tantas las historias que escuchamos en todo el país y qué decir de los rituales de buena vibra que hacíamos antes de empezar las conferencias. ¡De Mérida a Ensenada y las viejas como si nada! Nos conocimos gracias a la firmeza emocional que vende Pfizer. Gracias por los datos que aportaste y que aparecen antes de cada capítulo.

Juan Hernández Urban, en Gandhi de Miguel Ángel de Quevedo, te lo prometí, no hay deuda. A todos los latosos, que quiero, en Random: César, Cristóbal, Pedro, Denisse y las que están o ya se fueron. A los diseñadores de la portada por sus comentarios tan atinados.

A Christian Vizl, tu opinión para mí siempre es importante: me das rumbo. Como papá y mamá tenemos un reto por delante muy valioso: hablarle a nuestros hijos con la verdad, como hasta ahora. Gracias por tu tamaño de conciencia.

A Beverly Whipple, nunca olvidaré nuestra conversación de cómo descubriste el punto G y el P en los hombres, ¡aprendí mucho en cincuenta minutos!

Doctor Alfredo Valencia, gracias por tu tiempo y por aportarnos conceptos claros para entender con mayor facilidad las emociones humanas.

A todos los que contribuyeron con sus testimonios; sé que no fue fácil enfrentarse a mis preguntas y mucho menos dar tales respuestas llenas de honestidad. Me adentré en su privacidad en serio y me quedo con la sonrisa de confianza que expresaron al abrirme esa valiosa puerta. "¡Yo quiero estar en el libro, Fer! ¡A ti sí te lo cuento! ¡Me interesa participar para sembrar más apertura sobre la sexualidad en este país! ¡Nunca he hablado con nadie de esto!…" A todos los cómplices que participaron en estas páginas con sus historias y con su conocimiento. Sus ganas, entusiasmo y tiempo son valorados.

A Carlitos, tu hija anda hablando de temas escabrosos para muchos. Confía en mí, hace falta.

Mamá, sin saberlo me impulsaste a hacer este libro aquel día que en Valle de Bravo abrí un paquete que había llegado a mi oficina y te lo llevé pensando que eran dulces. Y ¡oh, sorpresa! Eran aparatos y accesorios de promoción para un buen desempeño sexual… Tú me dijiste: "¡Qué es eso!" y nos reímos juntas tanto. Entre tu generación y la mía hay mucho de qué hablar, hay mucho que aprender y escuchar.

Eduardo Quijano, gracias por tus comentarios, como siempre, tan atinados. Gilda Moreno, eres la estructura de este trabajo junto con tu equipo. Marco, artista, gracias por tu dibujo.

Guadalupe Loaeza, el "¡Sí, cuenta conmigo!" me dio ánimo para ponerme las pilas y empezar. Gracias por el tiempo y las ganas dedicadas al prólogo.

Y me falta la persona más importante de este engranaje: tú, quien tienes este libro en tus manos porque invertiste algo muy valioso: dinero y tiempo.

Déjame y te cuento…

Mi querida Fernanda:

Eres una mujer que sabe pensar en grande. No hay duda de que todo lo que realizas tiene una razón y un objetivo que trasciende. Estoy segura de que el tema de tu libro *El tamaño sí importa*, trascenderá entre tus lectoras (¿y lectores?) de muchas maneras. Si te lo digo, es porque en mí hizo que se movieran muchas cosas. Te confieso que no me gustan los libros llamados de "autoayuda"; además de aburridos, los encuentro cursis y plagados de lugares comunes. Pero el tuyo tiene dos características que me parecen fundamentales para este género: frescura y autenticidad. Conforme avanzaba en la lectura, tenía la impresión de tenerte frente a mí. Haz de cuenta que las dos nos encontrábamos en una de las tantas mesas del Café "O" de Monte Líbano. ¿Por qué imagino nuestro encuentro en un restaurante de Las Lomas? Tal vez porque el tema de tu libro me provocó muchas regresiones que se relacionan precisamente con el perfil de los parroquianos que suelen ir a ese café. Nada me gustaría más que "las niñas bien", sus hijas y sus nietas, te leyeran. Por otro lado y con respecto a la sexualidad, se podría pensar que las nuevas generaciones ya están más allá, mas temo que no sea así. Es cierto que en ese as-

15

pecto aparentan actuar con mucha libertad y conocimiento de causa, pero si rascáramos un poquito esa fachada, seguramente nos daríamos cuenta de que, como sus abuelas, ellas también tienen sus telarañas, sus fantasmas, y lo que es peor, sus lagunas. No digo que no estén mejor informadas y mucho mejor equipadas para vivir su sexualidad de lo que solía estarlo su madre; lo que digo es que las advierto aún temerosas e ignorantes en relación con la calidad de su vida sexual. En el fondo, Fernanda, esto no me sorprende. No olvidemos que fueron educadas por mujeres dos veces más temerosas y tres veces más ignorantes que ellas. Si te lo digo es porque tu libro hizo que me preguntara de qué manera había educado yo a mi hija acerca de su sexualidad y si al hacerlo no le había transmitido, de toda buena fe, mis propios miedos y mis propios fantasmas. También me lo pregunto en relación con mis hijos varones. Y al formularme lo anterior, siento incertidumbre, pero, sobre todo, remordimientos.

Déjame y te cuento, Fernanda. Soy la séptima de una familia de nueve. Muchas veces he pensado que fui educada con muchos miedos y prejuicios, en especial a propósito del tema de la sexualidad. Si a lo anterior le agregas que fui a un colegio de monjas, el resultado es bastante lamentable. Cuando tenía catorce años, tuve la osadía, el atrevimiento y la desfachatez de platicarle a mis compañeras cómo venían los niños al mundo. Por haber pecado contra la pureza, me expulsaron del colegio tres días. Esta expulsión había sido solicitada a la madre superiora por las propias madres de mis compañeras, ya que por mi culpa por mi máxima culpa, sus hijas adolescentes se habían enterado, por primera vez, de los terribles *"facts of life"*, como dicen aún muchas señoras de la burguesía mexicana (siempre que estas mujeres abordan cualquier tema que tenga que ver con el sexo, lo hacen en inglés o en francés. Claro, es mucho más elegante…). Todo el mundo en el colegio se enteró de que "la chica" Loaeza tenía malas conversaciones y que, por consiguiente, no había que juntarse con ella.

Te preguntarás, mi querida Fernanda, qué hice durante esos tres días en mi casa. Era tanta mi culpa y me sentía tan "manchada" por mi mala acción, que decidí volcarme en las labores hogareñas. De alguna manera debía hacerme perdonar por el Señor: hacía las camas de mis hermanos, lavaba los trastes, trapeaba la cocina y los dos patios, barría la calle, pasaba el "Elecktrolux" por los tapetes persas de mi mamá, limpiaba toda la plata y los candiles pletóricos de prismas, enceraba todas las sillas y sillones del mueble Napoleón Tercero, boleaba los zapatos de mi padre y de mi hermano; hasta llegué a ocuparme del cuarto de las muchachas. ¿Te das cuenta, Fernanda, de lo culpable que me sentía? Pero lo peor de todo es que mi madre encontrara perfectamente normal que pagara de esa forma tan ardua mi error de haber informado a mis "compañeritas" acerca de un tema **tabú**, de un tema del que no se hablaba ni con el confesor y de un tema que le correspondía abordar sólo a los ginecólogos más liberados de la época.

Era evidente que mi adolescencia se desarrollaría entre culpas, miedos y remordimientos.

Déjame y te cuento, Fernanda, que la primera vez que un chico (un súper niño bien) de quien estaba muy enamorada me dio un beso, no exactamente en la boca, sino en una de las comisuras, pensé que me había embarazado. No, no te rías, querida amiga, así fue. Al otro día, sumida en la absoluta confusión, le llamé por teléfono a la mayor de mis hermanas y le dije: "Me pasó algo horrible... Me siento de la cachetada... Te tengo que contar..., pero por favor que no se enteren mis papás.... ¿Puedo pasar a verte esta tarde?", le pregunté. Ella de inmediato pensó en lo peor, es decir, que estaba, en efecto, *"expecting a baby"*... Entonces, Antonia vivía en Polanco. Para ir a visitarla de mi casa, bastaba con que tomara un Juárez Loreto en la esquina de Río Nazas y llegara a Tennyson, en tan sólo veinte minutos. Me sentía tan culpable por haber incurrido en el "pecado de la carne" que cuando llegó el momento de bajar en Homero, en lugar de esperar que llegara a la parada, descendí del autobús cuando éste todavía estaba en marcha. Ya te imaginarás, Fernanda, el azotón que di entre la banqueta y la avenida. Como pude me incorporé con las rodillas y las medias totalmente deshechas... Sin exagerar, parecía como aquel Cristo todo ensangrentado que está en la iglesia de San Jacinto. De alguna manera tenía que pagar mi culpa. Cuando mi hermana me vio, me abrazó y me dijo con una voz de pésame: "Cuéntamelo todo, que sabré comprenderte". Y entre lágrimas y lamentaciones, así lo hice. Su reacción fue inmediata: "¡Estás loca! Pero si nada más fue un beso y de ladito... No hiciste nada malo... ¿Cómo puedes pensar que perdiste tu virginidad? Tranquila... Te juro que todavía eres virgen y que te podrás casar de blanco... Ya no te preocupes... Híjole, me diste un miedo...", decía Antonia, entre asustada y solidaria. Pero, claro, también ella tenía sus fantasmas y sus propias telarañas. "Lo que sí me da un poquito de miedo es que... este chico, ya no te vuelva a buscar, porque piense, tal vez, que eres demasiado fácil... A lo mejor lo asustaste, como todavía no eres su novia.... ¿Tú crees que ya te 'quemaste' y que piense que eres la típica niña 'loca'? ¿Por qué no le escribes una cartita y le dices todo lo que sientes? A lo mejor le das ternura... y te vuelve a llamar."

Mi querida Fernanda, nada más de acordarme de lo anterior, se me revuelve el estómago. Si entonces hubiera leído un libro como el tuyo en donde afirmas, con razón: "La desinformación es terrible. Los castigos divinos que salen de la boca de las personas son muy fuertes. El cuerpo, entre otras funciones, está hecho para sentir y sentir es igual a placer. Bajo esta óptica, ¿por qué no darnos permiso de sentir placer y hacerlo de manera natural? En muchos casos la educación que se dio en muchos hogares o escuelas fue insuficiente para el posible desarrollo del individuo"... Si entonces hubiera existido una Fernanda Familiar que me hubiera preguntado como lo haces en tu primer capítulo: "¿Por cuál mundo queremos caminar? ¿Por el de la ignorancia o por el camino del conocimiento y de la educación que nos permite tener criterio propio, nos permite ser libres? La educación que nos dieron tiene que pasar por aceite y por un filtro a la hora de crecer y desarrollarnos porque si no objetamos, discernimos, confrontamos o cuestionamos lo aprendido se quedará en nosotros como una única verdad y nos regirá para el resto de la vida. Abrir los ojos ante el mundo es una responsabilidad"...

Eso es lo que hace precisamente tu libro, Fernanda, abre los ojos. Así como los abrió mi hija, cuando le confesé que había llegado, por fin, virgen al matrimonio. "Ay, pobre de mi papá…", exclamó, no sin ironía, con sus ojos enormes azules como el cielo de Cuernavaca. Qué bueno que ahora las niñas, aunque sean súper bien, no llegan vírgenes al matrimonio, qué bueno que ahora le pinten un violín a todos esos prejuicios y miedos con los que seguro se les educó, pero, sobre todo, qué bueno que ahora tengan la libertad de leer un libro que ciertamente no invita a la "promiscuidad masiva", sino a la información para estar más capacitada "como persona para decidir qué quieres y cómo lo quieres".

Tienes razón, Fernanda, el tamaño sí importa… y ¡mucho! El tamaño de mi ignorancia y de mi falta de libertad con respecto a mi sexualidad no tenía límites. Quiero pensar, sin embargo, que gracias a mujeres como tú, he roto muchas barreras y que en la actualidad conozco mucho mejor mi cuerpo. Nunca como en esta época de mi vida, tengo deseos de consentirlo, de atenderlo y de quererlo por todo el tiempo que lo castigué.

Créeme, Fernanda, que como amiga y lectora te felicito de todo corazón, porque con tu libro *El tamaño sí importa* cumpliste tu cometido: al final, algo me movió, me hizo que me identificara, y lo que para mí es más importante, me cuestionó. Estoy segura de que lo mismo les sucederá a muchas lectoras más. Ojalá que lo lean los jóvenes para que descubran que los tamaños en la vida sí importan: el tamaño de su responsabilidad frente a su país, el tamaño de su autoestima, el tamaño de su tolerancia hacia el otro y el tamaño de sus deseos de educarse. Además, déjame decirte que tu libro me divirtió y me entretuvo mucho. Por cierto, ¿cuándo nos tomamos otro cafecito en el Café "O"? Si supieras todas las cosas que tengo que platicarte… Estoy segura de que terminarías por escribir otro tomo más sobre este mismo tema. Es más, ya lo estoy esperando…

Guadalupe Loaeza

"Trata con ternura las vidas que toques,
como si fueran a extinguirse a la medianoche."

Juan Hernández Urban

1. El tamaño sí importa

Soy Fernanda Familiar y me doy cuenta de que el tamaño sí importa. ¿A qué me refiero? Vivimos en una sociedad que todo lo califica por tamaños. Pensemos por un instante en la importancia del contenido de la cartera de alguien, ¡cuanto más tenga, mejor! Pensemos en los tamaños de los senos, ¡cuanto más grandes, mejor! La estatura es otro tema en el que el tamaño importa y qué me dices del coche, ¡cuanto más grande mejor para dar el estatus necesario! (descartando, como es evidente, que los coches pequeños pueden ser los más caros). El valor de la mayoría de las posesiones se refiere al tamaño. Una casa, por ejemplo, cuanto más grande, mejor, y muchos se quejan de contar con espacios pequeños sin darse cuenta de que por lo menos los tienen. El tamaño del refrigerador, de la cocina, de la licuadora, de la botella, de las nalgas, del velo de la novia y de las marcas que usamos. ¡El chiste es que las marcas se vean y que todos sepan que yo me pongo algo así de caro! Y ¿qué tal el tamaño de la pantalla de plasma? Importa muchísimo. Importa hasta el tamaño del escenario donde te presentas... Innumerables ejemplos podría incluir referentes a este tema. Todo parece indicar que cuanto más grande sea es mejor.

Quizás, en el fondo y mediante una conciencia más aguda, podamos llegar a superar lo anterior como sociedad. Acaso podremos darnos cuenta de que en realidad los tamaños grandes no importan tanto, pero lo que nunca superaremos parece que es ¡el tamaño del pene! Vaya, nos hemos atrevido a ponerle a los enanos una "pingota" para justificar que ellos también pueden dar y sentir satisfacción y qué decir cuando aseguramos, como quien sujeta la verdad en el puño de la mano, que el tamaño del pene "nos salva" a la hora de tener una relación sexual. ¿Será que hemos sido obligados a crecer y desempeñarnos con base en los tamaños y esto ha influido directamente en nuestra sexualidad, en nuestra visión, en cómo nos medimos y cómo en verdad nos sentimos de tener o no los tamaños adecuados?

Revisemos la historia de algunos personajes donde los tamaños sí importaban, en donde cuanto más era mejor, donde la insaciabilidad muestra el camino correcto:

Príapo, un personaje de la mitología griega que debido a las dimensiones descomunales de su pene mostraba el poder relacionado con la fertilidad y la virilidad. Su pene monstruoso dejó el nombre de una enfermedad que existe en la actualidad llamada "priapismo", que significa tener una erección involuntaria casi permanente. El marqués de Sade, que fue un provocador en su época por su desmesura en tener relaciones sexuales (cuantas más, mejor) o Henry Miller, el gran novelista estadounidense que a su pene, su mejor amigo le llamaba "Johnny Thursday". Pauline Bonaparte, una ninfómana, hermana de Napoleón, que le causó a éste fuertes dolores de cabeza porque arrasaba sexualmente con ejércitos enteros. Recuerdo, también, a Xaviera Hollander que en los años 1970, al ser una liberadora sexual por medio de sus libros, causó escándalo en la sociedad.

En un capítulo, el historiador Enrique Alfaro hará referencia a algunos de estos personajes cuya imagen se ha basado en que los tamaños sí importan.

Mi pregunta con respecto a los tamaños en la sexualidad es si en verdad importan o si hemos sido influenciados (en casa, por la escuela, por los amigos o por los medios de comunicación) para creer ¡que importan!

Leí en un libro un dato que me pareció muy interesante y lo menciono como ejemplo de que lo que sucede en la televisión sí puede influir en nuestros estados de ánimo... La televisión nos ha abierto posibilidades ilimitadas de imágenes que nos llegan directo, duro y a la cabeza a nuestras emociones. En nuestro país, un mexicano que se expone veinticinco horas a la semana a ese aparato (no incluyo el tema de Internet que tiene la misma importancia por el acceso a la información) y ve imágenes en ese tiempo que suelen dejarle una sensación de insatisfacción es influido en que los tamaños sí importan. En ese televisor, pantalla plana, vemos muchos tamaños inalcanzables: cuerpos esculturales, coches que jamás tendremos, casas que jamás habitaremos, etcétera. En el libro *La felicidad*, de Richard Layard, el autor se refiere a un estudio realizado por el psicólogo Douglas Kenrick. En este experimento le mostraron a un grupo de mujeres fotografías de modelos y evaluaron su estado de ánimo antes y después de ver las imágenes. El resultado fue devastador; las mujeres se sentían ansiosas y deprimidas. Al mismo tiempo se mostró las mismas fotografías a los hombres y al evaluarlos se comprobó que en su mayoría ¡se sentían insatisfechos con su mujer! Hay que entender que a mucha gente expuesta a los medios éstos le pueden generar insatisfacción y mucha frustración. Muchos no tendrán la educación y las bases necesarias para percatarse de que lo que está ahí no es el mundo que los rodea y ahí entrarían en juego aspectos de autoestima y seguridad de manera fundamental.

Si soy una persona segura de lo que tengo y de lo que soy, esas imágenes tendrán un impacto menor en mí, quedarán en el rubro del entretenimiento y punto. Pero ¿y si no? Afectarán áreas importantes de mi modo de verme en la vida cotidiana. La constante frustración afecta a quien no sepa qué hacer con ella. Por ejemplo, analicemos lo que se promueve en canales, películas, revistas y demás medios pornográficos. La mayoría muestran penes grandes, muy erectos, de gran durabilidad (¡como si usaran pilas!), senos estables, cuerpos sedosos, tiempo, mucho tiempo para alcanzar el orgasmo, mujeres que al gemir demuestran que sienten placer, cuanto más gritan, mejor. ¿Tú crees que esos impactos no nos generan algo? ¿Cuántos hombres y mujeres obtuvieron sus conocimientos sobre el sexo con base en la pornografía y el desempeño con esos tamaños?

La realidad es otra, la realidad es que somos de carne y hueso y deseamos ser mejores personas cada día mediante muchos esfuerzos; ¿quién dijo que la vida era fácil? Muchos momentos de la misma se viven con frustración y no tenemos tolerancia para vivirla, no fuimos educados para tolerar la frustración. ¿Cuánto invertimos de nuestro tiempo para resistir tentaciones o deseos inalcanzables?

Pensemos en la frase "Todo es posible". ¿En verdad lo es? ¿Acaso no en la misma frase de todo es posible cabe la imposibilidad? Porque si todo es posible, entonces lo imposible también es posible y no nos damos cuenta de que no todo lo podemos. No podemos tener un tremendo pene, unos buenos senos bien estables, una nalguitas bonitas, además de trabajo, dinero, amor, salud, buen sexo y ¡nada de aburrimiento! Y dejemos a un lado el posible hecho de pensar que la vida se acaba porque terminaremos en una depresión del cuerno y nos pondremos todos a llorar.

El ser humano tiene sus limitantes a pesar de ser una máquina perfecta. ¡Somos un milagro! Y tenemos la maravillosa oportunidad de aprender más día a día. Creo que lo importante, y es a lo que se dedica el presente trabajo, es tomar conciencia de lo que sí tenemos, de cómo sí nos desempeñamos, de lo que sí podemos poner en marcha, de quiénes sí somos y de qué sí nos gusta en verdad, dónde sí podemos mejorar y aprender más. Este libro te invita a recorrer un camino que te hará cuestionarte en profundidad quién eres en el ámbito de los tamaños. ¿Qué tanto te importan? Y si en realidad son importantes ¿qué será cuando disminuyan? Hay gente que no ha sabido qué hacer con lo que tiene ¡en todos aspectos!

Lo anterior me recuerda a una mujer que hace ochocientas abdominales al día y pasa tres horas diarias en un gimnasio, ¡qué cuerpazo! Pero eso no le sirve para desarrollar su parte emocional, para dejar de tener miedo al enfrentarse a una relación con alguien porque además le da pena desnudarse cuando está con un hombre; piensa que no es suficiente para alguien. ¡Qué incongruencia! Se dedica a su cuerpo, al que quizá muchas deseamos, pero no se puede relacionar con alguien, vive sólo de ese aspecto físico y en su interior, en el mundo de las emociones y del desarrollo personal, ¡nada!

Hablando de nuestra sexualidad, recuerdo a una amiga a quien se le nota cuando tiene relaciones sexuales porque le brilla la cara, los ojos se le ven bonitos, el pelo se le compone, y ¿sabes por qué? Por la cantidad de serotonina y dopamina y todas las "inas" que se generan en nuestro cuerpo y nos hacen bien y nos dan salud. Uno arrastra a la vida emocional una mala relación sexual, punto.

La vocación, la salud, las relaciones familiares y los momentos sociales en los que nos proveemos de entretenimiento, la sexualidad, por ejemplo, son aspectos importantes en la vida de un ser humano e intentar alcanzar el equilibrio en ellos es lo que nos lleva a un mayor bienestar. Imaginen a la persona que dedica su tiempo completo a desarrollar su vocación y pasa todo el día en el trabajo. ¿En qué momento podrá relacionarse con otros o conocerse más o dar tiempo a su salud? Sería sin duda una persona desequilibrada y creo que la vida se trata de mantener un constante equilibrio, en la medida de lo posible, para poder desenvolvernos en todas las áreas que nos conforman como ser humano. Otro ejemplo: un señor que vive pensando en el dinero y en cómo hacerlo y llevarlo a casa porque eso es lo fundamental, se perderá la vida de sus hijos, no podrá gozarlos, conocerlos, mirarse a él mismo, darse tiempo para coleccionar algo que le guste, dedicar tantito a su salud... En fin, es curioso, pero a veces somos muy buenos en un área de nuestra vida, pero quizá porque no nos hemos dado cuenta de que existen otras que también son importantes y nos ayudarán a conocernos más, a desarrollarnos mejor.

Ahí está el asunto que vamos a encontrar en *El tamaño sí importa*, la relevancia de ver qué sí tenemos y cómo nos vemos y nos sentimos al tenerlo.

(Hago un paréntesis autoral: mi primer libro lo escribí embarazada de mi hija Natalia. Pasamos horas en el mismo cuerpo frente a una computadora desarrollando juntas esa obra. En este instante ella, a sus cuatro años, se acaba de sentar en mis piernas mientras escribo esta idea, ¡sentí ganas de llorar de la emoción! Natalia vuelve a estar entre la computadora y yo, y me hace pensar que, igual que aquel día, en el fondo de mí, mi trabajo es para ella y para mi hijo. Quisiera que ambos encontraran el equilibrio en su vida y se percataran de que los tamaños no importan, el tener mucho no importa, el ser más o menos que otro no importa. Lo que importa es el espejo donde ellos se miren, las herramientas de conocimiento, educación, límites, principios, valores y estabilidad emocional que tengan para enfrentar la vida de la mejor manera posible y vivirla y disfrutarla lo mejor que se pueda y que quede claro: lo mejor y no lo más...

Algo que también despertó en mí la necesidad de escribir este libro fueron dos aspectos fundamentales: el primero, darme cuenta de que mentimos mucho en torno a nuestra vida sexual. Somos muy fantasiosos y mentirosos. Resulta que las amas de casa hacen el amor bien bonito cuatro veces por semana y los hombres no se masturban desde que eran adolescentes y los adolescentes están más informados y usan preservativo cada vez que tienen una relación ¡porque las tienen!, y qué decir de aquellos que disfrutan ¡completamente y siempre! su sexualidad, o los que aseguran que nunca han sufrido un desaguisado sexual, que siempre lo logran bien rico.

La realidad es otra: hay cuarenta millones de personas con sida en el mundo y muchos siguen pensando que al rezar se les va a quitar o no les va a dar. La realidad es que los adolescentes tienen sexo y están muy desinformados. Muchas jóvenes mantienen relaciones sexuales anales sin protección para cumplir en casa con el requisito de la virginidad: "¡Y hazme la prueba, mamá, que seguro la paso!". Muchas mentiras nos envuelven y hacemos como que no las vemos. En mi país, por ejemplo, hay más amas de casa infectadas de sida que prostitutas. Hay mucha y mala información, en cualquier nivel, pero qué tal los grupos que sugieren que es un pecado hablar de sexualidad, cuando es parte de nuestra naturaleza, es un derecho, es valioso saber. Un día una señora me dijo "…Ojalá que te quiten el programa de radio, ¿cómo es posible que gente decente te dé trabajo y hables de sexo así, tan abiertamente?…". Mi respuesta fue: "No, señora, se equivoca, no hablo de sexo, hablo de sexualidad, ¿a poco no sabe cuál es la diferencia entre uno y la otra? Porque si no la sabe, valdría la pena que escuchara un poco más el programa para orientarse mejor. Es una pena no saber a su edad la diferencia, porque sexo es femenino y masculino, señora".

Dejemos de tener miedo, demos espacio a los expertos, hablemos con naturalidad sobre nuestro cuerpo. No hay mayor tristeza que escuchar a una mujer exclamar: "¡No me enseñaron que podía sentir!".

El miedo y la desinformación sexual son una bomba de tiempo. Hablar con nuestros hijos de sexualidad no los empujará a tenerla. Se los asegura la OMS (Organización Mundial de la Salud) con números, con datos, con estadísticas en las que se observa que los jóvenes informados aplazan sus relaciones sexuales, se adentran en ese mundo con mayor precaución, con más conocimiento, y no por la calentura de que "lo prohibido es más rico". La sexualidad se puede disfrutar en conciencia, percatándonos de lo que queremos o no. No puede convertirse en un acto de sometimiento, de miedo, de disfunción emocional.

Los enemigos de la sexualidad son el silencio, el miedo y la apatía mental.

Vienen a mi mente muchas anécdotas que enmarcan la idea anterior. En Mérida, cuando llegó el momento de dar paso a la sesión de preguntas y respuestas después de concluir una conferencia sobre sexualidad, en donde se habló abiertamente de orgasmos, de sensaciones, de enfermedades, de disfunciones, cómo olvidar a aquella señora que levantó la mano y preguntó: "¿Qué les decimos a los maridos que piensan que por quitarnos la matriz ya no valemos nada?…". Me quedé con la boca abierta y me dieron ganas de abrazarla y de volver a empezar la conferencia. A veces creemos que hay información suficiente o básica por lo menos y, sin embargo, no dejo de sorprenderme y de comprobar todos los días que eso no es cierto. En su comentario va inmerso un mundo de desconocimiento, de sometimiento, de miedo, de falta de estima, ¡es más importante lo que piensa el marido que lo que ella siente! Es muy profundo ese comentario y como ése escucho muchos muy seguido.

En esas mismas conferencias impartidas por todo el país junto con la doctora Adriana López escuché historias increíbles. Frases como "¡Esto es lo que merezco y no me queda de otra!". Otra señora que un día, al tener una relación sexual con su marido, sintió que se hizo pipí sobre él (no era más que la maravillosa eyaculación femenina provocada por la estimulación del punto G) y el marido la golpeó y la insultó diciéndole que era una cochina, que nunca en su vida se volviera a mear (palabra textual) sobre él, que jamás la volvería a tocar por asquerosa… y ella recordaba aquel día como el fin de su vida sexual. Jamás se permitió volver a sentir.

O aquel adolescente en Monterrey, que levantó la mano y comentó: "Yo tengo relaciones sexuales con mi primo, ¿se me puede caer?". ¡Cómo es posible! Lo que se te puede caer es la vida entera si no enfrentas una preferencia sexual. En estos asuntos aprendí que no se debe juzgar, se debe informar y escuchar.

Mis oídos se quedaban pasmados después de cada encuentro. ¿Qué decirle a la mujer que jamás había sentido placer al tener relaciones sexuales? ¿Qué responderle al hombre que tenía dificultades de desempeño porque sus problemas emocionales no le permitían "aflojarse"?, pero la voz de su padre estaba siempre presente en su vida sexual diciéndole: "¡Ándale, tú eres un cabrón, demuéstralo con las viejas!", cuando a él le gustaban los hombres por principio. Y ¿qué decirle a la mamá que golpeaba con severidad a su hijo por andarse tocando ahí: "¡Déjate, cochino!, eso sirve para orinar". Escuché a una mujer que llevó a su hijo obeso al pediatra y cuando éste empezó a revisar al niño la mamá le dijo al médico: "¡Mire nada más qué chiquita la tiene, va a hacer muy infeliz a muchas mujeres!". ¿Se imaginan el impacto en las emociones de ese niño que pronto está por descubrir su sexualidad? Si así lo ve la mamá, ¿qué seguridad tendrá al enfrentarse a otras mujeres?

La desinformación es terrible. Los castigos divinos que salen de la boca de las personas son muy fuertes y provienen de mucha ignorancia. El cuerpo, entre otras funciones, está hecho para sentir y sentir es igual a placer. Bajo esta óptica, ¿por qué no darnos permiso de sentir placer y hacerlo de manera natural? En muchos casos la educación que se dio en los hogares o escuelas fue insuficiente para el desarrollo del individuo.

Dejemos a un lado, por un momento, el tema de la sexualidad, para construir seres humanos integrales orgullosos de sí mismos, deseosos de reconocerse y quererse con lo que tienen y cómo son, y no vivir la vida siempre cumpliendo las expectativas del otro.

¿Qué nos salva a la hora de relacionarnos? Nuestro autoconocimiento, la seguridad de que sepamos quiénes somos, qué nos gusta, qué estamos dispuestos a ceder o qué sería imposible negociar por convicción propia.

¿Por cuál mundo queremos caminar? ¿Por el de la ignorancia o por el camino del conocimiento y de la educación que nos permite tener criterio propio, nos permite ser libres? La educación que nos dieron debe pasar por aceite y por un filtro a la hora de crecer y desarrollarnos porque si no objetamos, discernimos, confrontamos o cuestionamos, lo aprendido se quedará en nosotros como una única verdad y nos regirá para el resto de la vida. Abrir los ojos ante el mundo es una responsabilidad, y en eso estamos solos.

¿Qué queremos para nosotros? ¿Las cadenas de culpabilidad, el depositar en otros nuestras propias ideas, el vivir con deseos reprimidos por lo que opinarán de mí, cuando el que me educó tampoco opinaba ni se conocía a sí mismo? ¿Tenemos miedo a saber? ¿Por qué? Si es una magnífica oportunidad para resolver, para prepararnos mejor, para crecer… Tapar el sol con un dedo es lo más fácil, barrer las cosas abajo del tapete y decir que eso no existe es estar en una zona de confort. Quizá muchas de las puertas que abramos para saber más nos van a doler, pero el sufrimiento tendrá un fin: ser mejores personas.

La sexualidad, en nuestro país, es un nudo de marañas sociales, es una madeja de pensamientos de antaño. Hoy está comprobado que tanta ignorancia nos está llevando a morirnos de enfermedades de transmisión sexual porque no supimos. ¿Cómo nos fue a pasar a nosotros? Castigamos al cuerpo y no lo dejamos libre.

Que quede claro, no estoy invitando a la promiscuidad masiva, ¡libérense todos y tengamos relaciones sexuales! Mi invitación es a darte cuenta de que con información tendrás más capacidad como persona para decidir qué quieres y cómo lo quieres.

La balanza está en tus manos. También me impulsó a publicar este libro una mujer de setenta y seis años, que un día, en esos encuentros por el país, me confesó: "Fernanda, todo lo que hubiera yo hecho con esta información en mis tiempos, la cantidad de sufrimiento que me habría evitado, habría sido más libre, más feliz, más plena…". Analizo esto y no me lo deseo ni a mí, ni a ti, ni a mi hija, ¡ni a nadie!

Con estas ideas, te invito a adentrarte en el mundo de muchos valientes que me contaron su historia. La importancia de los testimonios de esas personas que participaron en este libro es muy valiosa porque fueron honestas con sus respuestas. Este trabajo pretende dar un poco de luz al túnel oscuro de la vida sexual de muchos. En los capítulos de la voz de los jóvenes, la voz de las mujeres y la voz de los hombres quedarán plasmadas las historias de algunos que por primera vez no han mentido frente a su sexualidad. Además, se incluye una prueba elaborada por el Instituto Mexicano de Sexología, la cual nos hará reflexionar en dónde estamos parados en realidad. Hay mucho por leer y pensar en las siguientes páginas.

Si al final de este libro te quedas indiferente frente al tema de sexualidad, tíralo a la basura, ¡por favor!, porque no habrá cumplido su cometido. Pero si algo te mueve o hace que te identifiques o te cuestiona, le habrás puesto un granito de arena al despertar de una sexualidad más plena, más bella, más completa, más disfrutable para tu persona y para alguna otra que venga cerca de ti en el camino de la vida siguiéndote los pasos.

¡Que lo disfrutes! Porque, así como la sexualidad, si esta lectura no es divertida y entretenida, no vale la pena.

Los niños y niñas desde el nacimiento ya son sexuados.

Los niños tienen varias erecciones del pene y las niñas del clítoris de manera fisiológica durante el día.

Aprenden por las actitudes de quienes los rodean si las partes y funciones de su cuerpo son "buenas" o, por el contrario, son "sucias" o "vergonzosas".

Aprenden los nombres de los genitales de los padres y su entorno.

Los juegos sexuales en las niñas y niños forman parte del desarrollo psicosexual normal y, en ocasiones, sus juegos son imitaciones de lo que observan de sus padres.

Se ha observado que los niños y niñas que comparten habitación con sus padres, y están presentes, aunque estén dormidos, durante el encuentro sexual pueden estar sobreestimulados sexualmente.

Los niños y niñas en su desarrollo psicosexual exploran su cuerpo, incluyendo los genitales, y descubren que ciertas partes de él le producen sensaciones placenteras. Así aparece la masturbación infantil.

La masturbación infantil también puede ser una manifestación de ansiedad, y cuando es excesiva y en público, hay que atender esta conducta con un especialista.

Cuando los niños preguntan algo relacionado con la sexualidad y no se les da una respuesta, intentarán resolver su duda preguntando a compañeros de su edad o buscando observar a los adultos.

Los niños y niñas que reciben orientación sexual desde pequeños experimentan su paso a la adolescencia de una manera más sana y sin culpa.

2. El orgasmo es de quien lo trabaja

Con respecto a este tema tan sugerente llega a mi mente información relacionada con una entrevista que le hice a Beverly Whipple, la descubridora del punto G.

La consistencia del punto es parecida a la que tienes en la punta de la nariz. Señores, el punto G no es un timbre, no se trata de tocarlo sino de estimularlo, todas las mujeres tenemos punto G... y un sinfín de datos muy valiosos relativos a esta zona.

Pero, ¿cómo es que una mujer lo descubre? ¿La G corresponde a Grafenberg? ¿Cuántas mujeres estudió Beverly para llegar a las conclusiones a las que se ha llegado sobre la eyaculación femenina? ¿A qué se refiere esta sensación? Son muchas preguntas las que le planteé a Beverly en la entrevista; sin duda, ella ha sido una de las mujeres que más ha llamado mi atención por sus amplios conocimientos sobre sexualidad y por los estudios que ha llevado a cabo en su laboratorio.

Cualquier libro de Beverly Whipple sobre el punto G incrementará tu conocimiento, pero en esta ocasión quiero compartir esta entrevista exclusiva que tuve con ella. El tamaño de la información que obtendremos de esta plática sí importa.

Derechos Reservados
Entrevista a Beverly Whipple
Por Fernanda Familiar

FF: Beverly, has sido vicepresidenta de la Asociación Mundial de Sexología, presidenta electa de la Sociedad Científica Mundial para el Estudio de la Sexualidad, has trabajado mucho por que la información sobre este tema llegue al mundo entero y, además, ¿descubriste el punto G?

BW: Sí, en realidad yo lo descubrí, aunque el doctor Ernest Grafenberg ya había descrito algo sobre el tema en 1950 en un artículo que se leyó con poco interés. Recuerdo que cuando lo descubrí, un colega me decía que lo llamara "The Whipple Tickle" (algo así como la cosquilla de Whipple), pero creo que era justo nombrarlo G por el apellido Grafenberg.

FF: En 1950 ya se habían descubierto sensaciones por medio de este punto…

BW: Sí, en aquel tiempo sólo se reportaron ciertos estímulos en estudios importantes de Grafenberg. Se decía que había una zona sensible como se describió entonces, y no fue sino hasta muchos años después que el doctor John Perry y yo lo nombramos punto G en honor al doctor Grafenberg, que era ginecólogo y ginecobstetra, porque sus estudios en esta materia fueron fundamentales. Se sabe de esta área desde hace miles de años: hay datos de este punto en sánscrito, en escritos antiguos chinos y en 1950 el doctor Grafenberg escribió sobre esta zona sensible. Hablaba de la pared vaginal y de una zona que se hincha cuando es estimulada y en algunas mujeres produce una expulsión de fluido.

El doctor Grafenberg, por ejemplo, desarrolló el dispositivo intrauterino y su trabajo es importante para entender la sexualidad y el placer. A su muerte muchos estudios muy interesantes quedaron inconclusos.

En 1981 publicamos nuestros descubrimientos y en 1982 apareció nuestro primer libro con toda la información descubierta en relación con el punto G. Este libro ya está traducido a más de diecinueve idiomas y la información que incluye es fundamental para el entendimiento del placer femenino mediante esta estimulación.

FF: ¿El punto G es una zona erógena?

BW: Es una zona muy erógena, aunque no a muchas mujeres les guste. Es una zona que le enseña a la mujer que puede tener muchas vías o formas de placer en zonas distintas de su cuerpo. Nuestra contribución más importante es que las mujeres se den cuenta de que disponen de muchas maneras de lograr el placer sexual, en este caso por el punto G.

FF: ¿Qué significa cuando dices que no a muchas mujeres les gusta?

BW: Creo que es la forma en que se lo estimulan. Hay, por ejemplo, hombres muy bruscos o que presionan muy fuerte el área y eso, en lugar de dar placer, genera mucho dolor. Pero las mujeres que lo han encontrado o a quienes se lo han descubierto disfrutan enormemente el placer que les produce. Tienen orgasmos muy especiales y buenos a través de esta zona.

Muchas tenemos gustos distintos en nuestra vida, en comida, ropa, sabores, por ejemplo. Entonces, ¿por qué no pensamos que en nuestro desarrollo sexual pasa exactamente lo mismo? No a todas les gusta la estimulación del punto G, algunas no lo han disfrutado como se debe, otras sienten mucho placer... lo importante es probar para decidir si nos gusta o no. Mi mayor propósito ha sido ayudar a que las mujeres se sientan bien con lo que les brinde placer sexual y uno de esos placeres puede ser para muchas el punto G.

FF: En el mes de julio se celebra el Día Internacional del Orgasmo Femenino, ¿qué opinas de esto? Y te doy un dato, que seguro lo conoces: sesenta por ciento de las mujeres en este planeta no están muy seguras de haber sentido un orgasmo...

BW: Por eso hago lo que hago, por eso intento diseminar información tanto para mujeres como para hombres, de modo que sepan lo que significa la sexualidad femenina. He trabajado veinticinco años en el tema para que la experiencia de campo y científica ayude y dé validez a esta sexualidad. De manera permanente guío a las mujeres para que aprendan sobre su cuerpo, lo vean, lo conozcan. Viajo por todo el mundo compartiendo información.

FF: ¿Cómo le explicas a una mujer que nunca ha tenido un orgasmo, qué es éste y qué es placer?

BW: Lo primero que intento enseñarles es la importancia de que se den permiso de sentir, que entiendan que son seres sexuales. Después, que todas las mujeres tienen que explorar su cuerpo para saber qué les gusta y qué no. Necesitan aceptar y sentir sus cuerpos. Posteriormente, es fundamental hablar con hombres y mujeres para explicarles cómo pueden comunicarse y cómo ellas deberán trabajar su parte para tener un orgasmo en conjunto con su pareja.

Asimismo, resulta esencial que las mujeres sepan que ellas son las responsables y únicas encargadas de su respuesta sexual y que nadie les puede dar ese placer. Así que al darse permiso, recibir la información necesaria y lograr descubrir las habilidades correspondientes no habrá mujer que no logre sentir placer y disfrute de un orgasmo y del placer sexual.

FF: ¿Hay ejercicios para que podamos incrementar nuestra respuesta sexual?

BW: Sí, y para que las mujeres sean multiorgásmicas. Entre otros factores hay que fortalecer y aumentar la fuerza en los músculos pélvicos porque la misma está directamente ligada a la posibilidad de tener un orgasmo. Las mujeres no alcanzan el orgasmo porque sus músculos pélvicos son muy débiles. Las mujeres que tienen orgasmos por medio de la estimulación del clítoris cuentan con una fuerza muscular mediana y las que llegan al orgasmo por punto G y otras formas de estimulación tienen muy fortalecidos estos músculos.

Para fortalecer esta zona cabe destacar que en el cuerpo humano hay un músculo que va desde la pelvis hasta el coxis, que es el vulvo-coxígeo o el músculo PC. En los animales es el que mueve la cola. Como nosotros no tenemos cola que mover, la única forma en que involuntariamente movemos este músculo es cuando tenemos un orgasmo o cuando estamos en el baño orinando y suena el teléfono y contenemos esa orina para que no salga más y podamos ir a contestar... El músculo que se mueve para cortar la salida de más pipí es el que he descrito. Hombres y mujeres lo tienen y deben fortalecerlo.

FF: ¿Qué debemos hacer con ese músculo?

BW: Deben contraerlo durante diez segundos sin liberar la fuerza ejercida en ese acto y luego relajarlo durante diez segundos; diez segundos contraído, diez segundos relajado, y si lo hacemos despacio, a menudo, ese músculo tendrá cada vez mayor fuerza. Recomiendo practicar este ejercicio por lo menos unas cien veces al día y poco a poco aumentar la frecuencia al hacerlo para que se fortalezca en buena medida. Lo notaremos a la hora de tener relaciones sexuales.

FF: ¡Cien veces al día!

BW: Es que lo puedes hacer en cualquier momento, nadie se da cuenta, tú lo puedes estar realizando en este instante. Y eso ayuda a aumentar la fuerza del músculo PC. También es valioso enseñarles, al cabo de un tiempo, a saber si ese músculo ya está fortalecido. ¿Cómo? Muy sencillo: una mujer introduce dos dedos abiertos en su vagina (como si hiciera la V de la victoria) e intenta cerrarlos dentro de ella con la presión de ese músculo. El músculo tendría que lograr que los dos dedos se cierren. La mayoría de las mujeres jamás podría hacer eso a menos que lo fortalezca, pero después de un mes de hacer estos ejercicios el músculo estará tan fuerte que logrará cerrarlos. Éste es un ejercicio, como dije, para saber en qué medida se ha fortalecido y tenerlo así es de vital importancia para que mejoren nuestras relaciones sexuales. Si eso hace con dos dedos, imagínate que hará con el pene. Por favor, no realicen esta prueba más de una vez al mes porque si la efectúan muy seguido no aprenderán a notar la diferencia.

FF: Bueno, eso es para las mujeres. ¿Y los hombres?

BW: Sabemos que en los hombres orgasmo y eyaculación son dos cosas que se dan por separado. Suelen ocurrir juntas pero no tiene por qué ser así necesariamente. A medida que el hombre aprende a fortalecer este músculo PC –de la misma manera que les expliqué: intenta hacer pipí y contiene la orina y luego libera las ganas; ese músculo que siente al hacerlo es el que debe ejercitar–, logrará el orgasmo sin eyaculación, pero además sin perder la erección y puede tener otro y otro orgasmo de esta manera durante el acto sexual y eyacular junto con el último orgasmo.

FF: ¿Los hombres tienen punto G?

BW: Sí, tienen una zona así, la glándula prostática. La estimulación de esta glándula produce en ellos un orgasmo increíble. Yo le llamo punto P (próstatico) y se puede estimular además del pene para que su orgasmo sea mezclado. Es decir, pueden tener orgasmo por estimulación del pene, orgasmo por la estimulación de este punto y orgasmo por la estimulación de ambos puntos. De igual manera, la mujer puede llegar al orgasmo por estimulación en clítoris, por estimulación en punto G o en ambos.

FF: ¿Eso es el multiorgasmo?

BW: No, no es el multiorgasmo, es el orgasmo combinado. El multiorgasmo es tener un orgasmo tras otro tras otro tras otro. Hombres y mujeres pueden ser multiorgásmicos, es decir que pueden tener orgasmos sin perder la excitación. En el caso de las mujeres continúan lubricadas, húmedas y con ganas de seguir teniendo más contracciones de placer y el hombre puede tener eyaculación o no pero no pierde la erección en todo ese tiempo. Una mujer en mi laboratorio, bajo estudio y "escaneo" de todo su cuerpo, reportó treinta y cinco orgasmos en media hora. Un hombre medido en las mismas condiciones tuvo seis orgasmos en veinticinco minutos.

FF: ¿Orgasmo y eyaculación es lo mismo?

BW: No, y qué bueno que lo preguntas, son dos eventos distintos. Un hombre puede sentir muchos orgasmos sin eyacular y mantener la erección; otros pueden tener el pene erecto, sentir placer y eyacular sin alcanzar un orgasmo. Son dos caminos nerviosos diferentes. El hombre puede aprender a controlar la eyaculación para tener más orgasmos. El orgasmo es una descarga eléctrica que va directo al cuerpo, ésa es la sensación y un hombre puede tener muchas descargas de este tipo sin perder la erección y sin eyacular. Por eso es importante que no hagamos estereotipos en las formas de responder. En este momento tenemos un modelo lineal masculino de deseo, erección, orgasmo y no hay nada más falso. Hay tanta variación, tantos caminos, tantas formas, que es injusto relacionarse sexualmente con una línea recta de estímulos.

Yo estoy en la lucha para que hombres y mujeres tomen en cuenta la satisfacción y el placer como un criterio propio. Las mujeres no entran en este modelo lineal tampoco, así que si eso es lo único que experimentan (ese modelo lineal de deseo, erección y orgasmo), lo más probable es que no les interese otro encuentro sexual.

Pienso que el problema sexual no es lograr o no un orgasmo, es si hubo satisfacción en general, con o sin eyaculación, por ejemplo.

FF: ¿Dónde está el punto G de las mujeres y dónde, el de los hombres?

BW: En las mujeres, si están acostadas boca arriba e introducen algo en su vagina (un dedo, un pene, algo) a la mitad del camino entre el hueso del pubis y el cervix hay un punto. Es una parte dentro del útero que si la tocan se sentiría como la punta de tu nariz. Si introduces dos dedos, por ejemplo, a unos cuatro o cinco centímetros y empujas con ellos hacia arriba como haciendo la señal de "ven acá" –necesitas ejercer un poco de presión; no es un tocamiento gentil, tampoco suave, ni es un timbre–, se estimula porque el punto G está alrededor de la uretra y a medida que lo tocas con presión en círculo, sentirás que ese tejido se pondrá más duro, más erecto, por decirlo así. Así sentirás cómo empieza a llenarse de sangre (que es lo que causa una erección). La mujer puede sentirlo si se estimula o se lo estimulan. Si pone la mano exactamente arriba de la línea del vello púbico y empuja hacia fuera, podrá sentir este tejido que se está excitando, estimulando o poniendo erecto (sólo en caso de tener músculos abdominales muy fuertes es posible que no lo sientan por vía externa).

Por favor, entiendan algo, no es una exploración ginecológica, no es un timbre, el placer no es inmediato, no debe tomarse de esta manera porque se pierde la magia en la relación, sin la cual no habrá excitación de ningún tipo.

En los hombres se puede estimular a través del ano o a través de la pared enfrente del ano. En el primer caso, por dentro del ano, si se introducen dos dedos y se empuja hacia delante del pene, en unos cuantos centímetros encontrarán una zona con un tejido distinto (igual a la consistencia de la punta de la nariz) que se estimula. La segunda forma es, en la parte de atrás del escroto, buscar un tejido llamado perineo, exactamente igual que el que tienen las mujeres; si empujas con mucha presión en esa área podrás estimularlo. Es decir, lo encuentras por adentro del ano, muy cercano a la entrada del mismo, o por fuera, hacia los testículos. Es esa parte como una telita, con la misma consistencia de la punta de la nariz, igual que en la mujer. Al estimular ahí logras el tipo de orgasmo al que me refería antes. Ése es el punto P (de próstata) en los hombres.

Al igual que la mujer, el hombre informa que en este sitio se siente especial, rico, diferente, y que al ser estimulado le dan ganas de orinar. Si siente eso están tocando la zona correcta porque, en ambos casos, se encuentra alrededor de la uretra.

La mujer siente placer al estimularse y en el hombre sabes que lo estás tocando porque lo asocian con el estudio que les hacen de la próstata. Saben que sienten raro y no se dan permiso de sentirlo por pena, pero si lo hicieran, experimentarían placer por punto P.

Las mujeres que busquen el punto de los hombres no deben hacerlo con uñas largas porque pueden lastimarlo. Es fundamental usar lubricantes para encontrar ambos puntos; en seco se puede generar mucho dolor y, por tanto, no ser placentero. Se hace despacio, sin rasguñar, sin lastimar y tiene que haber consentimiento mutuo. Para cualquier penetración en el cuerpo hay que estimular primero la zona para que se abra al placer; de lo contrario se atrofia.

Los homosexuales disfrutan mucho la estimulación de esta zona e informan que el orgasmo por esta estimulación se siente diferente de una eyaculación sin orgasmo. Nosotros hemos descubierto que este placer es muy parecido al que tienen las mujeres por punto G. Es una sensación como que algo se aprieta ahí abajo y se expande por todo el cuerpo.

En la década de 1980 se pensaba que las lesbianas vivían más experiencias de estimulación del punto G. Según nuestros datos, su caso es igual a cualquier otro, por lo que ya mencioné, a algunas les agradará más por unas zonas que por otras.

No todas las mujeres eyaculan, muchas de ellas canalizan este fluido a la uretra y al acabar la relación sexual reportan la necesidad de orinar. Son dos vías, unas expulsan un pequeño fluido cuando llegan al orgasmo que hace parecer que se orinaron, pero otras pueden no secretar este fluido, encauzarlo a la uretra y a la vejiga y hacerlo pipí cuando terminen la relación sexual. Unas sentirán que se orinaron en su pareja (lo cual no es cierto porque no es pipí) y otras simplemente sentirán mucho placer, no saldrá ningún líquido pero al terminar la relación les urgirá ir al baño.

No se confunda lo anterior con la lubricación en la vagina de la mujer por excitación. Cuando empieza a excitarse comienza a humedecerse y cuando tiene un orgasmo sale más lubricante, por decirlo así, pero eso no es de lo que hablo. Las mujeres expulsan un líquido durante el contacto sexual, hay que saber identificar de cuál se trata.

Ahora, el clítoris femenino es un nervio y, aun cuando muchas mujeres no lo tienen (por cuestiones culturales o religiosas), siempre podrán llegar al placer por medio del punto G. Insisto, todas las mujeres y hombres tienen el correspondiente. Hay dos caminos diferentes de los nervios que producen los orgasmos. Esto es muy importante, he comprobado en mi laboratorio que mujeres que están inmovilizadas físicamente o tienen la zona lesionada pueden sentir orgasmos porque hay otro nervio, además del pélvico, que llega a la espina dorsal y directo al cerebro. Al hacer "escaneo" cerebral hemos visto que hay impulsos eléctricos en el mismo y comprobamos que esto se puede ver en las resonancias magnéticas neuronales. Lo anterior ayuda a mujeres que están paralizadas a encontrar formas de estimulación sexual y a tener orgasmos.

FF: Entonces, ¿por qué hay frigidez?

BW: Porque la mujer no se ha dado permiso de sentir placer con su cuerpo y éste lo registra como una carencia de experimentación de placer. La frigidez no es una cuestión física o un mal, es un asunto mental, de bloqueo. Tenemos que decirles que se deben dar permiso para sentir ese placer, de lo contrario no lo lograrán. El único mensaje que han recibido es: no te toques, no sientas, no te conozcas o el sexo es sucio y guárdalo sólo para la persona que amas. Esto no es racional.

FF: ¿Puede haber algún desgarramiento al tocar el punto G?

BW: Hay que tener cuidado con la presión en la zona e, insisto, con las uñas de las mujeres. El punto G es un tejido glandular, es como la glándula prostática en los hombres, es lo que ahora le digo la glándula de la mujer prostática, por eso le llamo eyaculación femenina.

FF: ¿Cómo descubriste el punto G?

BW: Sometí a estudios en mi laboratorio a cuatrocientas mujeres. Les estábamos dando cursos de estimulación con ejercicio de Kegel utilizando lo que llamo *biofeedback* (respuesta biológica de retroalimentación). El objetivo era enseñarles a evitar algo que padecían, la incontinencia urinaria, y es que muchas de ellas informaban que cuando estornudaban, tosían o se reían se les salía un poco de orina y estaban muy preocupadas. ¡Incluso a muchas se les había operado de incontinencia urinaria!

Estas mujeres tenían los músculos PC muy débiles. Otras, en cambio, venían a aprender esos ejercicios aun contando con músculos PC muy fuertes, porque, de todas maneras, les salía orina, pero no al estornudar o toser, sino cuando tenían orgasmos. Pensaban que eran incontinentes y en muchos casos ni siquiera la cirugía corrigió el problema, que se seguía presentando. Muchas dejaron de tener orgasmos para que ya no les pasara eso de hacerse pipí. En consecuencia, se me ocurrió recolectar los líquidos que salían de estas mujeres a la hora de ser estimuladas y la sorpresa fue que no era orina, se trataba de otro tipo de líquido.

Seguí estudiándolas y encontré que había una zona muy sensible en su vagina, que era la que provocaba que saliera este líquido. Busqué cuál era esta área y encontré lo que llamé el punto G. ¡No estábamos buscando dicha zona, indagábamos qué podíamos hacer por las mujeres que reportaban estrés por padecer incontinencia urinaria! Como mencioné, muchas habían sido operadas del "mal" y otras querían evitar la operación.

¿Te imaginas, Fernanda, que "debían" operarse por lo que más tarde descubrimos que era uno de los placeres sexuales más completos y más deseados?

FF: ¡Es decir, no sucedía sólo cuando estornudaban, en otros casos era en el acto sexual! Y querían operarse para impedir que se les siguiera saliendo la orina… ¡Qué dato!

BW: El examen que les aplicamos se concentra en estudiar cada zona de la vagina y conocer cómo funciona. Lo hacíamos como si la vagina fuera un reloj. Marcábamos cómo se sentían en cada una de las zonas, de acuerdo con las horas para señalar el territorio. Nos sorprendió encontrar que todas, entre las once y la una pero principalmente a las doce (como si fuera éste un punto de referencia en la vagina: la parte de enfrente de la misma), reportaban una zona de estimulación muy especial. Las cuatrocientas mujeres describieron las mismas sensaciones de placer en esa zona, sin excepción. En ese tiempo no sabíamos si todas las mujeres en el mundo lo tenían, pero sí de las cuatrocientas. Entonces, consultamos estudios de muchos médicos que informaban de algo similar, pero en especial de uno que practicaba autopsias en Eslovaquia y refería que todas las muertas tenían una glándula prostática femenina o la glándula parauretral en la misma zona. Así que creemos que éste es el tejido del punto G.

Las mujeres con más eyaculaciones femeninas tienen menos posibilidades de contraer infecciones en el tracto urinario y si los hombres procuran tener más de cien orgasmos al año la medida se convierte en un cardioprotector. La buena sexualidad se refleja mucho en la salud.

FF: Háblanos del fluido del punto G.

BW: El fluido es muy interesante. Recuerda que muchas de ellas ya habían sido operadas para corregirlo y que otras dejaron de tener orgasmos para evitar expulsarlo. Encontramos que este fluido, por mujer, llenaría una cucharadita de unos tres a cinco centímetros cúbicos y parece una leche *light*, muy rebajada, casi transparente, con un sabor muy dulce. Los estudios científicos nos llevaron también a encontrar que, al comparar la orina de la mujer con la eyaculación femenina, había una diferencia muy significativa porque encontramos fosfatos y glucosa que no existen en la orina. Otras investigaciones arrojaron que cuenta con antígenos prostáticos parecidos a los masculinos y que estos sólo son arrojados después de la actividad sexual, no antes. De tal modo, sabemos que estos fluidos vienen de esta glándula prostática; por eso, como te dije, la llamamos eyaculación femenina.

FF: ¿Cuántos tipos de orgasmos podemos tener hombres y mujeres?

BW: Muchos muy diferentes. Ahora, en mi laboratorio, estamos trabajando en los tipos de orgasmos que registra el cerebro mediante la estimulación del cervix, del punto

G, del clítoris o únicamente de un pezón, por ejemplo. He tenido casos de mujeres que con sólo pensar en una fantasía reportan orgasmos cerebrales increíblemente fuertes. Cada quien tiene un potencial erótico y hay que aprender a saber cuál es y hasta dónde podemos llegar para descubrirlo. En los hombres se informa también de muchos tipos de orgasmos que pueden generar enome placer en ellos. Hay una gran variedad de formas en las que se puede sentir placer sexual, por ejemplo, los ya mencionados llamados orgasmos combinados que causan una estimulación cerebral muy efectiva.

FF: Hablaste de la posibilidad de una mujer de sentir orgasmos aunque esté paralítica. ¿Qué hay de los hombres que de la cintura para abajo no tienen movilidad o sensaciones?

BW: Qué bueno que retomas este tema, estoy en el arduo estudio de estos factores. Uno de mis estudiantes graduados tiene una lesión muy importante en la columna y he analizado su caso en mi laboratorio. Aun cuando hombres y mujeres no tengan sensaciones o movimiento hay informes de orgasmo. He medido la respuesta y es real. En mujeres les hemos estimulado el punto G y logrado esta respuesta. Hasta un tampón las estimula, han tenido orgasmos y hemos medido el pulso. El estímulo no llega por la médula ósea, llega directo al cerebro por otros nervios, como el décimo craneal que logra que los impulsos lleguen correctamente y generen una respuesta en la persona.

En el caso de los hombres pasa lo mismo, no va por la espina dorsal, sino directo al cerebro. La gente con daño en la medula ósea siente el orgasmo arriba del nivel de su lesión y manifiesta que es muy parecido a lo que habían sentido como orgasmo antes de estar lesionados. Es decir, si sientes de la cintura para arriba o del pecho para arriba, es más que suficiente. Es importante que estas personas entiendan su cuerpo, lo conozcan y no dejen a un lado la posibilidad de experimentar. Basta que su cerebro funcione.

FF: ¿Qué pasa en nuestro cerebro cuando tenemos un orgasmo?

BW: Es otra excelente pregunta. Estamos buscando en el cerebro, por medio de la resonancia magnética funcional, en dónde es que se genera el orgasmo; y cuando digo que estamos buscando es porque no lo hemos encontrado todavía. Empezamos a estudiar esto, sabemos que los impulsos llegan a parte del cerebro medio pero no tenemos resultados concretos. Estamos en ese tema ahora, el cual es fascinante.

No hemos estudiado el sabor, el aliento, las texturas o los olores, por ejemplo, en las respuestas cerebrales, pero en eso creo que encontraremos un mundo de posibilidades y de información muy valiosa. Sabemos que muchos de los caminos nerviosos interactúan unos con otros para mandar el impulso eléctrico al cerebro. Así que, sea lo que sea, si les gusta disfrútenlo y si no, digan que no. Esos impulsos tienen un motivo de ser, son para darnos placer y no para sufrir con ellos.

FF: ¿Cómo saber que tenemos un orgasmo?

BW: Todos hablan de diferentes manifestaciones, ésa es una parte muy difícil. Hay tantas mujeres como informes de orgasmos y sé que por lo menos veinticinco por ciento de ellas no ha sentido uno solo en su vida sexual activa. Creo que cuando se siente no se confunde con nada más. Necesitamos conocer nuestro cuerpo, darnos permiso, insisto, de sentir placer y aprender a identificar qué nos lo da. Una de las mejores maneras de conocernos es tocarnos. No podemos sentir repulsión o asco por nosotros mismos. Hay más de treinta y seis partes en nuestro cuerpo que se pueden explorar y por medio de las cuales podemos sentir placer y más de quince tipos diferentes de tocamiento para lograrlo. Tenemos que aumentar nuestra sensualidad, trabajar en nuestro erotismo. No importa si somos heterosexuales, homosexuales, bisexuales, lesbianas, transexuales. Lo que seamos, pero con placer, sin sufrimiento.

FF: Beverly, pienso que el orgasmo, como la tierra, es de quien lo trabaja.

BW: ¡No hay mejor manera de explicarlo! Me llevo tu frase y te citaré porque así es. Es nuestra responsabilidad, nuestro empeño, nuestro conocimiento, nuestra labor lograrlo. Y hay que entender que la sexualidad es una respuesta aprendida y no algo que sólo pasa, ¡se aprende! Para hombres y mujeres es una respuesta que aprendemos en función de los permisos que nos demos para sentir placer.

FF: ¿Con qué te quedas de esta plática?

BW: Sorprendida por tus preguntas tan precisas e inteligentes. Sé que esta información llegará a gente que lo necesita y tú y yo somos parte de esa cadena. Fernanda, te felicito por lo que estás haciendo en relación con este tema.

Después de esta conversación me queda claro que es nuestra responsabilidad y depende de nuestro conocimiento tener placer en una relación sexual. Investiguemos más sobre el asunto. Hay que darle un alto valor a nuestro desarrollo sexual. La ignorancia siempre nos llevará a tomar decisiones equivocadas. En esta entrevista podemos descubrir la importancia de lo que digo. No debemos dar por hecho que mi pareja está ahí para hacerme sentir rico; somos un equipo que, con bases de buena comunicación, entendimiento, respeto y ganas, podremos mejorar y disfrutar más o experimentar nuevas formas que nos lleven a sentir placer. Atrévanse a dejar la ignorancia y el desconocimiento a un lado, hay muchas fuentes que puedes consultar.

Antes de terminar este capítulo, así como existen zonas como los puntos G y P para sentir placer, también vale la pena saber que hay trastornos sexuales. Enumeraré algunos de ellos con brevedad.

Dispareunia. Sientes mucho dolor antes, durante o después de la relación sexual. Te duele mucho y eso te causa dificultad para excitarte. Acude a tu médico y dile que esto te pasa.

Vaginismo. Te tensas o sientes ansiedad ante la posibilidad de sentir que vas a ser penetrada por algo: un pene, un espejo vaginal frente al ginecólogo, un tampón… simplemente se te cierra la vagina y no hay manera de que entre algo y disfrutes. Tienes contracciones involuntarias de los músculos vaginales que impiden que se termine o concluya la relación, el coito. Es importante investigar si en algún punto de tu vida sufriste de abuso sexual porque por lo regular esto se debe a experiencias negativas sexuales anteriores. También puede ser que hayas recibido una educación tan estricta o falsa información sobre la sexualidad que lo proyectas al no permitir que nada ni nadie te penetre. Acude a tu médico e infórmale sobre esto. Te puede dar un buen tratamiento.

Trastornos de la erección. Tan sencillo pero tan complejo: no logras una erección o mantener tu pene firme. También se relaciona con la ausencia de placer o excitación durante la relación sexual. La falta de erección puede ser por ansiedad o estrés, pero también, y esto es lo más importante, porque el hecho de que tu pene no se ponga erecto puede ser un aviso de tu cuerpo de que sufres algún otro problema, por ejemplo, diabetes. Cuidado con este dato, si no tienes erección en más de tres ocasiones seguidas consulta al médico y dile lo que te sucede. La falta de erección deberá ser persistente; si te pasa una vez, quizá no sea importante pero si ya notas que es algo frecuente puede ser el síntoma de algo más delicado en relación con tu salud. Ése será el peor de los casos, en el mejor acaso el tabaquismo o el alcohol no te ayudan mucho o algún antidepresivo, anfetamina o diurético que tomas causa efecto en las erecciones. Lo recomendable es descartar la posibilidad de que lo que te sucede sea algo más grave: diabetes, problemas circulatorios, lesiones medulares, bajo nivel de testosterona, entre otros.

Aversión sexual. De plano te da asco el sexo, sientes una repugnancia extrema a las relaciones sexuales. También debes revisarte porque puede provenir de un abuso sexual que no recuerdes, por ejemplo.

Eyaculación precoz. Terminas muy rápido y lo sabes. Sabes que con cualquier estimulación o movimiento ya estás eyaculando. Revísate. Además, con un tratamiento puedes reaprender y mejorar el tiempo de tus eyaculaciones. Durar erecto sin eyacular es más placentero y esto que te pasa tú no lo deseas, tan sólo te sucede. Por consiguiente, haz algo para corregirlo porque no es normal, no está bien y te puede estar haciendo sentir muy mal. Los motivos quizá sean sensación de culpa, masturbaciones con mucha ansiedad, etcétera. Pide al médico que te examine.

Deseo inhibido. No te dan ganas. Antes que una relación sexual es mejor ir al cine, al supermercado o no acordarte. Se disminuyen en ti los deseos. Jadeas pero para subir una escalera, ¡éste ya sería el único tipo de jadeo que te permites! Cuidado porque puede deberse a relaciones rutinarias, alguna toma de medicamento (antidepresivos, entre otros), cansancio físico, etcétera. Algo no está bien porque lo normal es que se te antoje.

Orgasmo inhibido. No sientes rico, no tienes orgasmos nunca o pocas veces has sentido alguno. Se puede aprender a tener orgasmos.

Mencioné algunos de los trastornos más frecuentes en México pero hay muchos más. Como siempre, recuerda: "Consulta a tu médico", pero asegúrate de que sea uno bueno, profesional, informado, ¡atención con los que no saben! Estás depositando en ellos tu intimidad. Y antes de concluir, es un hecho que eso que te pasa a ti también puede afectar a tu pareja. Asume lo que te sucede y vale la pena que involucres a tu pareja en ello. Saber qué tiene uno o el otro generará confianza: lo mejor que puede pasar es que entre los dos lo resuelvan. Si no sientes confianza en él o ella, primero estás tú y atiéndete.

Los niños pequeños no identifican los signos de abuso sexual.

Por desgracia, el abuso sexual lo cometen con mayor frecuencia miembros de la familia.

Los niños y niñas que son agredidos sexualmente en la infancia y no reciben tratamiento psicológico, a menudo cuando son adultos manifiestan problemas con su vida sexual.

En las niñas el desarrollo físico y sexual es más temprano que en los niños, con una diferencia aproximada de dos años.

La eyarquia (primera eyaculación) y la menarquia (primera menstruación), entre otros cambios corporales, muestran el paso de la niñez a la adolescencia.

Los sueños húmedos en los adolescentes varones aparecen durante la noche sin que necesariamente se autoestimulen los genitales.

En México la primera relación sexual se da a la edad de 15.2 años.

Los adolescentes que inician su vida sexual creen que en su primera relación no hay la posibilidad de embarazo si la chica orina después del coito.

La masturbación es una actividad que realizan las y los adolescente como parte del desarrollo psicosexual y no causa daños físicos ni mentales.

Estudios realizados por la Organización Mundial de la Salud reportan que la educación formal en sexualidad retrasa el inicio de los adolescentes en la vida sexual y favorece las prácticas seguras en los jóvenes que ya tienen una vida sexual activa.

3. La voz de las mujeres

¡Qué importante es hablar con la verdad sobre nuestra sexualidad! Decir, sin mentiras, lo que se vive cuando se cierra la puerta, nos desnudamos y se abre un mundo de posibilidades. Disfrutar o no, sufrir, sentir dolor, gozo, placer, miedo. ¡Toda nuestra historia pasada y presente se conjuga a la hora de estar desnudas teniendo una relación sexual!

Todo importa en ese momento. ¿Cómo nos sentimos? ¿Qué pensamos de nosotras mismas? ¿Qué tanto sabemos? ¿Nos gusta o no la persona con quien estamos? ¡El olor del otro!... Los sabores y texturas importan y ¡el tiempo! ¿Cuánto tiempo tendremos para sentirnos libres o no? El tiempo es tan importante que puede ser una bendición o convertirse en una pesadilla.

También importa en el caso de muchas mujeres, durante su desarrollo sexual, si hay amor o no lo hay, si es el lugar correcto o si el espacio se suma a nuestra inseguridad apretando un botón rojo que nos distrae, nos pone nerviosas y nada más no podemos ni tantito sentir bonito.

O ¿por qué no?, ¡vivir el goce absoluto! Soltarnos y entregar hasta el último aliento para llegar al orgasmo y sentir lo que muchas definen como "la pequeña muerte", "tocar las estrellas", "abrirme paso en el universo" y quién sabe qué tanto más podemos llegar a definir.

La sexualidad en nosotras es muy compleja; no es una descarga pronta, amerita tiempo, paciencia, amor, sutileza, entrega. Está ligada con nuestros conceptos de protección, de lo que creo que merezco, de la culpa que implica sentir rico, de la manifestación de deseos reprimidos o, en ocasiones, de la urgencia de vivir el momento rapidito y de buen modo ¡sin disfrutar nada! Contando los segundos: "Cinco, cuatro, tres, dos… ¡Ay, qué bueno que terminó rápido! Ya no lo soporto…". Todo lo que se expresa en nuestra sexualidad es importante.

En este capítulo encontrarás los casos de muchas mujeres, ¡todas distintas! Varían en edades, en educación, en la cantidad de dinero que poseen, en estatura, en volumen, en opiniones emitidas, pero cada una de ellas nos cuenta algo sobre su intimidad sexual. Son voces de gente como tú y como yo. No han sido condicionadas en absoluto, han hablado y comentado su vida sexual tal cual ha sido. No engañan con sus historias porque no tuvieron necesidad de hacerlo, el anonimato en algunos casos les ayudó a hablar y decir lo que nunca habían compartido.

Quizá con alguna de ellas te identifiques y te des cuenta de que no eres la única que vive tal o cual situación. Acaso falten casos como el tuyo, pero te invito a pensar en lo que dicen mientras los lees: son reales. Todas son muy valientes y todas tienen una frase, un concepto, una idea en la que vale la pena detenernos si es que estamos o no de acuerdo. Lo valioso es que están ahí para discutirse, no para juzgarse porque con todos los casos podemos crecer, reafirmar o cambiar nuestra opinión. Después de leerlos, algo te cuestionarás, ¡seguro!

A todas ellas, gracias por su confianza y por abrir a los lectores una puerta tan íntima.

Tamara

¿Que si he tenido muchos hombres? No sé; ha sido la cantidad que me tocó y con la mayoría he alcanzado la plenitud sexual.

Por supuesto, esto no sucedió desde siempre. La primera vez como que me dije "¿Y qué fue esto?", no supe si había perdido mi virginidad o no porque no sangré, pero como lo amaba eso fue suficiente.

La sexualidad y la sensualidad son algo intrínseco que debes disfrutar. Ahora he aprendido que sin palabras puedes generar que hagan cosas que a ti te gustan, sin decirlo porque a ellos normalmente les agrada tomar la iniciativa.

En una relación sexual es importante que disfruten dos, cierto, bien se trate de hacer el amor o de tener sexo, porque son cosas distintas. El sexo es sexo, exclusivamente, y hacer el amor significa tener un sentimiento aparte hacia la persona de respeto, de cariño, de amor.

Yo me he ido a la cama con alguien la misma noche en que lo conocí y todo estuvo rico y después se volvió una relación que causó mucha ansiedad.

En varios momentos de mi vida he recurrido a la masturbación. Mucho te prohíben. Pero, al fin y al cabo, te percatas de que somos animales, aunque pensantes, y como tales debemos satisfacer necesidades fisiológicas, como comer, beber y aparearte.

La sexualidad es una necesidad. ¿Cuántas veces se dice que necesitas el apapacho? Ocho abrazos bien dados diario y la vida es otra, ¿no?

En cuanto a qué no me permito hacer en el aspecto sexual, será por los prejuicios todavía, pero con el sexo anal me enfrío, lo intentan y adiós, se acabó. No me excita, no me gusta. Aparatos sí he usado, porque finalmente tienes que desahogarte.

Se afirma que todas las mujeres fingimos alguna vez los orgasmos. Cuando muy chava, lo hice. Ahora intento disfrutarlo. Mentir en un orgasmo es mentirme a mí y no al otro.

La mujer no debe estar siempre disponible, debe saber decir no, no quiero.

Rosario

Mi físico nunca ha sido un impedimento para el sexo, no me avergüenza desnudarme. Soy llenita, estoy pasada de peso, pero a lo mejor es una forma de esconderme porque en algún tiempo fui muy atractiva para los hombres.

Subí de peso, a manera de protección, quizá porque sentí que todos sólo querían sexo conmigo.

Cuando veo un pene veo a la persona. De entrada, a mí el tamaño sí me importa, pero también es la forma de interactuar porque hay quien tiene un tamaño muy grande pero es un bruto. Alguna vez me ha pasado. Ya en una relación, no hay que medir.

Pienso que soy poco atrevida, normal, siento que me divierto con mi sexualidad.

Hay hombres poco hábiles en lo sexual porque también lo somos nosotras.

Llegué a fingir un orgasmo cuando era muy joven porque no te entienden. Me han tocado eyaculadores precoces y no manejé la situación, caí en su juego. A lo mejor en el momento te preguntas: "Qué pasó, qué hice, no le gusté o qué?". Pero ahora entiendo que es su problema, no el mío.

Hoy tengo cuarenta y un años y mi vida sexual pinta bien. Tengo una relación, hay mucha comunicación, hay sexo, hay armonía. He aprendido a hacer lo que me gusta.

Gloria

En la casa donde me crié, mi papá era muy delicado, no quería que nadie se enterara de nada relacionado con la sexualidad. Cuando mi mamá estaba embarazada se hacía sus batas amplias, para que no nos diéramos cuenta de su estado. Yo ya estaba grandecita y creía que a los niños los traía la cigüeña. A mi papá no le gustaba que supiéramos y mi mamá se apegaba a lo que quería. Cuando la panza le crecía demasiado, yo le comentaba a mi mamá: "Mamá, ya está engordando, ¿verdad?", "Sí, no preguntes". Y no me enteraba de nada.

Me casé grande, a los veintisiete años. Mis hermanas se casaron más chicas, pero ellas estudiaron. Yo no salí de mi casa, hasta que me fueron a pedir.

Ni pensar en las relaciones antes de casarme, si no nos permitían tener novio. Yo veía que mis compañeras de escuela andaban todas golpeadas, con moretones. "Bueno, mi papá no me pega, no me maltrata", pensaba. A pesar de que era muy estricto, mi papá era muy lindo, muy comprensivo, pero del sexo nunca nos explicaron nada de nada.

Me casé primero por el civil y después por la iglesia. Cuando me llevó para que mis papás nos dieran la bendición, le dije a mi papá: "No me quiero ir con él, me quiero quedar en la casa", "Eso lo hubieras pensado antes, ya no, ya te casaste, te vas", "Es que tengo pánico", "No te va a pasar nada, además yo ya hablé con él, si él te toca, te golpea, tú tienes a tu papá, y conmigo se va a entender", "Papito lindo pero tengo miedo", "No, no te sientas así", pero no me explicó nada, ni él ni mi mamá. Todo era silencio, nada se preguntaba.

Aprendí con mi marido. Por fortuna, me trató con delicadeza, no fue brusco ni mucho menos, se dio cuenta de que tenía pánico, fue paciente. Así me enseñó, él me fue llevando poco a poco. Mi papá ya le había dicho: "Diga lo que diga, explícaselo, porque es un ser humano, no es un animalito para que la golpees. Explícale las cosas con claridad y ella te lo va a hacer bien; dile 'A mí me gusta así' y ella te lo va a hacer". Y a veces yo le preguntaba "¿Qué es esto?" y él me explicaba: "Mira, es esto, así, asá, pero está bien que me preguntes, lo que no sepas no lo preguntes en otro lado, pregúntamelo a mí".

Lo que más trabajo me costaba en la relación sexual era que prendiera la luz porque me daba pena. "¿Pero qué tiene?", "No, a mí me da pena, apaga la luz, por favor", "Bueno, la apago, pero que no te dé pena, soy tu marido".

Él es dos años más chico que yo, tenía veinticinco años cuando nos casamos. Duramos casados como dieciséis años. Su defecto más grande es que es muy enamorado y se interesó mucho en otra mujer y lo que me molestó es que me lo negara. Lo corrí como siete veces hasta que se fue. Me dolió porque él es gallero y yo le ayudaba mucho a cuidar a sus animales. Me enseñaron a ayudar. Íbamos a las jugadas siempre que se podía. Cuando estaba chica la niña, todo el tiempo andábamos juntos los tres.

Nuestras relaciones sexuales fueron cambiando. Ya no era lo mismo, era más espaciado. Cuando andaba con una mujer lo notaba diferente. A veces llegaba y me invitaba: "Vamos a tal parte" y yo pensaba: "Debe andar con alguien porque anda muy meloso" y no decía nada porque nunca veía nada.

Las relaciones nunca dejaron de darme pena. Fui penosa desde niña. Eso nunca se me quitó.

Cuando terminó esa relación no tuve más parejas, no quería que mi hija tuviera un padrastro. Yo me acostumbré a vivir sola, lo que me pasó ya no me va a volver a pasar. Más vale sola que mal acompañada.

No volví a tener relaciones y llevo separada dieciocho o diecinueve años. Nunca me cuestioné si necesitaba el sexo en mi vida. Me encerré en mí misma, y en mi hija. Quiero que sepan que fui de un solo hombre y hasta ahí nada más. En mi casa, hasta que falleció mi mamá, mi papá se volvió a casar tres años después. Yo nunca intenté buscar a alguien, y sí hubo oportunidad pero siempre la rechacé, porque soy feliz sola, ya no tengo que darle cuentas a nadie más que a mí misma.

Si hablamos sobre sexo, ahora hay muchas libertades. No me espanto, así es la juventud ahora, pero en mi época fue diferente, quién sabe si estuvo bien o mal. La verdad no extrañé nada al quedarme sola, sexualmente hablando. Al principio sí sufrí porque lo quería bastante. Ya no voy a volver a sufrir por alguien que no vale la pena.

El sexo para mí tenía dos funciones, la de procrear y la de sentir placer. Nada más tuve una hija, me hubiera gustado tener más pero no se lograron. Después me dije que era mejor no traer al mundo a alguien más a sufrir. Con ella me bastó y sobró. Sí me siento realizada porque tengo un lugar propio, un departamento que pagué con mucho esfuerzo, no voy a estar de arrimada. Quiero vivir en paz.

Andrea

Tengo treinta y tres años y la penetración y el hacer el amor llegaron a los veinticinco, cuando me casé. No lo hice antes porque no quería.

No iba preparada para el acto sexual. No estaba segura de disfrutar, aunque sí contaba con conocimiento, por supuesto. No había tenido relaciones pero ya había visto un pene. Alguna vez me dijeron: "Si tu biología es para el matrimonio, pues ahí nos vemos dentro de unos años, cuando te quieras casar". Entendí que si no cedía yo, cedían otras.

La primera vez que en el matrimonio hice el amor no me gustó y de eso sí me arrepiento. Fue horrible, en la luna de miel. En verdad, si lo amaba, lo hubiera hecho antes y así hubiera disfrutado más.

Creo que soy aburrida. Soy una mujer de pocas posiciones. Una mujer que quizá tiende a lo amoroso más que a lo bestial, que al rompe y rasga. Atrevida hasta cierto punto, sexo oral, sí, sexo anal, no, ni ha salido de él ni de mí. ¡Qué asco!

Nunca le he sido infiel. Claro que veo a los actores y demás y sí me gustan, y pensando en ellos me he masturbado, pero nadie lo sabe.

Mi esposo no tiene problemas sexuales. Lo único es que cuando ha pasado un buen rato sin hacer el amor, termina muy rápido.

Puedo decir que en la actualidad soy más emocional en el aspecto sexual. Antes lo racionalizaba, ante cualquier cosa que implicara sexo, era totalmente pensante.

Tengo relaciones con mucho amor y mucha pasión en este momento pero me sigue doliendo, por lo menos en el momento de la penetración. Y sé que está en la mente. Pienso que me va a doler y me duele.

A pesar del dolor, sí tengo orgasmos. Y es que si finjo estoy segura de que él se va a dar cuenta. De vez en cuando una copita me sirve para relajarme, y lo hago mejor.

Tengo un hijo y con él nuestra sexualidad cambió; ahora hay que decir: "Espérame porque está llorando" o "Espérame porque le toca esto", y eso, a veces, nos resta excitación.

En cuanto a si el tamaño importa, puedo contestar que no, pero no lo sé porque sólo he estado con un hombre, no puedo comparar. ¡Guácala, otro pene estando casada!

María

Me conozco tanto a mí misma, mucho más de lo que el otro me pudiera llegar a conocer.

Siempre fui muy rebelde en casa, en la escuela, con todo lo que tenía que ver con límites y reglas. Para mi familia, fui un dolor de cabeza.

Me masturbé por primera vez a los trece años y sentí muy rico. Una amiga me enseñó cómo. Estábamos en mi casa y las dos aprendimos juntas. Masturbarme tanto me llevó a conocerme mucho y el problema vino cuando un hombre intentó darme placer. ¡No sabía nada! Era muy brusco con sus manos, me dolía. Poco a poco me sentí más cómoda al estar con alguien.

¿Cuántas parejas? No sé, quizá más de cincuenta. Nunca me casé porque vi sufrir tanto a mi mamá que me prometí que no me pasaría lo mismo.

Si me preguntas, en realidad –y esto nunca lo he dicho–, prefiero masturbarme que hacer el amor o tener sexo con quien sea.

Para mí ha sido fácil encontrar con quien tener relaciones. Siempre hay alguien que quiere o que tiene ganas.

No soy fea, me veo en un espejo y me gusto mucho. Mis senos me encantan.

El sexo no es un tema en el que me atore, no me causa conflicto, creo que lo conecto más con mi parte física que con las emociones.

Las mujeres que son como yo me entienden y saben que nos cuesta mucho trabajo ser aceptadas. Incluso nuestras familias nos rechazan por raras.

Yo nací rara y me moriré rara.

Pilar

A los cincuenta años la sexualidad es un asunto que se toca, porque hay cambios. Hoy mi marido y yo estamos solos otra vez, en otras circunstancias y hay que vivir con ellas.

Él no tiene problemas de erección y ambos logramos orgasmos, ambos disfrutamos.

Mi marido y yo hablamos de todo, de lo que nos falta por vivir, por conocer... En el plano sexual comentamos, en broma, qué va a suceder cuando ya no se pueda. Y nos da miedo.

Yo he sido mujer de un solo hombre y me siento muy completa porque el hombre que está a mi lado, el que yo escogí, llena todos los momentos de mi vida, las etapas que estoy viviendo en el aspecto hormonal las paso con él, las platicamos. Los cambios en mí han sido fuertes. El deterioro del cuerpo, se retira la menstruación, la piel y el pelo se resecan y sientes que no das lo que dabas. Somos un matrimonio muy sólido, lo que se refleja después de más de treinta años de casados.

Por fortuna, yo no me siento menos atractiva, sexualmente hablando, porque él me llena de elogios; si hay algún deterioro, él todo lo ve bonito.

Quizá sea un poco conservadora, pero cuando hay amor aprendes, cuando hay amor no te inhibes, hay plenitud sexual. En el amor no funcionamos con instructivo.

No soy una mujer exuberante, pero sí una mujer plena. Me siento en paz de la mano de un compañero que me ayuda a vivir mis cambios y los suyos con amor.

Érika

He tenido experiencias –ya viví en unión libre con dos parejas–, las cuales no han sido buenas.

La primera relación no fue con la persona indicada, no estaba enamorada y, por tanto, no disfrutaba el sexo con él. Llegaba a acostarse y ya, o sea, nada nuevo, yo no sentía nada, terminaba, se salía y punto, se daba la vuelta. Era como un desconocido para mí.

En la segunda relación era exactamente lo mismo, no encontraba satisfacción y me preguntaba: "¿Qué, nada más es esto?".

Hice el amor por primera vez a los veintiún años. Creo que no esperé demasiado ni muy poco, todo llega en su momento.

Yo tuve un problema muy grave de sobrepeso. A los veintiún años era una mujer de ochenta y cinco kilos. Verme tan gorda me hacía sentir mal física y emocionalmente. Cuando estaba gordita pensaba que lo que me pasaba en la cama lo merecía por ser así, pensaba eso y mil cosas más. Me decía: "¿Cómo puedo aspirar a más si mírame cómo estoy gorda, fea, quién se va a fijar en mí si a los hombres les gustan las mujeres delgaditas? Yo estoy gorda. A lo mejor por eso nadie se fija en mí". Al final, después de todo este proceso, te das cuenta de que, seas gordita o delgadita, si tú te quieres vas a ser feliz, independientemente de tu físico.

Lo esencial es cómo te veas tú, cómo te sientas tú, que alcances la paz interior. Quizás ahora no tengo toda la que estoy buscando, pero sigo en ello, continúo haciendo ejercicio y comiendo sano para bajar de peso.

Y todo está relacionado con mi plenitud sexual, todo ha servido. Porque a lo mejor si hubiera seguido gorda no me habría atrevido a acostarme con alguien otra vez de la pura pena, lo juro. Pero ahora no, ahora tengo seguridad y mis relaciones han mejorado.

Paulina

Mi vida sexual fue placentera antes de casarme. Los problemas vinieron cuando me casé con el novio con quien había tenido sexo por primera vez. Algo pasó y ya no era tan placentero, eyaculaba muy rápido. Yo le preguntaba: "¿Por qué es así, por qué no tienes un poquito más de paciencia?". Yo sufría y pensaba: "Ahí viene" y no sentía el placer.

A veces llegaba a pensar que él tenía a otra mujer. Las dudas me atormentaban, sentía que por alguna razón ya no se mostraba tan efusivo como cuando éramos novios.

Yo también tuve una persona. Mi marido y yo nos alejamos muy fuerte, como a los diez años de casados; ya habían nacido mis dos hijos. Entonces me encontré con alguien y me volví loca con él.

En el aspecto sexual este encuentro representó un parteaguas en mi vida. Él fue lo mejor que me pudo haber pasado en ese sentido. Contra todo lo básico que podía hacer mi esposo él fue un amor loquísimo, maravilloso. La calentura. Por donde fuera, como fuera. Con este hombre hice cosas que nunca había hecho: embadurnarme de miel, de crema chantilly, meternos a un jacuzzi, me llenaba la cama de rosas, bañarme, algo que mi esposo nunca hizo, este hombre me bañaba, me lamía, me chupaba, me besaba, todo, todo. Y yo estaba loca de emoción de vivir aquello. Duré con él dos años.

Nunca he vuelto a tener una relación tan intensa como con este hombre. Nunca nadie me hizo sentir como él. Con mi marido hacíamos el amor cuatro veces por semana, pero eran así como que rapiditas, sí lo disfrutaba y ya, en tanto que con este hombre podía ser una vez al mes ¡pero valían por todas las que yo tenía! Y creo que no ha existido otro hombre que me haya gustado tanto en el aspecto físico.

Regresé con mi marido y hoy mi vida sexual es placentera, aunque ya no es como antes.

No tengo tanta experiencia en cuestión sexual, pero sí me doy cuenta por pláticas con amigas que el problema de muchos hombres es que tienen una erección débil, floja, y eso es terrible. Si me comparo soy privilegiada porque mi pareja de cincuenta y cinco años funciona a la perfección.

A mi entender, el tamaño no importa, pero sí la dureza. Un pene duro te lleva al cielo. Y no es que yo diga, ay, cuántos he conocido, pero sí pienso que eso es lo fundamental.

Hoy a la distancia pienso que aquel hombre que me volvía loca en la cama era porque se preparaba para el momento, lo pensaba. No había nada que lo distrajera, sólo estábamos él y yo. En cambio, mi esposo siempre estaba ausente y sigue estándolo. El sexo con él me da pereza, a veces le doy vueltas, busco pretextos para no enfrentarlo en ese sentido.

El amor es el mejor plan para alcanzar la plenitud. Mi marido y yo somos muy buenos amigos, él es mi mejor apoyo, mi cómplice, puedo platicar con él de mil cosas y siempre me entiende. En la sexualidad, cumplimos con el trámite.

El sexo pasó a otro término. No sé cuánto tiempo puede durar una mujer sin tener relaciones sexuales, pero durar sin sentirse deseada o querida, no es mucho.

Alejandra

La vida de Alejandra se resume en tres relaciones sexuales, las tres muy dolorosas, muy frustrantes. Al cabo del tiempo entendió que padece vaginismo y que todo se debe al abuso sexual del que fue víctima en la infancia. De plano, el sentimiento que más le despierta una relación sexual es asco. Ver un pene le provoca, literalmente, náuseas. "No, Fernanda, para mí el sexo no es un tema, no hay momento que recuerde más desagradable. No tengo nada más que decir al respecto".

Marcela

Soy Marcela y tengo más de sesenta años. En mi casa no se hablaba de sexualidad, mis papás jamás tocaron el tema. Incluso ahora lo veo como algo feo.

Me casé a los diecisiete años y mi marido fue el primer hombre en mi vida. Empezar a tener relaciones con él fue horrible, no imaginaba que fuera así. Resultó una experiencia fea.

En ningún momento me obligó a tener relaciones. Lo que sí llegué a hacer a la fuerza, de mala gana, fue el sexo oral. Yo digo que eso no, porque me parece algo feo, sucio.

Me da pena que me vean desnuda. Ahora ya soy viuda. Por mis hijos, nunca ando en *shorts* o en *brassier*, no, siempre vestida. No me gusta mostrar mi cuerpo.

Hace un año que soy viuda y no he vuelto a tener pareja. Todos los hombres se rigen por el sexo y no por los sentimientos.

Una relación sexual debe ser con el hombre arriba y la mujer abajo y con la luz apagada. Ahorita ya como estoy, con más razón, que no vean. Ya tengo lonjas, mi cuerpo no es bonito. Si un hombre tiene una mujer gorda, anda viendo a las demás.

Victoria

Lamento que mis hijas les teman a los hombres, pero para mí la forma de protegerlas de que salieran embarazadas a una temprana edad fue hablarles de mis malas experiencias con ellos. Ninguna se embarazó. Enseguida están a la expectativa cuando conocen a alguien y le dejan de hablar en el momento en que les propone algo. Es culpa mía. Si hubiera una forma de que hablara distinto con mis hijas sobre sexualidad, intentaría hacerlo, pero tendría que ser algo que me convenciera, porque me da mucha pena. Yo soy intachable para ellas y no sé cómo sostener esa plática.

Sin embargo, creo que deben estar informadas. Yo sufrí mucho con mi esposo de infecciones vaginales y no me gustaría que cuando estuvieran con sus maridos, pasaran por eso.

Yo las padecí porque a mi esposo le gustaban mucho las mujeres. Me transmitía infecciones y no se hacía cargo de eso, hacía falta dinero. Una vez tuve sífilis. Por más que me bañara, al bajarme el flujo me venía un olor tremendo. A falta de medicinas, se me ocurrió limpiarme con Clarasol con una jeringa, lo cual me provocó otra enfermedad. La doctora me dijo que fue por eso, yo no sabía si me dolía abajo, la panza, las orejas o qué. ¡Me dolía todo!

Duré diez años casada y las infecciones fueron desde siempre. Mi esposo nunca se cuidó, no usó protecciones. Yo le decía que se cuidara, que ya me había infectado y él no quería, porque yo era su esposa y éramos libres de hacer las cosas sin protección. Y yo accedía.

No hubo violencia en cuestión de golpes, pero sí con palabras. Me envolvía con cariñitos, con regalos que le costaban muy poco dinero, pero al ver que me llevaba un regalo, yo sentía que me quería. Ésa era su forma de convencerme.

Dada mi experiencia, sé que mis hijas deben estar informadas, pero me da pena. No sé cómo abordar el tema.

Mirna

Soy del estado de Guerrero y vine a vivir muy niña a la Ciudad de México. De vez en cuando visitábamos a nuestra familia que se había quedado en mi estado natal.

Nunca olvidaré que a los diecisiete años, rumbo a Cuernavaca para ver a la familia, un tío abusó de mí. Me fui sola con él para alcanzar a mi mamá y a mis hermanos, y fue terrible. Orilló el coche y me hizo muchas cochinadas. ¿Te imaginas lo que fue llegar con mi mamá y no decir nada? Yo me quería bañar, lavarme, enjuagarme todo el cuerpo. Tengo más de setenta años y todavía recuerdo ese día asqueroso. Me dio mucho gusto saber hace unos veinte años que él se había muerto de un infarto.

Mi vida sexual fue mala. Siempre pensé que los hombres querían forzar las cosas para tener sexo. No confiaba en ellos.

No tuve familia. A veces he pensado en tener a alguien que me acompañe al cine, pero se queda uno pensando que ya no va a soportar a otra persona.

Nunca he contado que aquel tío me hizo sexo por el recto y fue muy doloroso. Yo pienso que los tejidos se me aflojaron. Recuerdo que, según mi mamá, su abuelita le dijo que no podía hacerlo por el recto, que no está bien, que con el tiempo podía contraer una enfermedad y se podían aflojar los tejidos. Siempre tuve en mente esas palabras.

A lo que me dedico es a aprender el mandamiento de Dios; me mantengo ocupada, por eso estoy satisfecha y tengo paz en mi corazón.

María de Lourdes

Para mí son muy importantes el amor, los sentimientos con la otra persona, la confianza, el cariño entre la pareja. Cuando mi marido y yo intentamos experimentar o cambiar algo, siempre lo platicamos o se dan las cosas en el momento. Realizamos el ejercicio de saber cómo se siente el otro. Ninguno de los dos es de hacer cosas extrañas. Somos tranquilos.

Ya estamos investigando el sexo oral y hasta ahora vamos bien. Estamos satisfechos sexualmente. Nos prohibimos los golpes o cosas salvajes. Nada de eso nos gusta.

De acuerdo con mi forma de ser y de pensar, con el único que he tenido relaciones es con mi marido. Es muy cariñoso y eso me parece muy necesario para la excitación.

Para mí lo ideal es que sea en mi casa, en mi cama. Una noche tranquila, después de estar compartiendo. Caricias, una buena plática, muy romántico. Me gusta verlo desnudo y que él me vea. No tengo problema a ese respecto.

Sobre la masturbación, siento que lo haces cuando no estás satisfecha, cuando tienes alguna necesidad que no te han cumplido. Yo nunca me he masturbado y nunca le he preguntado a mi marido si lo hace. Y practicarlo juntos, ¡menos! ¡Qué horror!

Hacemos lo poco que se nos ocurre. Por la forma en que me abraza y me besa cuando estamos acostados sé que vamos a tener relaciones.

Bertha

Qué puedo contarles de la sexualidad de una mujer de mi edad, hace casi veintidós años que dejé de tener sexo y, de hecho, no tuve mucho en mi vida.

Nunca lo disfruté con mi marido. Creo que fui muy tonta, no entendía de sexo, nada más lo veía y me daba coraje, "Ya viene a molestar"; no deseaba estar con él, será porque siempre me maltrataba, se enojaba porque yo no sentía. Fui muy fría en ese sentido, pensaba en todo menos en el sexo.

Él me obligó varias veces a tener relaciones y eso no me gustaba. Al cabo de los años cuando tenía casi cuarenta le empezó la diabetes. Se la detectaron y yo me preocupaba por su enfermedad, no por lo que le pasara, porque en esa época yo ya sabía que era muy mujeriego y me dio miedo que fuera a transmitirme algo. En esa época ni siquiera tenía tiempo para hacerme un papanicolau. Comencé a hacerme esos estudios cuando estaba a punto de terminar mi regla, casi a los cincuenta años, y en todos salí bien.

No me transmitió enfermedades, pero sí me dejó mucho coraje, porque cuando yo estaba dispuesta, él no lo estaba o simplemente me humillaba. Empecé a sufrir muchos dolores de cabeza, nada me los quitaba. El doctor me dijo: "Lo que a usted le falta es tener relaciones sexuales", "Ah, caray, y ¿por qué?, si no siento ganas de estar con mi marido", "Usted no, pero su cuerpo, sí", y se me hizo fácil decírselo a él. Recuerdo que me contestó: "Entonces tú has de querer un semental, yo soy un hombre, no un semental". Me dio mucha pena, y pensé: "Si nunca le he pedido nada, ahora menos". Si algún día deseé estar con él, ahí me apagó todo.

Mi marido me amenazaba. En una ocasión me puso un desarmador en la garganta y me dijo: "Ahora vas a hacer lo que yo diga". Entonces manejó hacia una calle muy oscura en la que había muchos árboles y yo, como era muy tímida, no me atreví a hacer nada. Ahí casi puede decirse que me violó. A partir de entonces vivía amenazada, no hacía el amor, tenía sexo pero no con amor. La segunda vez que me violó quedé embarazada.

No, Fernanda, cuando te toca alguien así ni para qué hablar del tema. Él murió por la diabetes en 1993. Ahí se acabaron todos mis problemas. Murió el 11 de julio y cuando me avisaron sentí en el pecho una fuerte emoción.

Hoy veo hombres y no se me antoja. Abrazarlos a lo mejor, pero acostarme con ellos, no. Un día decidí hasta aquí, ni una relación más. Qué asco.

Blanca

Empecé a vivir mi sexualidad en la secundaria; tenía novio y nos escondíamos en la cochera de mi casa. Él se prendía muy fácilmente.

Mi familia era conservadora hasta cierto punto, no disponían de información a la mano. Teníamos un tomo acerca del nacimiento de los niños, pero era lo máximo que podías ver en casa. Mis papás nunca nos hablaron de sexo. Después terminé sabiendo más el significado de la sexología con mi esposo. Fue una relación más abierta, veíamos de vez en cuando una película porno, ya con mayor libertad.

No me acuerdo de haber hecho algo muy loco en el sexo. En una ocasión estuvimos varias parejas en una despedida de soltera y terminamos bailando, ellos en calzones y nosotras en tanga, fue un relajo, divertido y excitante, pero terminando la fiesta, cada quien se fue por su lado.

Me acoplé bien con mi marido sexualmente. Al terminar las relaciones sexuales con él por lo regular me dolían los ovarios y con el cuate con el que salgo ahora, no. Pienso que es por el tamaño del pene. Mi esposo estaba muy dotado.

Hay algo que no permito en una relación sexual, que sea a la fuerza, que abusen, que te obliguen a algo que no quieres hacer, a algo que te causa un daño psicológico. Eso no se vale, debes ser libre y siempre estar consciente de lo que haces, no dejar que te manipulen.

Todos buscamos llegar al orgasmo en cada relación sexual, pero a veces no hay problema si no es así, la puedes pasar bien. Puedes disfrutar el momento, los besos, las caricias, la penetración. El no llegar no debe ser motivo de frustración.

En una relación sexual no necesito ningún tipo de juguete, únicamente le digo a mi pareja: "Me encanta que me hagas esto" o yo misma llevo su mano o su boca al lugar donde deseo.

Algunas cosas que me desagrada que me hagan, que me incomodan, son el sexo anal y que se vengan en mi boca. Sólo una vez lo he hecho y no me gustó.

A mis treinta y siete años me siento una mujer plena sexualmente, ya sé por dónde, ya sé qué me gusta.

¿Se borra la huella de un esposo con el que estuviste casada muchos años? ¿Cuánto tiempo pasa para decidir volver a tener una pareja sexual? Eso nunca se borra, en los aspectos moral, espiritual, ni físico. No se borra. El que encuentres a otra pareja sexual lo determina la misma naturaleza del cuerpo, soy una mujer que siente. El hueco que dejó mi esposo es muy importante, insustituible, pero me la paso bien, mientras llega el indicado.

Martha

Me enamoré de un hombre y por la rapidez con la que nos casamos en realidad tuvimos muy pocas relaciones sexuales antes del matrimonio, tres o cuatro que fueron muy dolorosas. En el momento en que nos casamos, empezaron los problemas profundos. Cada vez que teníamos sexo, experimentaba un dolor espantoso porque mi marido tenía un pene muy grande. Fernanda, esto nunca lo he platicado, ¡qué fuerte!

Pasaron dos o tres años de mucho sufrimiento; no había una sola relación sexual que yo disfrutara con él, todo era mucho dolor. El hecho de que me penetrara significaba automáticamente dejar de sentir placer, y comenzar un suplicio.

Pasado ese tiempo, me llevó a Estados Unidos –él era un hombre con mucho dinero– a hacerme una operación en la que me abrieron más, hicieron que mis genitales se agrandaran para que él me pudiera penetrar. Fue una operación muy dolorosa; en realidad él me apoyó, estuvo conmigo, pero creo que al fin y al cabo el fracaso de mi matrimonio se debió a nuestra relación sexual. Aun después de operada ya no sé si el dolor seguía debiéndose al tamaño de su pene o a las secuelas de la operación o no sé si de plano yo estaba ya muy traumada y no disfruté nunca la sexualidad con él. Después de más de quince años de matrimonio, acabamos divorciándonos.

En ocasiones tengo relaciones con gente que he conocido y la realidad es que el pene grande no me ha hecho disfrutar como yo quisiera. A mí un pene de tamaño normal o uno chico me llevan a sentir más placer que uno grande. El tamaño grande es grotesco, duele, no disfrutas, y sobre todo, cuando una mujer como yo termina por someterse a una operación y tiene que pasar por tanto dolor para poder disfrutar la relación sexual, te das cuenta de que no sólo se trata de la parte física, sino también están involucradas la parte mental y la emocional. Y mis emociones y mi mente en relación con él ya no estaban en la misma frecuencia. ¡Nunca disfruté con mi marido!

Hoy tengo cuarenta y cinco años y en toda mi vida he tenido relaciones sexuales placenteras con penes chicos o normales. Para mí el tamaño sí ha importado.

Ana Bertha

Llevo cerca de dieciséis años de casada. Me casé muy joven con mi primer novio, que por circunstancias de trabajo tuvo que irse a vivir mucho tiempo a Estados Unidos. Mientras él estuvo ausente, yo lo esperé.

No sé qué habrá vivido él mientras estuvo en Estados Unidos, pero cuando volvió, cambió de forma radical en el aspecto sexual. No tengo idea qué fue lo que pasó, lo único que sí puedo compartir contigo es que cuando volvió su única manera de acercarse a mí era cuando estaba dormida, en el quinto sueño, cansada de un día de trabajo. Esto no lo he platicado con nadie, Fernanda, pero de repente empezaba a sentir cómo él intentaba penetrarme mientras yo dormía. Me lo hizo muchísimas veces.

Un día hablé con él: "No me gusta que me hagas eso, me siento mal, me siento usada, no tomada en cuenta. ¿Qué está pasando contigo? ¿Por qué las cosas han cambiado entre nosotros?". Y él seguía, textualmente, violándome en las noches, abusando de mí. No lo hacía en el día. No me buscaba de otra manera. Sólo cuando estaba dormida. Por momentos, en un intento por salvar la relación cedía un poco, pero en realidad me sentía abusada sexualmente, violada por mi marido cada noche que se acercaba a mí de esa manera.

La situación nos alejó profundamente. Él nunca quiso irse a revisar, ni someterse a una terapia, ni platicarlo, decía que eso era lo que ahora le excitaba. Hoy por hoy, después de tantos años de matrimonio, y a mis treinta y tres años, ya es morbo lo que siento al preguntarme: ¿Qué pudo haberle sucedido en Estados Unidos? ¿Por qué en las noches, mientras yo estaba dormida, venía el ataque de su parte? De otra manera, si yo me acercaba en el día no había excitación, ni la dureza, sobre todo la firmeza que él tenía en las noches. Es una pregunta que siempre me he hecho y a la cual no he encontrado respuesta.

Hoy mi marido me da asco, no tenemos relaciones hace más de un año. Ya no permito que se me acerque o que me toque; francamente, con su actitud y su forma parece que trata y duerme con una prostituta, con alguien que no le importa o con un objeto en el cual desahogarse, depositar su semen y punto. Yo no cuento. Bajo esas circunstancias prefiero no tener relaciones sexuales con él y ése es el secreto que guardamos hoy por hoy. Quiero ser tomada en cuenta como lo fui al principio de esta relación. ¡Me repugna, ya no quiero que me toque!

María Luisa

Es muy curioso, pero a mis setenta y tres años nunca había visto un preservativo. Hace poco vi uno en el cuarto de mi hijo. No los conocía, no conozco un aparato sexual, no conozco un lubricante y fue asombroso de repente descubrir uno en el cuarto de Esteban, mi hijo de veintisiete años.

No tengo relaciones sexuales con mi marido desde hace unos quince años. Estamos presentes en una vida social. No hay caricias, no hay un beso. Clausuré mi vida sexual.

Cuando era adolescente viví en una familia muy conservadora, en la cual las relaciones sexuales no existían. Sólo las he tenido con un hombre, mi marido, y de hecho nunca las disfruté mucho, no sabía cómo. Nunca encontré mi parte atrevida y con el tiempo, cuando quisimos embarazarnos, nos dimos cuenta de que yo no podía tener hijos. Adoptamos a dos bebés y creo que esto contribuyó a que nunca desarrollara mi plenitud sexual. El objetivo inicial de la sexualidad es reproducirnos y ni eso conseguí.

Me es muy difícil hablar de esto contigo. La sexualidad no es lo mío, en absoluto, y yo pensaba que el hecho de no poder tener hijos me hacía una mujer que no podría alcanzar la plenitud sexual porque las mujeres estamos hechas para parir hijos y no para tener relaciones con el marido en forma placentera.

Quizás a mi edad, te diría que me hubiera gustado conocerme, pero hoy siento que es demasiado tarde. La sexualidad es igual a no sentir. No sé qué es estar húmeda, no sé qué es dar paso a un cosquilleo en los genitales. Nunca me di permiso de sentir. No sé qué es la masturbación, no sé. Lo que veo ahora, lo que escucho, me hace pensar que acaso me tocó vivir otros tiempos y en aquellos mi situación era lo normal.

Gabriela

Mi vida sexual ha sido muy tradicional, muy ñoña. De chavita me daban ñáñaras, no por el hecho de perder la virginidad, sino porque me parecía que era fácil que me consideraran una golfa. Y no hablo por mí, sino por los hombres, para quienes lo máximo es tener una más en la lista. Gracias a mi autoestima yo decía: "Ni madre, para que la Gabriela preste, hace falta más de dos chupes". Entonces, la neta, yo me esperé.

La primera relación fue con mi esposo. Ya con anillo entregado, aflojé y me fue bien. Él es protector, paciente.

Ahora tengo ocho meses de embarazo y la vida sexual cambió en este periodo. No derramamos pasión durante todo el día. Al principio sí, pero conforme ha crecido la panza dices: "No, ya me quiero dormir". No tengo ganas, me siento muy cansada y no me gusta tener sexo en este estado.

En mis cinco años de casada yo he sido más creativa en el aspecto sexual; yo propongo, él dispone. No tengo tabúes, soy atrevida, cachonda, sensual. Eso no quiere decir que él no arranque si yo no establezco la pauta, más bien, yo pongo los límites o los paso o se me ocurre algo. Variamos mucho. No siempre es el mismo inicio o el mismo lugar.

Mi vida sexual no es aburrida, es satisfactoria. He sentido orgasmos y él también. No hay problemas de eyaculación precoz. Si bien somos "normales", nos atrevemos a hacerlo no sólo en la cama, sino en el *jacuzzi*, en la sala. Rompemos la monotonía sexual típica de pareja.

Estar con mi marido me gusta y no me hubiera agradado tener más hombres. Para muchas mujeres el sexo es un mero trámite, ése no es mi caso.

En el sexo deben estar implicados el amor, la ternura, el respeto. Si no hay respeto, mejor no tener contacto sexual.

Renata

Mi vida sexual comenzó a los quince años de edad. Estudié en un colegio de monjas, por lo que mi educación fue muy restrictiva en ese sentido. Sin embargo, siempre he sido de un temperamento bastante ardiente.

Yo quería vivir, comerme el mundo a puños; además, era omnipotente, era preciosa, la hija consentida que vivió en el mundo rosa, error de los padres ponerte en un mundo de ese color. Tuve un novio que era el típico guapito y popular de la colonia, junto con la guapita, buena y chichona, la más pechugona del rumbo. A los trece años el tamaño de las chichis importa; cuando tus amigas son planas, talla cero, largas como estaca y tú eres talla siete, bien formada, pechugona y una atrevida, sin miedos, importa y mucho.

El orgasmo llegó en la segunda relación sexual. ¡Qué maravilla! "De aquí soy", pensé.

En esa época el tamaño no me habría importado. Y hoy, después de n número de parejas y n número de relaciones sexuales, puedo afirmar que sí importa lo que ellos piensen de su tamaño y de lo que hacen con el tamaño de su pene. Yo te puedo decir que tuve parejas con un tamaño fuera de lo común, de veintitantos centímetros, con una cosa así de ancho, siete, ocho centímetros.

Pero también he tenido otros que cuando mucho medían ocho centímetros de largo y dos de ancho. Pero importa la actitud que ellos asuman ante eso. Importa el preludio.

Soy tan bustona, que siento que mis senos se han caído. Pero eso a los hombres no les importa, ni les importan las estrías, ni les importa la celulitis. Les importa compartir contigo un momento, y cuando están de calientes lo que quieren es tener un hoyo para meterlo. No les interesa. A nosotras nos preocupa cómo nos vemos, no a ellos.

Me vanaglorio de que sé de sexo, me lo enseñó un hombre, el amor de mi vida. Me recriminó: "No es posible que seas tan grande y tan aburrida en la cama". ¡Y yo que pensaba que era la mujer más caliente del universo! Él me enseñó a ser libre, que se vale hacer lo que quieras, mientras sea de común acuerdo, que no importa si tienes dieciocho consoladores, puedes jugar con ellos y te sigo amando igual. Me enseñó a disfrutar una película pornográfica y repetirla con él. A pedir lo que yo quisiera. La libertad en el sexo es esencial. Pero si no eres una persona libre fuera de la cama, no lo eres en la cama.

No tengo una pareja, me acuesto con quien me da la gana. No con todos los que yo quisiera porque me da mucho miedo pescar una enfermedad. Ahora lo hago con tres diferentes, mañana voy a ver a uno, el sábado a otro, el miércoles al otro, y dentro de dos semanas al que caiga.

Mi educación sexual con mi mamá y papá no existía. Yo vengo de un mundo rosa, donde todo era cuidado, perfecto, Dios ante todo, virgen hasta el matrimonio. Las niñas bien no se tocan. Yo, por fortuna, no cumplí con el requisito. Si lo hubiera hecho, nunca habría encontrado ese volcán de mujer sexual que soy y que hoy disfruto plenamente ser.

He apuntado los datos de los hombres con quienes me he acostado y de mis cincuenta y seis, nunca me ha tocado un eyaculador precoz y todos han durado más de quince minutos con el pene erecto. El único con el que fingí un orgasmo no se dio cuenta. Tengo gordos, gordos, gordos, como cinco. Con pene gigante, tres; mediano, como cuarenta y chiquito, muy pocos. No le hagas caso al tamaño, diviértete. Muy pocos hablaban durante el acto sexual, los demás lo preferían en silencio y con la luz apagada.

Desde mi perspectiva, lo que más les gusta a los hombres es que los halagues mucho, que les digas: "Como tú, nunca en la vida. Maravilloso, eres el mejor pene del mundo, besas súper, hueles riquísimo". Aunque mientas.

Si no tengo sexo siento que me muero. Siento que mi vagina huele diferente, me descompongo. Sin embargo, no soy ninfómana porque logro satisfacerme.

No guardo secretos con respecto a mi sexualidad, todos saben que he compartido con otras personas y no me ponen ningún pero.

Nunca me he casado. Siete veces estuve a punto de hacerlo y nunca se concretó.

Creo que siempre habrá plenitud sexual porque para mí, ésta no quiere decir la cantidad de veces que te acuestas con alguien sino el que tú estés satisfecha.

Mi libertad no tiene precio. Lo único que me prohíbo es hacerlo con hombres de más de sesenta años porque creo que huelen diferente.

Mis amigas pirujas se han divertido mucho y hoy juegan a las señoras decentes y niegan haber hecho lo que hicieron. Eso me da mucho coraje, porque yo fui al revés, yo jugué a la niña decente y ahora soy una piruja de lo peor. Bueno, no tanto, porque la verdad es que no cobro. Me acuesto con quien quiero y lo gozo.

No puedo decirte mi verdadero nombre porque lastimaría a mis papás y no se lo merecen. A mi alrededor me califican de puta, aunque yo en realidad me siento libre, contenta, feliz. Antes de convertirme en una piruja, ya lo era para los demás. Nunca le he bajado el marido ni el novio a alguien. Siempre hay tela de dónde cortar, siempre un hombre está libre. Soy piruja pero con mis códigos de valor.

Sí, hubo uno que me rompió el corazón, pero ésa es otra historia.

Enriqueta

Vengo de una familia de ocho mujeres y un hombre, y para mi mala suerte, a los dieciséis, diecisiete años fui violada por un primo. Él siempre decía que estaba enamorado de mí, que quería casarse conmigo. Yo le respondía: "¿Estás estúpido?, eres mi primo, no puede ser". Y una de las veces que fui a visitar a mi tía, me dio como un sedante; aunque estaba consciente, no podía moverme y él ya tenía preparado todo. Fue una violación porque lo hizo en contra de mi voluntad, pero cuando me llevó cargando al cuarto, ya tenía la cama llena de pétalos, puso aromas, flores, velas. Él pensó que desvirginándome, qué absurdo, iba a casarme con él.

Él hizo todo el *show*, como un hombre que amaba cien por ciento a una mujer. Me besó, me acarició, de la manera más delicada posible. Yo no participé, estaba dopada y asustada, no por la virginidad, eso me valía un soberano cacahuate. Me acordaba, en ese momento, de mi hermana que salió embarazada en los años 1970. Eso causó un *shock* a la familia, a mi madre. Y ahí estaba yo drogada con el primo en una cama con pétalos de rosa y este cabrón abusando de mí.

Al penetrarme, vino a mi mente un incidente con el mejor amigo de mi padre: un hombre que me acariciaba mucho, para quien yo era la niña, la güerita. Recuerdo que me ofreció una *Barbie*: "Vamos, quiero regalarte esta *Barbie*, pero me tienes que acompañar". Me metió en una casa en construcción, al lado de la de mis padres. Entré con él y quise agarrar la *Barbie*. Él se bajó el pantalón, ya traía el pene erecto, y me dijo: "Tócalo". Como es natural, nunca había visto un pene; asustada, contesté: "No, eso no está bien", "Tócalo", "No", "¿Quieres la muñeca?", "No", "¿Sabes lo que te costaría si hablaras?". La típica historia del abusador: "Si se enteran no te van a creer, eres una niña, yo soy el mejor amigo de tu papá". ¿Qué pasó después? No recuerdo. Lo que sí está aún en mi memoria me llegó automáticamente al ser penetrada por mi primo. Yo no me acordaba del evento de la *Barbie* hasta ese instante cuando mi primo tenía el pene erecto y me quería penetrar.

No sé si a los seis años hubo penetración porque no hubo sangrado cuando mi primo abusó de mí. A los seis, seguro me pidió que le besara el pene, que se lo acariciara, se masturbó frente a mí, no lo sé. Pero de si hubo o no penetración, no me acuerdo.

Cuando tenía dieciocho años el tipejo se empezó a acercar a mis sobrinas. Soy comunicóloga, trabajé quince años cómo asesora política con el equipo de un alto funcionario. Entré directo a trabajar al despacho del gobernador. Eso me dio la valentía suficiente para decirle: "No te acerques a mi casa". Él no era político. Pero yo me escudé en la política para amenazarlo y decirle que lo iba a mandar matar, que era amante –imagínate, a los dieciocho años– del gobernador y que lo que yo decía se hacía. Desde ese momento desapareció de mi casa. Mi padre murió hace nueve años de Alzheimer y nunca se explicó por qué su amigo se fue así. Nunca supo que fue porque me llevó a la construcción de al lado de su casa y abusó de mí. Eso sí, lo platiqué con mis hermanas para que alertaran a mis sobrinos, tanto hombres como mujeres, y cambiaran su educación sexual, pero les pedí que no le dijeran a mi madre y a mi padre. Todo esto me surge con lo de mi primo. Estaba en mi inconsciente, y fue hasta ese momento que supe. Me vinieron las escenas a la memoria.

Fernanda, hasta la fecha ese primo sigue enamorado de mí. Estamos hablando de hace muchísimos años.

Ni el evento de los seis años ni el de los dieciséis, influyeron en mi vida sexual como adulta.

Estudié sexualidad además de comunicación y la conozco cien por ciento. Además, en mi vida hay mucha más práctica que teoría. Yo hablo de sexo, lo practico, lo disfruto, lo vivo en plenitud, y esto para mí ha significado asumir la total responsabilidad de lo que me pasó. De hecho, pienso que el verdadero placer está en tu autoestima.

Me di la oportunidad de sentir y no de pensar que por los incidentes que sucedieron mi vida iba a ser una tragedia.

Michelle

Mi vida sexual ha sido escasa y pienso que el tamaño no importa. He tenido tres hombres en mi vida, los cuales han sido de tamaño normal. Nunca me han tocado muy grandes. No sé, todo mundo dice que ha de ser una maravilla, la verdad es yo no he tenido una vida muy activa por una educación castrante. Cuando cumplí treinta años, sí me impactó el sexo, hasta esa edad la virginidad era lo más importante, casarte, estar con tu pareja, querer a esa persona. A los treinta años proclamé: "¡Tengo que vivir! Tengo que hacer algo que no sea lo que me marcan los parámetros de mi familia, del deber ser". Y lo logré.

Hoy todo ha cambiado. Me siento más libre y estoy más informada, estoy muy contenta con mi sexualidad, estoy muy bien.

¿Mi pareja? Mi pareja es súper caliente y yo también. ¿La plenitud sexual? Según mi experiencia, tiene que ver con ser lo que sientes, lo que haces con tu pareja y cómo lo haces. Para tener esta plenitud no es necesario que haya amor, lo importante es que te traten bien. Siempre busqué cariño, un poco de amistad. Este último, mi marido, vale por cien hombres. No para, más bien, ¡todo el tiempo se le para!

Claudia

A los hombres sólo los cuento si fueron importantes y si te vas únicamente por la parte sexual, no olvidas quién te hizo bien el amor. Para mí, el que me hace bien el amor es como el que sabe conducir o montar bien a caballo, el que te lleva, que siente ternura y pasión, y con el que hay la complicidad, la magia, donde hay que hacerle de todo, para perder todo el pudor, ser terriblemente tierna, pero al mismo tiempo salvaje y decir: "Me entrego porque quiero y lo merezco".

Hoy, a mis cincuenta y cuatro años me gusta el sexo. Es muy importante un buen sexo. Un buen sexo es permitido socialmente. Es igual a mantener una maquinaria activa. El tamaño para mí no importa, es como el abanico, si eres buena marquesa sabrás moverlo.

En una buena relación sexual he tenido en promedio dos orgasmos nada más. Un orgasmo es lo que defino como silencio, te quedas sorda, como dice Shakira, sorda, muda, en suspenso, en pausa.

Lo más tierno para mí son los besos, el manejo de la boca me encanta. Soy una buena catadora de gente que besa. He besado a más de cuarenta. Los besos y el sexo oral son lo que más disfruto.

El olor importa mucho, para mí es fundamental. Cuando acabas de tener un orgasmo hueles especial, toda tú hueles a sexo, a buen sexo, es rico ese olor.

Adriana

Tuve muchos novios, salía con ellos, los invitaba a mi casa, unos fueron más formales que otros; con algunos tuve relaciones, con otros no. La vida sexual de una chava de dieciséis o dieciocho años transcurría con normalidad. Ni muchos ni pocos, los disfruté, sí, pero nunca sentí algo profundo.

No sé en qué momento empecé a darme cuenta de que mi asunto no era con los hombres, pero nunca olvidaré cuando por primera vez estuve con una mujer. Fue en un antro, acompañando a unos amigos de desmadre; se me acercó una chava de unos veinticuatro años y me pidió un encendedor. Desde que me tocó la mano hasta que terminamos en la cama mi corazón no dejaba de dar brincos, estaba muy excitada ¡todo el tiempo! Me sentí cómoda, segura, me identifiqué mucho con ella y tuvimos una relación de cuatro años muy intensa.

Entre mujeres aprendes mucho, disfrutas más porque conoces qué onda con la otra, al fin y al cabo es tu mismo sexo. La cama con ella era maravillosa. Éramos atrevidas, nos quisimos mucho y a mí la experiencia me dio la oportunidad de encontrar mi sexualidad y vivirla plenamente, sin miedo.

¿Mis padres? No, no los veo desde hace más de diez años, cuando dejé Guadalajara. No aceptaron mi situación y me salí de mi casa. Su educación fue muy rígida y no quisieron enfrentar tener una hija lesbiana, ¡qué iban a decir de ellos! Hoy lo veo a mis treinta y tantos y me da pena lo que pasa, pero no puedo negar mi sexualidad. Esto es parte de lo que soy y no quiero elegir que sea de otra manera. Algo sí me enseñaron cuando viví con ellos: que las decisiones tienen una consecuencia y la asumo sin problema. Me pierdo de ellos, pero ellos también se pierden de mí.

Vivo muy bien, sola en un departamento, trabajo en el gobierno federal. ¿Pareja? Por el momento no tengo, ya llegará. Salgo con un grupo de amigas y nos divertimos mucho. Es fácil encontrar con quien irte a la cama, pero prefiero guardarme para compartir mi espacio con una mujer que valga la pena.

En la oficina me aceptan, mis amigas me aceptan, yo me acepto y eso es lo más importante. ¿Tristeza? Sí, muy honda. Pensé que ellos me querían, pero hasta ahora la vida me ha demostrado que no era tanto. No está mal. Yo no pienso cambiar. Me siento libre.

En este siglo XXI todavía hay chicos que piensan que masturbarse puede ocasionar ceguera, locura y deformación del pene.

Algunos adolescentes no saben que el líquido preeyaculatorio contiene espermatozoides y puede generar embarazos si no hay protección adecuada.

El virus del papiloma humano se está diagnosticando más frecuentemente en mujeres adolescentes.

La Internet es una de las fuentes de información a la que los adolescentes recurren para consultar aspectos sexuales.

Gran parte del contenido del *chat* de los y las adolescentes tiene material sexual.

La falta de valor y respeto por el cuerpo puede generar que los cambios físicos en los adolescentes, por ejemplo el crecimiento de los senos, genere vergüenza.

El aborto clandestino sigue siendo una causa de muerte en mujeres adolescentes.

La primera información que tienen los adolescentes de aspectos sexuales proviene de otro joven o de material pornográfico.

La mayoría de los adolescentes no experimenta placer en su primera relación sexual.

Los rituales de iniciación para los varones adolescentes todavía es una práctica observada en nuestro país.

4. La voz de los hombres

Hombres, les toca el turno de identificarse con algunos que, como tú, han enfrentado un laberinto de realidades en torno a su sexualidad. En los hombres que me depositaron su confianza para este capítulo fue muy importante recalcar, varias veces, que no tenían por qué desempeñarse como los viriles, poderosos y siempre potentes. Que en esta ocasión lo importante eran sus sentimientos, su forma de pensar, sus recuerdos, su esencia, su educación, ¡la verdad sobre su sexualidad!

Me da gusto encontrar a hombres que cuentan cómo es su vida sexual de manera tan abierta, descubrir que, al igual que nosotras, ellos están llenos de dudas y que muchos también pasan aceite a la hora de entrar por la puerta del placer sexual. No todo lo han resuelto como creemos. Es increíble lo que pueden llegar a decir cuando sienten confianza de hacerlo y de no ser juzgados.

Uno de los problemas fundamentales presentes en el tema de la sexualidad en los hombres es la exigencia educativa en relación con su desempeño. Pareciera que la educación que les dieron los ha llevado a demostrar que ellos siempre pueden, que no deben fallar, que son los responsables directos de nuestra plenitud y satisfacción, ¡y nada más equivocado y alejado de la realidad!

Gracias a los hombres que participaron. Aquí encontrarás material suficiente para pensar en el punto de vista de algunos hombres que han vivido su sexualidad con miedo o culpa o, por el contrario, con plenitud.

Gracias a todos por su confianza, sé que no fue fácil contar su historia sexual, menos aún a una mujer.

Alejandro

Tuve la fortuna de haber nacido en un lugar muy pequeño, la comunidad era como una gran familia. Nos conocíamos prácticamente todos, había familias de cinco a quince miembros. El poblado se convertía en una especie de cuidador de los integrantes de la comunidad, y a los hijos de los hijos de todos, en todas las casa los acogían, les daban de comer, etcétera. En ese medio, en Tuxpan, Michoacán, aprendí todo lo que se dice sobre la sexualidad en la calle, entre adultos y niños, porque los adultos no cuidaban lo que hablaban habitualmente. Entonces yo escuchaba qué decían los tíos y amigos mucho más grandes de las mujeres y los hombres. Frecuentemente había ciertos ritos como bañarse desnudos en los ríos o ir a observar a las chicas que hacían lo mismo.

Los comentarios sobre sexualidad eran burdos y soeces. Se hablaba de la sexualidad femenina y masculina de una manera agresiva y bestial; así se discutía el control de las mujeres sobre los hombres en la situación sexual. Y nosotros sabemos, y ahora lo reconozco y lo sé, qué es el erotismo y las situaciones que generamos los hombres y mujeres para poder convivir con él. Ahí se le tomaba como si fuera un arma, una crítica a la mujer por el gusto que sentía por el sexo, y cómo el hombre puede aprovecharse de esto.

Mi papá era el único médico del pueblo y me educó para la sexualidad con mucha información. Entendí que ésta era más ritual, que había que poner mayor interés, que significaba participar en algo que te proporcionaría muchas satisfacciones en la vida y formaría parte integral de lo que podrías tener en un futuro con una mujer.

Me enseñó también que a las mujeres había que verlas como veías a tus hermanas, con respeto, y pensar siempre que en la casa había una mujer, que era mi mamá, y cuatro mujeres más, mis hermanas. Cuando escuchaba hablar a la gente con respecto al sexo no dejaba de sentir agresión en su manera de tratar el tema.

Después vine a la Ciudad de México a estudiar en una comunidad religiosa, la marista, donde aprendí todo lo que desde el punto de vista biológico me correspondía saber de acuerdo con mi edad. Si no hubiera sido por la educación en mi casa, me habría sido difícil desarrollarme positivamente. Yo vi que muchos amigos vivían con culpa.

Tuve mi primera relación sexual a los dieciséis años. Ése fue el inicio.

Mis relaciones eran con protección, eso lo aprendí rápidamente. No teníamos todos los problemas que hay ahora, pero sí los había. Se hablaba de herpes o de gonorrea. Era perentorio protegerte de infecciones, no tanto como ahora, que te las puede pegar cualquier chica. En aquella época sólo se trataba de las prostitutas, que no era el gremio con el que me iba a contactar; pero de cualquier forma había que protegerse. Y la otra parte, la más importante, es que podías embarazar a una chica, lo que podía cambiar del todo tu proyecto de vida. Ése era el aspecto responsable de la sexualidad.

Recuerdo una relación sexual traumática. Yo tenía una amiga en la facultad de Medicina, la quería mucho. ¡Era tan divertida, tan inteligente, tan interesante! Ella quería tener sexo conmigo y yo entendía la relación como amistad. No me interesaba desde el punto de vista sexual. Siempre me insistía en que nos acostáramos. Era un poco gordita y se me ocurrió decirle que si bajaba diez kilos de peso nos iríamos a la cama. Cambiamos de grupo, y un día apareció con diez kilos menos y me confrontó: "Ahora sí, ¿verdad?". Tuvimos una relación sexual que echó a perder nuestra relación de amigos. Rompió la magia y muchas otras cosas. Nunca volvimos a vernos como éramos. Para ella era el inicio de una relación de pareja conmigo, y para mí era un compromiso que cumplí por habérseme ocurrido abrir la boca. Entonces, ni la disfruté, me sentí todo el tiempo culpable, no pude satisfacer lo que ella quería, que fuéramos una pareja. Accedí a tener relaciones con ella por lo que había dicho y por ver el impacto tan drástico de bajar diez kilos en unos meses. Me sentí obligado por haberla impulsado a que lo hiciera, pero siempre pensé que no sentía ese tipo de afecto o interés por tener sexo. Y mi amiga era guapa, pero yo la veía de otra manera.

Puede haber amistad entre hombres y mujeres sin que haya interés en la sexualidad. Los seres humanos nos relacionamos unos con otros por ciertas preferencias.

La plenitud sexual se alcanza cuando tienes una convivencia de ese tipo con una persona a quien quieres, creo que es una combinación perfecta. Una mujer que te agrada, a la que le agradas, por la que sientes un gran afecto, y con quien quieres compartir toda esa carga hormonal, esa intensidad física, ese sentimiento, ese cariño, en un momento en que los dos se funden de alguna manera para convertirse en uno solo. Ésa es la plenitud sexual.

A mis cincuenta y dos años, mi pareja actual y yo somos tan parecidos socioculturalmente que no hay algo en lo que yo no pueda involucrarla, estamos abiertos a muchísimas cosas. Los dos creemos que la sexualidad empieza en el cerebro y termina hasta las uñas, y por dentro involucra absolutamente todo. Creo que en esto el tamaño de darte cuenta de que es así importa mucho.

Martín S.

En casa nunca pregunté por la sexualidad porque crecí en una familia disfuncional, no había una figura paterna y, por consiguiente, no podías cuestionar qué onda con el sexo. La experiencia fue con mis primos o mis amigos.

Mi primera relación sexual ocurrió a los quince años con una amiga que era mi vecina. Recuerdo que había un jugueteo entre los amigos que pasábamos por esa etapa, de ver con quién se da tu primera vez, o quién se ligaba a la fulana con la constante de que la chavita tenía experiencia. Nada más andábamos viendo quién sería el primero con la vecina que era medio inquieta. Hasta la fecha he tenido más de veinte o treinta parejas sexuales, tal vez.

Los amigos más grandes, los más expertos, los que me transmitieron las asuntos del sexo, me enseñaron que el placer en el hombre no es llegar al final o tener un orgasmo, sino, en realidad, darle placer a la mujer. Este aprendizaje ha sido exitoso, porque luego en la vida uno se encuentra con mujeres insatisfechas, que tienen por amantes a hombres que sólo buscan montarse, eyacular y tan tan, sin importarles el placer de la mujer. Para mí el placer de la mujer equivale a un buen trato, una buena relación. Hacer lo posible por que ella tenga un orgasmo o por terminar juntos, es lo ideal. En el sexo lo ideal es un final feliz de los dos al mismo tiempo.

En cuanto a relaciones traumáticas, ha habido algunas leves. Una vez tenía una vecina, éramos amantes en una época extraña en mi vida. Tiempo después la encontré y después de tener sexo me dijo: "Debo confesarte que estoy enferma". Obvio, yo siempre usé preservativo. Pensé: "Me va a salir con que tiene sida", y no, fue algo muy raro, porque hubo un acercamiento sexual y no de amor, pero nos caíamos muy bien. Me habló de que tenía cáncer cervicouterino y estaba muy mal, por eso la había visto baja de peso. Lo que me dijo me traumó y a la vez sentí rechazo y ya no volvimos a vernos. Accidentes también tuve. Recuerdo, como si hubiera sido una broma, a la hora del sexo oral casi me revientan el pene con los frenos, se atoró todo el escroto con los frenos de mi amiga y no sabes qué escena porque empecé a sangrar. Estábamos en mi coche y fue muy traumático, tanto que fuimos a dar con el médico, "¿Qué le pasó?", y ya te imaginarás. Me parece que las primeras relaciones son accidentadas, incluso terminas antes de lo que deberías.

En cada etapa de la vida pides cosas diferentes en el sexo. Cuando estás chavo lo primero que quieres es encontrar a una mujer que esté buena, penetrarla y no te importa el desempeño. Después buscas a una mujer estándar, más delgada o más llenita, y cambia lo que quieres sentir; a lo mejor estás con una novia con quien has andado poco tiempo y te la llevas a un mirador y ahí quieres que te haga sexo oral. O hay personas que te interesan, con las que quieres involucrarte, y les pones un ambiente de velas, más romántico el asunto. Depende de la mujer. Prácticamente buscas el placer circunstancial.

Me han propuesto cosas a las que me he negado, como ser penetrado por un vibrador. No me latió la idea. Una novia quería que nos viera alguien, quería grabarnos, y tampoco me interesó. Cuando estaba en la prepa tenía una amiga que estaba bien loca, pretendía que me vistiera de mujer y no lo hice. Con el sexo desahogas muchas cosas no resueltas.

Fantasías las hemos tenido todos, que con dos mujeres o con tres, o cosas que a lo mejor nunca realizarás. Pero no accedería a compartir a mi esposa, a tener sexo con otro hombre, yo tengo amigos *gays* y no tengo nada en contra de ellos, es sólo que no me gustaría acariciar unas nalgas peludas o besar a alguien con barba como la mía. No tengo la mente cerrada para el sexo, creo que se debe valer de todo sin hacer algo en contra de tu pareja, ni imponerle nada. Mientras estén de acuerdo, se vale todo.

Antes pensaba que era posible tener sexo sin amor, pero en este momento, no. Llegas a sentirte culpable, porque yo lo hice y también me lo hicieron; llegué a decirle a una mujer que la amaba para llevármela a la cama, pero ya que tuve sexo con ella, me llamaba y me hacía güey, ya no le contestaba, "Al fin ya obtuve lo que quería", pensaba; era una resaca muy mala. Cuando hay amor no te provoca eso, hay continuidad en los sentimientos, y a la vez no te causa ese conflicto. El sexo con amor es mejor.

Roberto J.

Soy Roberto J. En mi casa no se hablaba de sexualidad, mi papá tenía un genio de la fregada y nunca hubo momentos para hablar de eso. Yo más bien aprendí sobre el tema después de ser *disc jockey*, así pude conocer a las mujeres poco a poco.

Mi primera relación sexual ocurrió en la secundaria y recuerdo que fue bastante buena. Todo sucedió en los baños, y utilicé protección. En esa época mis parejas con las que tenía sexo eran más grandes que yo.

En el sexo es mejor enseñar a que te enseñen, porque muchas veces las chavas creen que saben todo acerca de sexo. "No te lo pongas, se siente mejor así", pero ¿qué tal si la chava ya se acostó con cinco mil y no lo sabes?

Para mí la relación sexual ideal consiste en tener varios orgasmos, con la luz apagada y, de preferencia, que no le des la cara.

No he hecho nada demasiado loco en el sexo, más bien, lo normal: todas las posiciones. ¿A qué cosas no me presto en el sexo? A que me toquen partes que no quiero. Besarles el recto, no. Tampoco me prestaría a andar con hombres, ya tengo bien especificado lo que es mi sexo y me encantan las mujeres.

Estoy convencido de que el tamaño de los genitales no importa en una relación sexual, lo esencial es cómo tengas el sentimiento, cómo le hagas el amor, no tanto los centímetros, ni la duración. Lanzarte, pero bien.

Sí concibo tener una relación sexual sin amor, en ocasiones, pero cuando ésta sucede suele deberse a que la mujer está despechada. Lo hacen contigo pero pensando en otra persona. Esas relaciones no duran mucho, si acaso un mes y medio, y yo sí me doy cuenta.

A mis treinta y siete años, he tenido veintidós parejas sexuales normales, ninguna traumática. Lo que considero más excitante es hacerlo por la noche, con las luces apagadas, velas, ella con un *baby doll*, así, cachondo.

Roberto

En mi opinión, el tamaño no importa. Es una preocupación de las personas jóvenes, de los adolescentes, pero, a medida que llega la madurez y tienes mayor experiencia, mayor conocimiento de la sexualidad, tal inquietud se desvanece.

La pregunta sería: ¿por qué a un hombre le interesa el tamaño para satisfacer? Porque eso se presenta en la mentalidad del joven: "Si yo la tengo más grande puedo satisfacer mejor a mi pareja", pero luego aprendes que hay muchas maneras de satisfacer, que no todo depende de un pene. Es más importante la experiencia, saber enamorar, a lo mejor a ti como mujer te excita más un beso en el cuello que un tamaño de treinta centímetros. De lo que sí estoy seguro es de que le interesa más sentirse envuelta en una intimidad que ver si la penetración le va a doler o no.

Hay una gran diferencia entre coger y hacer el amor. Coger es satisfacerme yo. Lo mismo te puede suceder en una masturbación, que te masturbes y digas ya me vine, ya acabé y punto. Hacer el amor es todo el rollo, aunque la conozcas por primera vez, aunque estén juntos por primera vez, la mujer y el hombre tenemos sentimientos y hay que saber envolverlos en la sexualidad.

Estoy convencido de que hay que hablar de sexualidad con los hijos. Yo abordo el tema con el mayor, de once años, con los otros no porque son niños pequeños y debo ir paso a paso, viendo hasta dónde.

Con el grande hablo de las niñas, como decimos en mi tierra, de cuando se te empluma el pájaro, de por qué le van a salir vellos, de que en unos años él va a sentir una erección cuando vea a una mujer, una revista o una película. Eso no lo puedes evitar en tus hijos, se trata de una erección, no de algo que cause vergüenza. Con mi hijo yo lo viví y creo que sí le dio un poquito de pena. Se avergonzó la segunda vez cuando alguien se rió de él y le dijo: "Mira, lo traes parado".

Todo ese tema tiene mucho que ver con la cultura que nos han legado y que nosotros transmitimos. El niño es como una esponjita, mientras absorba puras cosas bonitas puede andar hasta encuerado en la calle, pero si tú llegas y te burlas de él con un: "Ay, qué chiquita la tienes", va a pensar: "Híjole, nunca me había fijado si la tenía chiquita".

Recuerdo que mi hijo nació con el pene muy grande, ¿tú crees que a un niño le interese eso? ¡Claro que no! Sucede hasta que alguien se compara con él.

Hablando de competencia, el sexo no me parece que se trate de quién coge más, eso sucede en una etapa de la vida, hay un tiempo en el que ya no hay necesidad de compartir esas cosas: "¿Sabes qué?, a los cuarenta, cincuenta, sesenta, me sigo tirando a cinco mujeres por quincena". Pienso que se convierte en algo muy personal.

A los diecisiete o dieciocho años compartes con tus amigos lo que sucede en tu vida sexual, cómo te fue con ésta o con aquella. A mi edad, por ejemplo, a la única que le puede interesar la mía es a mi esposa. Y cuando digo la mía me refiero a mi sexualidad, al tamaño y a todo.

David

A los treinta y un años no he tenido relaciones sexuales. Te preguntarás por qué. Siempre he pensado que una relación de este tipo debe ser con alguien a quien tú ames o quieras, que realmente te importe. Pero una relación sexual verdadera, yo me imagino que es a través del matrimonio.

Así me educaron. En mi casa me decían que la sexualidad es como un fuego. Tomemos como ejemplo una fogata; si tú tienes una fogata en tu cuarto o en tu casa, la ves, es linda, te calienta, te cobija, pero si llegas a sacar ese fuego y lo pones en tu alfombra, ¿qué pasa? Se prende y todo se destruirá. Es una forma de decirte que la chimenea es el matrimonio y fuera de él, la relación, es, como dicen, un acostón.

Nunca he visto mi experiencia como una forma de castigo. No. Por el contrario, la considero una forma de respeto a la mujer. Por supuesto, como cualquier hombre, me he excitado con una película, un programa de televisión. De pornografía veo lo normal, lo que ven los jóvenes. Una relación sexual es muchísimo muy diferente de lo que te ponen ahí, que es sólo lo carnal, lo físico. Pura penetración y penetración. Para hacer el amor hay que estar casado, en pareja, si no, para qué.

Me imagino que una relación sexual es un preámbulo. Llegas con tu pareja, una cena, no sé, comienzas con besos y al último llegas a la penetración. De esa forma le das placer a tu pareja, y no sólo se lo das, sino que también la haces sentir querida, amada, y no nada más utilizada. Como hombre, llegas y nada más quiero esto, y tú ¿qué piensas darle?

La masturbación ha estado presente en mi vida, al igual que en la de cualquier joven, aproximadamente desde los catorce años. La primera vez mis compañeros me decían cómo hacerle. Me masturbé mientras me bañaba, y sí me excité; es una sensación extraña, es algo que nunca había experimentado y de repente cuando lo sentí me saqué de onda. Me causó placer. Me gustó, sería tonto al decir que no. Pero ya después del momento placentero, se acabó. No hubo un seguimiento, una duración. Fue rápido.

No he pensado en que me gustan los hombres. No, jamás, a mí me encantan las mujeres, como le deben gustar a un hombre. No me preocupa si a los treinta y un años todavía me falta mucho para tener mi primera relación sexual; de lo que sí estoy convencido es que debe ser con la persona indicada.

Oportunidades sí he tenido. Una vez, no sé si fue a propósito, unos compañeros me dejaron solo con una chava y ella estaba dispuesta. Pero yo dije: "No me puedo aprovechar de esta muchacha", porque lo hubiera hecho y después *bye*, y no quise sentir esa sensación tan vacía.

Mis papás sí hablaban de sexo, pero que debe hacerse siempre con amor. Dicen que no es placentero si no sientes algo por la otra persona.

La culpa está involucrada en la relación sexual y si llego a acostarme con alguien no sentiré culpa si lo hago en la forma que te he descrito. Pero si nada más es al "ahí se va", la culpa sería terrible. Me sentiría mal, como usado, no soy un semental, eso me queda claro.

Me da miedo que mi primera relación sexual no sea tan satisfactoria como creo. He visto a las parejas que tienen sexo, luego son otras, no sé por qué. En cambio, no me atemoriza fallar. Me causa temor afectar a la persona, a la mujer. Que esa relación no sea como quiero. Un acostón y se acabó. Olvídalo, no me lo permito.

El tamaño de la espera sí importa, de mi espera, importa para tener relaciones sexuales, pero estoy esperando a esa persona especial. Nunca me ha afectado que todos los demás lo hagan y yo no. Cuando me llegue, y cuando esté casado, aunque me case a los cuarenta, ésa es mi convicción y no la cambio. En mi casa me dieron bases firmes, de mucho valor.

Carlos M.

La primera vez que tuve un orgasmo fue arriba de un caballo. Empecé a montar desde muy pequeño. En las clases de equitación uno de los ejercicios que tienes que hacer es el muelleo: te paras en los estribos y llevas el ritmo del caballo con las piernas. Es un movimiento que te llega directo a los genitales, aunque no hay ningún roce ni nada. En mi caso fue una combinación, porque estaba despertando a la sexualidad. Habré tenido trece o catorce años. No me asusté, es sólo que obviamente no había tenido una eyaculación como tal y no sabía que eso era un orgasmo. Es muy raro, porque cuando montas debes mantener cierta postura. En el momento en que sentía que tenía un orgasmo, por así llamarlo, la perdía. Me relajaba. Era como si hubiera terminado, como si hubiera eyaculado. Mi instructor me reclamaba: "Estás muy chueco, muy relajado, pon más derecha esa espalda". Yo no podía y no decía nada porque me gustaba la sensación, no por pena, sino porque si se lo comunicaba me ordenaría que dejara de hacer eso y a mí me gustaba. Era como una contradicción, sentir que me gustaba o apenarme porque me gustaba.

El sexo es rico y para mí es fundamental que involucre amor. Al hacer el amor van implícitos forzosamente sentimientos; no lo puedo hacer con una desconocida, por ejemplo.

Nunca he tenido la necesidad de pagar por sexo, ni se me antoja. Además, en ese aspecto soy muy miedoso con las enfermedades venéreas, con un embarazo no deseado, con todo ese tipo de cosas, ¿para qué? Pero al mismo tiempo esto no me ha hecho recurrir más a la masturbación que a la relación sexual, nunca ha estado la masturbación por encima, no ha suplido mis contactos sexuales. Mucha gente ve la masturbación como un tema para adolescentes, pubertos cuya hormona se va despertando. Sin embargo, yo no estoy tan de acuerdo con eso porque la masturbación es conocerte a ti mismo, y si tú a los cuarenta años te sigues masturbando, te sigues conociendo. Ningún acto de masturbación es igual a otro, nunca se repite, siempre es distinto.

En general siento que la mujer deja en manos del hombre su propia satisfacción y eso me parece mal. Ella debe hablar y expresar: "Me gusta esto, no me gusta, necesito que me hables bonito, necesito que me hables sucio". La mujer debe comunicarse. El hombre no habla, es mudo por naturaleza; rara vez va a hablar, menos aun en un aspecto así. Hay hombres que sí lo hacen, pero en general la mujer es la que comunica más. Las mujeres tienden a decir diez mil palabras al día y los hombres, siete.

En mi vida he tenido plenitud sexual y me parece que va cambiando. No creo que una pareja de veinte años tenga un sexo más disfrutable o más pleno que una de cuarenta. Son distintos. Los de cuarenta se divierten más que los de veinte, pues los de veinte van empezando. Así, mi plenitud ha ido escalando; sin embargo, siempre he enfrentado el problema de que me ha dado mucho miedo el problema de un embarazo no deseado. No me he podido "aflojar" por eso, no por miedo a la paternidad, sino por miedo a que sea en un momento que no es recomendable, es por falta de madurez.

Algo que no me gustaría que me hiciera mi pareja sexualmente es que me faltara al respeto, que me ocultara sus sentimientos, que no me dijera lo que le gusta y lo que no le gusta. Tampoco me gustaría que me tocaran las lonjas, porque no me gustan mis lonjas. A veces me desagrada verme desnudo, quisiera verme mejor físicamente. Hasta hace poco no me gustaba nada, no me caía bien. Antes estaba muy pasado de peso. A veces no entendía cómo podía estar una mujer conmigo desnudo porque yo me veía gordo, descuidado. Sin embargo, tenía orgasmos y ella también. Si bien había un pudor interno que no me gustaba y es probable que fuera un problema de autoestima, no afectó mi desempeño sexual. El sexo me gusta y mucho, pero, insisto, con amor.

Javier

Soy un hombre de cuarenta y seis años que piensa que en realidad las mujeres llevan la batuta en todo, que no se hagan, que depende de ellas que el varón se sienta bien y que ellas logren por sí solas un orgasmo, que ellas dan la pauta de cómo el sexo, a qué hora el sexo y dónde el sexo, que en realidad quienes no han tenido una buena educación sexual hemos sido nosotros los hombres.

Las mujeres son bien mentirosas porque en realidad ellas controlan a los hombres. Si no quieren tener relaciones, no las tienen y punto. Mi vida sexual ha dependido de ellas, de sus deseos, de qué quieren y cómo lo quieren.

Alguna vez estaba en un faje maravilloso en un coche y ella me dijo: "Oye, por lo menos paga un hotel, aquí no, me merezco más que tu coche...".

Ellas son las que saben hasta dónde y te dan o no la libertad de continuar. Ya casado, se me han antojado muchos lugares extraños, encima de la mesa de la cocina, en el baño... pero mi esposa siempre quiere en la cama y en ciertas posiciones. De sexo oral ni hablamos, le da asco, no le gusta. Yo nunca he sido infiel porque sé que con otra me pasaría lo mismo.

El sexo es aburrido, para mí es así. Prefiero hacer mucho ejercicio o ir al cine. Soy de los hombres que dicen que les duele la cabeza con tal de ahorrárselo. Cuando ella, mi esposa, me busca, yo sólo cumplo, la penetro y ya está.

Prefiero invertir mi tiempo en otras actividades que en una relación sexual.

Señor "X"

La plenitud sexual habría que verla desde el punto de vista fisiológico en la adolescencia y en la juventud temprana. Ésa es una plenitud física. Pero en realidad no significa tanto como cuando tienes más edad. Aparte de la plenitud física está la plenitud emocional que le da un toque muy distinto. Y, lo que es muy desafortunado, después ya no tienes la plenitud física, tienes más capacidad para la plenitud emocional, porque ya tu cuerpo no funciona igual que en la adolescencia.

Puedes dejar de tener sexo en la vida cuando tú quieras. La edad no importa, estoy convencidísimo de ello, y en estos días más, porque si enfrentas problemas, dificultades o tropiezos, hay muchas cosas a las que puedes recurrir que te dan placer.

Lo que me prohíbo sexualmente tiene que ver con la gente. Cuando tienes cincuenta y un años, ya no pierdes la cabeza por cualquiera. Eres bastante más selectivo, no puedes tener la misma plenitud sexual que en la adolescencia y en la juventud temprana, pero sí puedes ser mucho más significativo y selectivo.

Las relaciones sexuales que he tenido han sido positivas. Pienso que la actividad sexual es como ir al cine: puedes ver montones de películas, pero el que veas una buena, es otra cosa. No todas las veces que vas al cine ves una buena película, y lo mismo sucede con las relaciones sexuales, no todas son buenas, en algunas sales herido y en otras también hieres a alguien. Los impactos emocionales ni te los cubre el seguro, ni tienen reparación rápida.

Los hombres también sufrimos impactos emocionales por medio de la sexualidad. Los más fuertes provienen del rechazo. Cuando tú crees que una relación va bien y te sientes muy seguro de tu papel, de tu atracción, de tu aceptación, y de repente te das cuenta de que no es así. Cuando para ti la otra persona era tu prioridad, pero para ella eras una de sus tantas opciones, no eras su prioridad, eso duele y mucho.

Me he sentido usado sexualmente montones de veces, independientemente de la edad. Es frecuente que todos nos sintamos así, pero también depende de tu punto de vista. Si tus expectativas son de una intimidad recíproca y te percatas de que no es así, de que te están utilizando, es que interpretaste mal los mensajes y lo que tú imaginaste que podría ser otra cosa para la otra persona era una relación meramente recreativa. Es cuando la confusión te hace sentir ese rechazo.

Nunca he pagado por sexo por lo que no sé cuál pueda ser el impacto emocional. Pero si algún día caigo en eso, el impacto a mi ego será demasiado fuerte, porque querrá decir una de dos cosas: que ya no soy lo bastante atractivo para hacerlo gratis o sin tener que pagar, o porque de plano mis gustos han cambiado.

Ninguna persona con quien haya tenido relaciones sexuales se ha quejado del tamaño de mi pene. Por supuesto que el tamaño importa. La gente tiene una fijación con respecto a que el tamaño sí importa. Esto depende también de con qué pie entras en la relación. Si lo haces con el pie recreativo, el tamaño importa muchísimo. Si entras con el pie emocional, entonces no importa tanto.

El hombre debe jugar el papel que quiera en la cama. Muchos toman muy en serio la cuestión de los roles y se dicen: "Debo hacerlo bien, debo dejar satisfacción absoluta, deben pensar absolutamente bien de mí". Eso lo único que hace es desconcentrarte, resulta un corset muy apretado para la gente que le gusta apretárselo. Pero para quienes no les gusta, esa libertad con la que entras en una relación sexual, sea casual o sea encaminada hacia algo más serio, depende mucho de ti. Si tú te lo tomas muy en serio es probable que nunca lo disfrutes, no importa cuán bien lo hagas.

La sexualidad no siempre tiene que desarrollarse con el sexo opuesto. Se puede desarrollar con hombres y con mujeres, desde mi perspectiva.

Comparando hombres y mujeres, las mujeres con las que he tenido relaciones sexuales no eran siempre seguras de sí mismas, y creo que lo más desalentador ha sido toparme con una mujer insegura.

Me ha tocado hacerlo con luz natural, apagada, prendida, como sea. Tengo cincuenta y un años, he hecho de todo. Sin embargo, no he llegado a contar con cuántas personas he tenido sexo en mi vida. Por lo regular las mujeres sí las cuentan, porque significa otra cosa para ellas; pareciera que es como acumular satisfacción aunque no la sientan. Es más la aceptación como persona. Resulta más difícil para las mujeres tener sexo recreativo que para los hombres.

Ahora, con los hombres he sentido igualdad física y no hay cuestiones emocionales. Puede haber satisfacción física, según cómo te vaya, pero con ellos no se manejan tanto las emociones, los sentimientos.

Nunca he tenido experiencias con gente con culpas, creo que es como una especie de radar, de detectar que se puede dar ese tipo de relaciones, eso lo veo como un problema muy desagradable. Nunca he terminado una relación sexual con culpa, me parece poco maduro.

Hasta tiempos recientes, en todos los casos he tenido una erección. Al no tenerla ¡se te derrumba todo!, porque en un principio te confunde y no sabes si es porque estás con la persona equivocada o si físicamente ya se te estropeó el motor. Una de esas cosas puede pasar, y es la ambivalencia de saber qué te está ocurriendo. Es muy frustrante, es más, te rompe la seguridad por completo.

Creo que la bisexualidad te lleva a un mayor desarrollo, conocimiento y plenitud sexual como ser humano. Los seres humanos estamos hechos para explorar todo lo que está a nuestro alcance, y hay gente que te dice desde un principio: "Yo no como brócoli porque no me gusta", y como dicen por ahí, nadie sabe qué es lo peor hasta que sabe qué es lo mejor. En mi opinión, la vida está para descubrirse en todas sus facetas.

Sin embargo, hay cosas que no probaría, igual que el brócoli porque no se me antojan. Todo lo que se considera *kinky*, ilegal, inmoral, no me va. Y está relacionado con la decencia social con la que creciste, o la cultura que tengas.

La posición importa. En mi experiencia, las relaciones que son muy largas tienden a caer en una monotonía por la falta de experimentar cosas nuevas, de repente una pareja descubre que la posición o la hora o el lugar que más les funciona es uno, y se quedan en ése. Y se convierten en esas personas que comen lo mismo todas las noches. Eso te evita la exploración de diferentes posibilidades, que por desgracia vas y descubres con otra gente.

El sexo me gusta. Nunca me ha hartado. No es algo que me haga caer en la monotonía. Son temporadas y me imagino que tienen que ver con un ciclo biológico, en los cuales hay picos donde estás ingobernable y otros donde estás muy tranquilo y otras cosas pueden llamar tu atención.

He notado cuando una mujer finge un orgasmo y me ha tocado muy seguido. Fingen porque, al igual que nosotros, se sienten obligadas. Si nosotros tenemos la obligación de lograr una erección firme, las mujeres la tienen de alcanzar una satisfacción recíproca, se dé o no se dé. Con el tiempo es muy fácil identificar esa falsedad. Se nota de inmediato.

El sexo está en la cabeza cien por ciento. No puedo imaginar a alguien que sea un demente, tarado, que tenga un sexo automático y que lo disfrute.

Mi educación sexual en casa fue nula, tradicional, porque era una época que en la familia no se hablaba de sexo, punto. Todo lo averiguabas con los amigos o sacabas información de tus propias experiencias.

Mi sexualidad nunca estuvo expuesta, nunca fue un tema en la mesa de mi casa decir: "Me gusta o no me gusta el brócoli". No entiendo a la gente que necesita exponer su sexualidad, pero sí hubo confrontaciones por mi conducta sexual. Ahí fue cuando salió a relucir una parte de mi sexualidad pero no toda. Eso es privado y no tiene por qué abrirse al público, y la familia es público, punto.

La sexualidad es una experiencia personal, que si sale de tu persona se vulgariza.

En temporadas bajas tengo una relación sexual a la semana. En altas, de cinco a seis, promedio. Te digo que depende de las ganas. Si tengo ganas busco y siempre he encontrado.

Marcelino

La plenitud sexual viene cuando compartes con una pareja el sexo en el más amplio sentido de la palabra, cuando involucras sentimientos, compromiso, confianza, dar y recibir, deseo, pasión, muchas cosas.

La plenitud sexual se puede encontrar con una sola persona, en pareja o con muchas personas. No creo que sea necesario haber tenido un número determinado de parejas; puedes encontrar la plenitud con una sola.

En el sexo, para llegar a la plenitud debe haber amor, excepto si lo que buscas es un placer momentáneo, pasajero, más físico, de desahogo.

Nunca me he sentido utilizado como hombre por una mujer y tampoco me fijo en si ésta finge un orgasmo. Más bien, si lo finge, tendrá sus motivos. Habría que preguntarle caso por caso a cada mujer por qué lo hace, es como autoengañarse. Es un asunto que ellas tienen que resolver y no me incumbe involucrarme en ello.

Nunca he abusado de alguien; me haría sentir mal conmigo mismo forzar a otra persona, ni sexualmente ni de otras maneras. No es algo que haya hecho ni que piense hacer en mi vida.

En la actualidad tengo con mi pareja en promedio una o dos relaciones sexuales a la semana. Llevamos siete años juntos.

La masturbación ha ocupado un lugar a lo largo de mi vida. De joven era importante, era como un espacio de experimentación, de sacar la virilidad, la juventud, de explorar. Entre amigos acostumbrábamos platicar de algunos detalles, sin ser vulgares; era una cosa de chavos. La masturbación constituía un elemento de reto y competencia en la época de la prepa. ¡La verdad es que nunca rompí récord alguno! Lo que más recuerdo es quizá tres masturbaciones en un día.

La verdad cada día me preocupa menos el tamaño. Por lo que he escuchado de gente que sabe, me he dado cuenta de que el tamaño no es lo que más les importa a las mujeres, que no es lo que más valoran en el desempeño sexual de un hombre, lo cual me ha tranquilizado un poco. Tal vez de joven sí te inquietaba más y te medías, pero ¿cuál es la medida o el tamaño correctos? Con el tiempo entendí que no es tan importante. Creo que un pene de tamaño normal debe tener entre doce y catorce centímetros erecto.

Lo que me prohibiría sexualmente sería el sadomasoquismo, causar dolor, la pedofilia, muchas cosas. Eso va en función de tus valores y, al igual que en todo, hay límites.

No me considero un hombre conservador en el aspecto sexual. Atrevido, sí, dentro de algo razonable, de hombre a mujer, amor, dentro de ciertos parámetros, sí me considero atrevido y dispuesto a explorar nuevas formas. Pero nunca me ha gustado un hombre, por ejemplo.

Me gusto desnudo en las relaciones sexuales. No es que me adore, espero que no suene a soberbia, pero tampoco he llegado al otro extremo de sentirme tan mal con mi cuerpo, tan mal conmigo como para que me afecte. Ahora bien, tampoco me siento el Don Juan, ni un dios.

Me siento muy pleno, muy bien en mi parte sexual, muy tranquilo. Mi pareja me ha enseñado mucho y yo a ella. Somos aventureros, todas las veces que hacemos el amor terminamos y lo disfrutamos mucho. Siempre es diferente. La plenitud no sólo se alcanza por medio de lo físico, sino de mucho más.

Algún día les hablaré a mis hijos de sexo, me parece fundamental, aunque no es un tema que he pensado mucho porque están chiquitos. Tengo un niño de siete años y una de cuatro. ¿Alguna manifestación sexual en ellos? Pocas. Por ejemplo, erecciones de mi hijo, que lo apenan, que no sabe cómo manejarlas. De hecho, hemos tenido muy breves pláticas al respecto, le he dicho que no se apene, que es normal, que es parte de su cuerpo, que todo está en orden, quizás un poco de toqueteo pero nada del otro mundo.

Carlos

El sexo con una mujer es diferente del sexo con cualquier otra. Cambia absolutamente todo. Desde el olor de la boca y el sabor de los besos, hasta el sabor de la piel. Por supuesto que uno se fija en eso.

Muchas mujeres pueden no excitarte, muchísimas. Tener sexo no es cosa únicamente de: "Ya se me paró, acuéstate y va pa' adentro". Es un asunto con muchas facetas, y cuando no compartes algo especial con esa mujer, de cualquier forma, a menos que estés borracho y realmente las cosas se den, es muy difícil alcanzar el éxito. Por lo común se convierte en una mala experiencia y te recriminas: "¿Para qué lo hice?".

Algo que no haría es pagar por sexo porque a lo mejor, soy muy soberbio. ¿Pagar por sexo? No me parece que sea la fórmula, creo que no lo disfrutaría. Me ha sido fácil conseguir sexo en diferentes etapas de mi vida.

He recurrido a la masturbación sin concretarla ni disfrutarla en verdad, muy escondido, atormentado por dos mitos fundamentales (yo estudié en escuela de padres). Nos decían que era un pecado tremendo y que causaba un gran problema a tu salud, que te hacía muchísimo daño, eso era lo que se manejaba en la escuela. Recuerdo que corrieron al profesor de Anatomía, que era médico, porque nos dijo: "Perdonen que se los diga y que no salga de esta clase, pero no es cierto, al masturbarse no les pasa nada, hay momentos en que resulta sano". Ésa fue la última clase que nos dio el doctor. Yo vivía con culpa esos momentos debajo de la toalla intentando masturbarme. Con razón no podía sentir placer, si llegaba en ese momento a mi mente la imagen de los padrecitos diciendo que nos iban a salir pelos en las manos. ¡Qué susto!

Es difícil disfrutar con culpa, es un proceso que quizá te marque la vida. Es un proceso que incluso te lleva a tomar decisiones equivocadas, ya que cuando tomas decisiones que a lo mejor no son equivocadas, te llevan a más culpa. Y hablo de estar casado, de casarte con una persona en particular, de que esa persona tiene que ser virgen. Yo viví todo eso, busqué una mujer virgen. Mi vida sexual con ella fue buena hasta antes de casarnos, pero con culpa y ocultamientos. Después hubo una serie de situaciones que hicieron que ya no fuera tan satisfactoria.

Por ejemplo, antes de casarnos hacíamos todo a escondidas, y eso siempre es atractivo. La adrenalina es una forma de abrir el apetito sexual, sin duda. Después me di cuenta de que tal vez no era precisamente lo que buscaba, que quería algo más abierto, que pudiera disfrutar más, alguien con quien pudieras platicar en profundo las cosas, que no estuviera llena de tabúes, que le gustaran más otras cosas que a ti te excitaran o que podrías encontrar en otras situaciones con otras mujeres. No encontré una correlación o una vida sana con mi pareja en el aspecto sexual y esto provocó que nos separáramos. Un mal sexo te puede separar para siempre. Si el sexo está bien, importa el diez por ciento en tu relación, pero si está mal, importa ochenta por ciento.

Era aburridísimo y no lo disfrutaba, se convirtió en una obligación. Y representaba también una presión, porque me empecé a acostar con la persona que estaba casada conmigo y esto me causaba problemas pues en algún momento ella se dio cuenta y me reclamaba. Era tremendo. Tener sexo con tu esposa por obligación es de "hueva", perdóname, pero no hay otra definición. No es nada satisfactorio.

Los acercamientos sexuales entre nosotros los iniciaba ella, yo no la buscaba. Buscaba por fuera de mi matrimonio y era extraordinario, maravilloso, divertido. Ahí está otra culpa, la culpa de culpas, sobre todo en el marco de la educación que tenía. Fue terrible.

La lección que me deja el haberme casado con alguien que cumplió con los requisitos, pero de quien me separé porque no había rico sexo es que al fin y al cabo la vida es una continua búsqueda de alguien que te llene en todos los aspectos, y uno de éstos, que muchas veces lo tenemos reprimido, es el sexual. Quien no lo abra de forma total está condenado al fracaso, está condenado a la hipocresía.¡Qué mentira más grande y cómo llega a afectarte emocionalmente!

En esa etapa de sexo-aburrimiento en la que no cumplía con las expectativas de mi esposa era complicado tener una erección, eso era parte del problema. Había momentos en que no sólo no me llamaba la atención, y es tremendo, es difícil de explicar que eso suceda con una persona a quien le tienes tanto cariño. Es algo que te crea más culpa al pensar: "Caray, yo podría ser feliz con esta mujer, pero no me atrae y como resumen de sentimientos tan profundos, no se me para. La quiero pero no me caliento con ella". Es fuerte vivir algo así porque las distancias aumentan.

¿Sabes cuál es el atrevimiento más importante? Hacerlo con una mujer que en realidad sepas que es difícil estar con ella. Ése es el atrevimiento verdadero. Como lo que pasó con mi esposa.

Hoy, después de separado, no soy pito loco, no me prendo con lo que sea ni todo lo que se mueva me calienta. Soy selectivo.

No sé si el tamaño importa. Yo como hombre en lo particular percibo que las mujeres no hablan de eso y que es para ellas un acto de hipocresía suprema decir: "Oye, ¿cómo lo ves?", "Muy bien" o "Es el más grande que he visto, hasta me lastima". Si está chico no te lo van a hacer saber, porque sería como decir: "No me gustaron tus teclas porque las tienes caídas", cosa que tú tampoco le vas a comunicar a la mujer. Yo creo que en un acto de reciprocidad, si ya llegaste a ese momento intentarás que se disfrute lo más posible. Hablar de tamaños sería como el acto supremo de descortesía.

Los hombres nos medimos el pene desde la secundaria. Sacan una regla de treinta centímetros y el que llegue a esa medida come gratis. A mí ninguna mujer me ha dicho: "Lo tienes chiquito, yo contigo no le entro". Como hombre que soy he investigado en Internet y estoy dentro del promedio, subidito del promedio, no una cosa tremenda.

No llevo la cuenta de con cuántas mujeres he tenido contacto sexual. Lo hice hasta cuando tenía treinta años y eran cerca de treinta mujeres, más o menos una por año. Las conté en tanto eran verdaderos acontecimientos. Y a partir de los treinta era tan fácil que me parecía una ociosidad seguirlas contando.

El sexo, mi querida Fernanda, es la neta cuando lo disfrutas. De no ser así, es una chingadera muy grande.

Emilio

En la escuela yo era diferente. Desde que me acuerdo a mí no me gustaba Lupita o Martita, me gustaban Paquito y Javiercito. Creo que así nací. Viví con mi madre y fui hijo único. Mi padre nos abandonó. La comunicación con ella era buena y, aunque se daba cuenta de que yo era diferente, nunca me juzgó. Siempre me orientó y me permitió ser. El rechazo lo recibí de afuera, de la sociedad, y fue muy difícil que me respetaran.

Hoy tengo una pareja hace cinco años, y la pasamos muy bien. Convivimos con muy poca gente, de vez en cuando visitamos a mi mamá. No me siento culpable, nunca tuve motivos para sentir eso. Si la gente no me acepta es problema de ellos. Soy un buen hombre, muy responsable, trabajador, ¡pago impuestos! y no le hago daño a nadie. Es mentira que hoy la sociedad acepta más a los homosexuales. México es un país de gente que discrimina mucho al ser humano. Yo he aprendido a vivir con esa discriminación y lo que hago o no en la cama con mi pareja es asunto privado.

Me doy a respetar y me gusta que me respeten. No puedo negar que hay homosexuales que le han dado al traste a nuestra preferencia. Se ventilan sin pudor, son promiscuos, caen en imágenes burdas imitando a cantantes de moda. Yo no ando en antros por eso, me parece que denigran algo tan natural y tan bello en donde se involucran sentimientos importantes.

Joto, marica y puto no soy. Soy un hombre con todas sus letras que vive con dignidad.

El tamaño de los genitales en una preocupación de muchos adolescentes varones.

Los varones adolescentes pueden realizar prácticas masturbatorias en grupo.

Un gran número de adolescentes varones realizan el autoerotismo (masturbación) de prisa y varias veces al día.

Las relaciones homosexuales en la adolescencia no son raras, ni determinan la orientación en la vida adulta.

La píldora del día siguiente es consumida en mayor número por adolescentes y mujeres jóvenes solteras.

Aproximadamente siete de cada diez ITS (infecciones de transmisión sexual), incluyendo el VIH/SIDA, ocurren en personas de quince a veinticuatro años de edad.

Los adolescentes que mantienen relaciones sexuales corren más riesgo de contraer infecciones de transmisión sexual por razones psicológicas (la creencia de que es invulnerable, el deseo de tener nuevas experiencias y la disponibilidad de correr riesgos), de comportamiento y biológicas.

Los *frees* son relaciones sexuales ocasionales y sin compromiso que actualmente están de moda entre los adolescentes.

La mayoría de los y las adolescentes no tienen o tienen escasa información veraz acerca de las infecciones de transmisión sexual.

5. La voz de los jóvenes

Agárrense todos, en particular mamás y papás de adolescentes porque lo que leerán a continuación es lo último que muchos de ustedes quieren saber sobre sus hijos e hijas. Pero ni modo, ellos con sus historias nos recuerdan qué sienten, piensan, desean, y expresan lo que en verdad les gusta o no.

Ellos sí hacen el amor, pagan por sexo, tienen miedo, quieren resolver dudas, quieren hablar y hablar del tema porque es quizás uno de los que más les interesa en la etapa que viven. Son nuestros adolescentes y eso no es cualquier cosa. Son producto de nuestra educación, de nuestros miedos y de nuestra desinformación.

A muchos el tamaño sí les importa, pero ¡el tamaño de todo! Viven esos años maravillosos en los que se están buscando a ellos mismos y lo último que quieren es ser como mamá o papá; tal vez por eso es tan difícil para muchos acercarse a ellos. Todo lo que huela a lo que tú, mamá o papá, eres, apesta, no me sirve como referente, me rebelo ante ti para encontrarme yo y ser. Si entendiéramos la adolescencia y su vida sexual desde esta perspectiva les ayudaríamos más a encontrar su camino. Seguimos queriendo darles lecciones y controlarlos, y así lo único que conseguimos es alejarlos de nosotros, no hay que dejar de quererlos y respetarlos. Hay que escucharlos.

Criticamos mucho su forma de actuar y de ser, pero olvidamos que son producto de nosotros.

A mí me asusta pensar en lo lejos que están muchos de casa porque los papás piensan que ya hicieron su trabajo y los dejan libres. ¡Es cuanto más necesitan ser escuchados aunque no hablen o no sepan qué decir! Me quedé con el ojo cuadrado en los encuentros sobre sexualidad que sostuve por todo el país cuando escuché a los jóvenes. ¡Qué historias! Las adolescentes padecen virus de papiloma humano de manera sorprendente: siete de cada diez. Muchos piensan que con un simple condón ya todo se vale y no tienen límites, algunos no saben siquiera cómo ponerse uno o les da pena ir a comprarlo.

Esas culpas, esos miedos provienen de nosotros, los que los educamos. ¡Fallamos en eso! Hay que reconocerlo. Yo te pregunto: "¿Quieres un hijo con sida, quieres una hija embarazada?". ¡No! Entonces, sólo hay una manera de evitarlo: condúcelos a la información adecuada, no temas enfrentar su salud sexual. Eso también forma parte de tu obligación como padre o como madre, no sólo proveerlo de bienes materiales y de otras tantas cosas más.

Al leer los siguientes casos te invito a situarte en aquella etapa y preguntarte cómo la vivimos, que sentías cuando éramos jóvenes y qué consecuencias ha traído aquello a tu vida. ¿Te agradaría que a tus hijos les pasara lo mismo?... ¡no juzguemos! Ojalá que ésta sea una magnífica oportunidad y un pretexto para sentarnos a hablar con ellos, de verdad. Lo deseo y sé que nuestros adolescentes lo necesitan.

Roxana

Tuve mi primera relación sexual a los dieciocho años, tengo diecinueve. No fue muy agradable, estaba muy nerviosa. Yo pensé que iba a sangrar, pero no sucedió así. Seguro que mi novio también pensó muchas cosas de mí. Después de todo, llevábamos una relación seria, obviamente sin pensar en casarnos porque éramos muy jóvenes, pero, por las pláticas que habíamos tenido, él estaba seguro de que yo era virgen –y sí lo era–, pero no sangré. Yo nunca pregunté de esto a nadie por pena, por no saber a quién recurrir, y más tarde me enteré de que pudo deberse a una caída que tuve de chiquita. Fue muy desgradable. Sin embargo, mi noviazgo duró dos años y terminamos por otra razón.

Algunas de mis amigas consideraban que los dieciocho años era una etapa ya tardía para entregar mi virginidad, pero no, creo que a mí se me dio cuando tenía que ser.

En esa importantísima ocasión me sentí muy querida, todavía pienso en ello. De él también fue la primera vez y me hizo sentir muy segura, muy apapachada, muy consentida. En lo absoluto se comportó con brusquedad. Fue algo que planeamos los dos. Sin embargo, sé que el tema del sangrado lo sacó mucho de onda. Dejó de confiar en mí.

La forma de tener tu primera relación sexual tiene un impacto en el futuro de nuestras relaciones, pero no sólo la primera, sino también la segunda, la tercera, la cuarta. Tu experiencia crece, conoces mejor tu cuerpo, sabes qué es lo que te gusta, lo que no te gusta, lo que te excita, lo que no quieres.

Hoy puedo afirmar que tengo relaciones sexuales placenteras. Al principio era muy tímida, muy penosa, me preocupaba la lonjita, por ejemplo, si sabía que iba a tener relaciones en todo el viaje no iba al baño para no oler feo, todas esas cosas, pero ahora ya sé más y sí me gusta el sexo.

Cuando veo un pene es porque voy a tener relaciones y ya estoy preparada. De cierta manera me agrada, me excita, pienso que va a estar dentro de mí, que me va a hacer llegar al orgasmo. La verdad es que nunca me ha tocado ver un pene en otras circunstancias.

Lo más atrevido que he hecho en el aspecto sexual es el sexo oral y por el ano. Por esta vía duele, pero sí me gustó.

Sólo lo he hecho una vez, la segunda me dolió mucho y no pude, pero sí, sí me agradó. Nunca he sentido un orgasmo masturbándome. Me da pena.

Pienso que mis papás saben que ya no soy virgen, pero quieren creer en lo profundo que todavía lo soy, hasta que me case. Como es natural, creo que ya estoy grande y, aunque les agradezco que se preocupen porque me han ayudado mucho, no me pueden seguir tratando así, no me gusta mentirles y lo tengo que hacer para vivir.

Fernanda, me preguntas si el tamaño importa y mi respuesta es no. Creo que es la manera como lo haces, como te hacen el amor. Digo que no porque si tuviste un orgasmo y él también, y obtuvimos satisfacción los dos, todo está bien. Lo que sí importa es que los dos tengamos orgasmo. La culminación de la relación sexual es que los dos terminen.

Yo te agradezco que vayas a hacer este libro y que se hagan a un lado todos los tabúes. Es importante que las historias que aparezcan en él sean verdaderas; tal vez hay muchos secretos que nos da pena contar. Espero que con este libro veamos que no somos una sino miles en la misma situación, cada una en su tiempo pero con una historia que quizá sea la misma. Por mi parte, yo guardo secretos respecto de mi sexualidad con mis papás y con seguridad muchas mujeres se los guardan para sí. Y siempre me he preguntado ¿qué tanto les duele ese silencio?

Mariana

Mi vida sexual es inactiva en lo que se refiere a un hombre porque si yo no ando con alguien no tengo relaciones, ésa sí es mi regla, no meterme con cualquier persona porque mi cuerpo lo valoro mucho y no es para dárselo a quien sea. La regla para tener relaciones conmigo es que yo lo ame y que él me ame, que seamos novios, el título oficial sí importa. Y repito, pienso que la plenitud no la he vivido.

Mi primera relación sexual fue a los veintiún años. Antes mi vida fue de besito y de caricias, muy pasionales. Según yo, no me tardé para tener mi primera relación sexual, porque no se trataba del tiempo sino de que fuera cuando me sintiera preparada y en el momento en que me sentí así, lo hice. Como es obvio, antes pudo haber ocurrido con muchos más, pero no eran las personas con quienes quería compartir lo más importante de mí que es mi cuerpo y ese placer.

No lo niego, detenerte ante un faje cuando estás prendidísima, poner el alto de no penetración, de no quiero llegar a más, no es fácil, pero con la pena, sé lo que quiero y sé que con ése, no. Sé lo que estas personas pueden decir después de mí y aun así, sin haber penetración, lo dijeron. Hay hombres muy chismosos.

Cuando tienes relaciones con un hombre a mi edad por primera vez, hay dos caminos: o la relación se debilita por la mentalidad masculina de "Ya me la tiré y ya, lo que sigue", o se fortalece porque hay amor, un sentimiento tan bueno por ti que él lo retoma y te cuida más. Ése fue mi caso, me cuidaron y poco a poco fuimos creciendo en ese aspecto. Empecé a disfrutarlo, empecé a aprender, no a sentir orgasmos; el hecho de tener más comunicación sexual y más aprendizaje no me llevó a tener un orgasmo, en mi relación de un año cinco meses experimenté uno solo. Se siente como si estuvieras bañada de luz.

Cuando terminas con la pareja que quieres se detiene tu desarrollo sexual. Haber tenido un solo orgasmo en todo el tiempo no me trauma; obvio, él me llevaba ventaja, yo no sabía nada.

No me avergüenza estar desnuda, con la luz prendida, por el contrario, me parece que es muy importante. Es como cuando ves un pizarrón, si no ves bien escritas las cosas no le vas a entender por más explícito que esté. Eso pienso.

Nadie conoce más de ti físicamente, dónde te gusta, qué te gusta, que lo que tú conoces de ti misma.

Masturbarse es como ir al baño, es como peinarse, es una exploración. Pero, como tiene que ver con los genitales, es algo prohibido. Para mí es como si te exploraras el oído y vieras dónde sientes dolor; es muy importante conocer dónde te gusta, no sólo para tener una situación placentera sino para que te conozcas y percibas dónde hay dolor, dónde hay placer. Así, en el momento que tengas pareja se lo podrás decir.

A mí me gusta el sexo. El orgasmo está en la mente y sé que lo voy a tener con mi próxima pareja.

Mariana complementa su narración con algo interesante: es importante el lugar porque no se vale, no nos merecemos, que sea en el asiento trasero de un coche, en el baño o en un antro, sino tener las condiciones adecuadas para poder entregarte a una primera relación sexual en forma agradable y romántica.

La siguiente relación sexual de Mariana fue con un hombre de treinta y un años que no tuvo erección, que no pudo hacer el amor.

Ana Gabriela

Soy activa en el aspecto sexual cuando tengo novio. Empecé a los diecisiete años. Tengo novio, llevo dos meses, voy a cumplir tres. Y no me tardé con él, se hace habitual. Una vez que conoces las relaciones sexuales, ya es muy fácil seguir teniéndolas, no se te dificulta tanto. No buscas un beso, sino que se concrete la relación, llegar a la penetración. Ya no te quedas con poquito. Él es muy caliente, muy impulsivo, y yo, no tanto. Puedo estar sin nada y me da lo mismo. A mí me prenden los besos en el cuello o en la boca, que me agarren el cabello o la parte de atrás de la cabeza.

En realidad, mis parejas siempre han aceptado lo que he sugerido en la cama: esta posición o de diferente forma. Mi novio me ha propuesto cosas que a mí no me gustan, como tener sexo anal, que no es higiénico, nunca lo he hecho. Para eso está la vagina. Mientras no me lastime, si le late a él que experimentemos, no me molesta.

Lo más atrevido que he hecho en el sexo es tener sexo oral los dos al mismo tiempo. En este tipo de contacto sexual, me gusta más, mucho más, que me lo hagan a hacerlo. Pero eso sólo con mi primer novio fue perfecto. Los dos éramos muy inocentes y estábamos conociendo nuestros cuerpos, no sabíamos qué onda con lo que sentíamos. Con él me gustó mucho. De ahí en adelante no ha sido lo mejor, no lo saben hacer. Se concentran en que es sólo meter y sacar, y yo soy más romanticona, no me gusta tener sexo porque sí. Soy más de faje, de dar besitos. Nada como un precalentamiento, pero ellos luego luego se van al "meto mano, meto pene". No creo que lo sepan hacer bien.

Los hombres pueden ser muy patanes.

Mónica

Mi nombre es Mónica, tengo veintitrés años y soy activa sexualmente desde hace un año.

En toda mi vida he tenido tres relaciones. Tengo diabetes y mis lonjas no me gustan, pero voy avanzando. La primera vez lo hice con la luz apagada y la última, con la luz prendida, aunque después la apagué porque me dio pena, porque yo era la que no funcionaba, me estaba inhibiendo y me hacía ver mis defectos.

En lo que respecta a la masturbación, nunca lo he hecho. Obviamente, sé por dónde porque me he explorado, pero no he terminado. Mejor le diría a un hombre que me haga el favor en lugar de hacérmelo yo. Y hablando del semen, me da asco, ¡fuchi!, sabe feo.

Coger y tener sexo es lo mismo, pero coger y hacer el amor, no. Coger es con cualquier chavo, a los chavos no nos gusta escuchar cosas cursis, por lo menos así me pasa a mí; yo no digo "Me cogí a mi güey", pero tampoco "Hicimos el amor". Los términos tienen significados diferentes: hacer el amor involucra muchas cosas y coger es simplemente satisfacer una necesidad.

Diana

En general, el sexo dejó ya de ser un tabú en mi vida, es algo que todos platican y presumen. Mi mamá es sexóloga y mi papá, médico, así que en mi casa es un tema muy presente. Sí se habla de sexo, en la comida, en la noche, en el fin de semana, en las vacaciones, en cualquier momento. No es un drama para mí, porque sé que puedo ir con mamá y preguntarle lo que yo quiera. Mis amigas me piden: "Pregúntale a tu mamá esto". Por otro lado, mis papás, como saben, intentan meterse más en mi vida. Y no está mal, pero a veces les recuerdo que es mi asunto.

Tengo una vida sexual activa desde hace como un año. Mi primera relación sexual fue inesperada, de esas cosas que no sabes por qué pasaron ni por qué tenían que pasar. En algunos aspectos me arrepiento, pero en otros no. La persona fue lo que yo esperaba, pero me dolió mucho físicamente, es complicado, te sientes torpe.

Y ya que tuve relaciones lo platiqué con mi mamá, no con mi papá. La reacción fue bastante equilibrada: "Qué bueno que te sentiste bien, que fue con alguien a quien querías". No se asustaron ni mucho menos. Me recomendaron que me cuidara, que usara condón. Mi mamá me dijo: "Tú sabes lo que tienes que hacer, conoces de mil métodos para cuidarte, no lo eches a perder, depende de ti, yo ya te conté todo, está en tus manos". Me parece una postura bastante sabia, porque cuando te obligan a algo, haces exactamente lo contrario. Cuando te dicen: "Es tu responsabilidad", tu actitud es: "Ah, caray, sí tengo que cuidarme".

A pesar de todo lo que sé me considero inexperta en el sexo. Siento que todavía me falta mucho por experimentar y por aprender, que todavía estoy en un terreno muy seguro para mí. Seguro porque sé que "en esto soy buena", pero todavía no quiero experimentar en algo que no sé si me vaya a gustar o no.

Estoy como en mi zona de confort. Lo que sí podría compartirte muy íntimamente es que mi estatura me afecta, mido un metro setenta y dos centímetros. No he tenido un hombre más alto que yo, no lo consigo. Me afecta porque busco protección y eso lo sientes con alguien más alto, más grande.

Daniela

Mi nombre es Daniela y desde los quince años hice el amor. Fue muy casual. Tenía cierto grado de inocencia, no era algo que en realidad buscara, pero tampoco lo descartaba a esa edad. Fue en la oficina donde él trabajaba. Yo le llevaba la comida, creía que estaba enamorada y se dio así. Él ni se percató. Yo pensé: "¿Qué es esto, esto es la primera vez? Qué feo". Unas dos semanas después terminé con él. Repito, fue muy casual, no lo que esperaba. Es difícil que tu primera vez sea como tú lo planeas mentalmente. Nunca me imaginé que sería con él. Recuerdo que llegué a mi casa y me dije: "Ya pasó eso de lo que todo mundo habla". Me sentía tranquila.

Después he tenido como catorce parejas sexuales, muy distintas una de la otra, sobre todo por la edad. A mis quince no sabía nada, pero hoy a los diecinueve ya puedo comparar. No soy de las chavas que acostumbra enamorarse de los chicos con los que estoy.

Sí importa mucho la experiencia. Pero si lo quieres mucho, si estás muy involucrada, la parte sexual pasa como a un segundo plano, no es tan importante.

Para tener mejor sexo debe haber sentimiento. En verdad, importan las caricias, que estés con él toda la noche, que la familia lo conozca, que te respete; a mí todos me han respetado.

Antes era una chava que necesitaba tener pareja. Hasta hace cinco meses, terminaba con uno y empezaba a andar con otro, o terminaba con uno para andar con otro, pero era para hacer el amor con ellos. No podía estar sola, me costaba mucho trabajo. En este momento estoy soltera. Sí hay chicos, pero he decidido estar así. Siempre le pido a la vida que no me mande a alguien que me lastime. Tengo amigas a las que veo sufrir mucho.

En el aspecto físico me gusto, completa. Me veo al espejo y no digo: "Qué fea estoy". Me siento muy segura. Eso me ha servido en mi sexualidad. He escuchado que algunas amigas prefieren estar con la luz apagada o que él las mire cuando ya se vistieron. Yo no me inhibo en eso.

En una relación sexual me gusta terminar y quedarme ahí. Me agrada que me enseñen, pero no que sean muy puercos ni que te besen feo o te toquen en algún lugar que no quieres. Por fortuna, no me ha pasado, mis parejas han sido sanas. Me encanta sentir que hay una conexión importante. No quiero que me hagan sentir como prostituta.

Lo más atrevido que he hecho es el sexo por atrás. No es muy cómodo, pero tampoco me desagrada. Me gusta mucho más normal, vaginal; anal sólo lo he hecho con dos, porque teníamos mucha confianza. Con las otras parejas siento que confío lo suficiente. Con nadie he hablado de esto.

No creo saber lo suficiente de sexo, hay mucho más. Cada persona es un mundo, cada quien tiene sus prácticas, sus tácticas y su historia sexual.

Luis

Los hombres incluso llegamos a mentir, no en nuestro grupo de amigos de confianza, sino al intentar formar parte de un grupo nuevo, con respecto al número de parejas sexuales, o a que uno es malabarista o contorsionista y no es cierto.

Llevo una vida sexual activa desde hace seis años. Sobre el sexo aprendí en mi casa. Mis papás son ginecólogos, por lo que siempre fue algo súper normal, y por la edad, se dio el momento y ya.

Mi primera relación sexual ocurrió en casa de mis papás con una novia formal y se debió a que nos amábamos y nos adorábamos… eso creíamos en ese momento. Estuvo bien, aunque no fue lo mejor. Ella estaba bastante preocupada porque fuera a quedar embarazada.

Acostumbro practicar sexo seguro, sólo con mis parejas formales. Soy un hombre muy chapado a la antigüita. Muy rara vez tengo encuentros casuales. Eso de ir al antro y salir con alguien no está padre, no lo disfruto. Ya cumplí veintiún años y nunca he tenido un *free*.

La fidelidad no forzosamente está relacionada con el sexo. Si tienes sexo con tu pareja pero besas a alguien más, no pasa nada. Mientras no haya varias parejas sexuales, no hay bronca. Yo lo he hecho, y no me he sentido mal porque son experiencias. Arrepentirse es negar, no es algo que recomiende, pero si ya lo hiciste una vez, lo pasado, *pisado*.

Mi físico nunca ha sido una limitante en mis relaciones sexuales. Si no te gustas tú, no le vas a gustar a nadie más. Hay de todo para todos. Si a ti te gustan las altas, habrá una alta para ti. Creo que siempre hay un roto para un descosido.

No he enfrentado problemas para encontrar una pareja, no en el aspecto social. Ahora llevo un año sin pareja formal, sin novia. Tuve una relación muy larga y sí quisiera otra. El primer paso es querer.

Nunca he hecho cosas que no he querido. Una ex novia quería que fuera con ella, otra niña y yo, y me negué. Eso es raro en los hombres. Cuando se lo conté a mis amigos casi me golpean, pero tienes que ser tajante, porque si una vez accedes, ya no vas a poder decir que no.

No hay mujer mala en el sexo, siempre y cuando los dos pongan de su parte, porque como hombre es más fácil satisfacerte, la verdad. "A ver, tú acuéstate y yo me encargo", chido, pero si quieres que sea padre, a echarle galleta.

A mí me gusta enseñar y que me enseñen, debe ser recíproco. Cuando enseñas es porque ya aprendiste, y cuando te enseñan siempre hay algo que aprender.

Mauricio

A mi edad, dieciséis años, lo que sabemos de sexualidad, como sucede en mi caso, es lo necesario y a veces un poquito más: las infecciones de transmisión sexual, los tipos de contagio, la responsabilidad que conlleva el tener sexo.

Todo esto me lo han platicado mi papá, mis tíos, mis tías y mi abuelita.

De los besos me han dicho que puedo intercambiarlos con cualquier persona, pero que también involucran sentimientos.

De hacer el amor, de tener relaciones sexuales me han recomendado que si algún día lo hago, sea con responsabilidad y con la persona que yo considere indicada y que también esté de acuerdo.

Mi novia tiene catorce años y con respecto al sexo es abierta, no se espanta. Considero que está informada, que sí sabe, en estos tiempos las mujeres no se asustan. En la escuela ahora estamos estudiando la menstruación, hemos visto películas de sexualidad, cómo tienen sexo, todo lo permite la escuela, es muy abierta.

La primera vez que tuve una erección no sentí miedo, fue algo normal, porque ya lo había hablado con mis padres y mis tíos.

Sólo he vivido las relaciones sexuales con mi novia. Ahora tenemos lo que en estos tiempos se le llama *free*, es decir, un faje con una chava que sirve para un rato. Tanto ella como yo nos vemos sabiendo que no va a durar, que no vamos a ser novios ni mucho menos. Los *frees* son en los antros, en la escuela, donde sea, te hacen sexo oral y no importa que tengas novia.

Con respecto a la pornografía, las revistas, las películas, las veo más que nada cuando estoy con mis amigos. Yo nunca he comprado una revista, pero eso no quiere decir que no las haya visto, sí las he visto. El hecho de que te exciten o no depende, como te digo, de la mentalidad, porque ésta cambia, hay un antes y un después de tu relación sexual. Piensas diferente antes de tenerla y después de ella. Dices: "Ya no me excita, ya no es lo mismo, antes sí me excitaba ver una mujer en un papel", y ¿qué tiene de diferente?, nada, es sólo que ya no me excita.

No me gusta pensar: "Quiero sexo todo el día", me siento satisfecho. Algunos amigos pasan la mayor parte del tiempo hablando de sexo, relacionan cualquier tema del que hablamos en serio, con éste.

Además existe el problema de la eyaculación precoz. Según lo que me he informado, ésta se presenta cuando un hombre se excita demasiado por un beso que le dé a su novia o por ir un poquito más y ya eyacula. Una eyaculación rápida. A veces con un solo beso. A mí me pasó al principio y logré controlarlo con la mente, mente fría, así tal cual, me enfrié.

El orgasmo es otra cosa. Uno puede terminar y no tener un orgasmo. El orgasmo es algo placentero, cuando llegas al punto cumbre en una relación sexual, ya sea en un hombre o una mujer, lo consideramos lo máximo.

Yo no me doy cuenta enseguida, al instante, de si la mujer ya terminó, pero, bien sea que tú o ella terminen antes, lo ves en sus facciones, en sus gestos, sus gemidos. Para todo la experiencia es lo que ayuda.

Eduardo

Entre mis amigos y yo sí competimos para ver quién tiene el pene más grande. Algunas veces empiezan con los retos: "¿Quién lo tiene más grande?, comprobemos las medidas". En realidad, yo no sé cuánto mide un pene grande. En mi caso, lo veo un poco chico en comparación de otros.

También competimos con respecto a cuántas niñas nos hemos llevado a la cama, a si ya hiciste el amor con Fulanita, con cuántas, cuántas veces y cómo, pero pienso que muchas veces exageran en sus alardes y que en realidad no han hecho tantas cosas. Dicen que han tenido sexo como con cuatro y cinco, y eso, para nuestra edad, es mucho.

A los quince años mi vida sexual es buena, me gusta. He hecho el amor con dos chavas que eran mis novias. La primera vez me encantó, sentí cosas padres.

Desde chico empecé a darme cuenta de que el sexo existía, siempre me han hablado de sexualidad. Mis papás me recomiendan que hay que usar condón, que hay que cuidarse, pero nada más. Para ellos hablar de sexualidad es hablar del condón y yo quiero probar de todo en el sexo, es algo que me atrae.

Me masturbo poco, una o dos veces por semana, cuando mucho. Para inspirarme veo revistas, tengo varias, las guardo en un lugar secreto para que nadie sepa. Me agrada comprar revistas. Me excitan las fotografías que publican, los comentarios, todo lo que sale ahí. Me las vende una señora cerca de mi casa.

Me excito rápido, pero no tengo eyaculación precoz, es decir, no me vengo luego, luego. Entre el primer besito y la penetración me tardo como media hora, soy paciente.

¿Que si es fácil encontrar chavas para hacer el amor, para llevárselas a la cama? Depende, hay unas que sí aceptan a la primera y otras que se niegan. Me parece que las que sí aceptan están mal, que deberían cuidarse más y darse a respetar. No obstante, mi primera relación fue con una de ellas. Era de esas chavas que se meten con cualquiera. De repente se hizo mi novia y ya. Empezó así con el beso y terminamos haciendo el amor en mi casa. Es que estaba muy solo, casi todas las tardes estoy solo en mi casa. Me dejan y ni caso me hacen, así que hago lo que quiero.

Yo sólo he probado la penetración, el sexo oral no, pero por lo que me dicen, debe ser rico. Por ahora, para mí es asunto de me excitas, te excito, te penetro.

Eso sí, de todas maneras me asaltan dudas, por ejemplo, tres preguntas que quisiera contestarme son: ¿Cómo se siente el sexo oral? ¿O cómo se debe hacer el sexo oral? ¿Corro riesgo de infectarme con el sexo oral? Espero pronto poder despejar estas dudas, antes de embarcarme en esa aventura.

Efraín

Entre el sexo oral, la masturbación y la penetración, lo que más he hecho es esta última con cuatro chavas, mi novia y otras tres. Tengo dieciocho años.

Terminar en la cama con una chica puede ser fácil o difícil, depende de cómo ocurra. Lo que más cuesta es decirles: "Vamos a un cuarto solos", muchas no se animan. Como no me ven muy guapo y creo que no tengo muy buen pene, necesito hablar, conocerla y si pega, bien. En ocasiones necesito lanzar unos buenos choros inmensos para llevármelas a la cama.

Ya ahí, no es que sea muy experimentado, pero hasta el momento no se han quejado.

Para muchas mujeres el tamaño del pene sí importa. Una chava una vez se quejó de que el mío no era del tamaño que quería. "A ver, dime, ¿cuánto quieres?", le pregunté. "No, pues veinte centímetros mínimo", contestó. "Pues no, yo estoy en el promedio. Te voy a dar lo que te puedo dar". Su reacción fue negativa, se negó a tener sexo conmigo. A ver quién le llega porque no conozco a muchos de ese tamaño. Entre mis amigos y yo nos medimos, pero no nos menospreciamos, eso está mal.

Según la estadística, yo estoy en el promedio, que es de dieciséis, diecisiete centímetros. De esto me enteré en revistas o programas en los que invitan a personas a hablar de sexo. Me lo medí un día en el baño de mi casa.

Todavía no sé bien darme cuenta de si mi pareja terminó o si tuvo un orgasmo. Una vez con una chava que era mayor que yo, gritaba mucho. Entonces dudé: "¿A poco soy tan bueno?". Más bien creo que fingió.

Por nuestra parte, no siempre que eyaculamos tenemos un orgasmo, se siente diferente. Un orgasmo es una sensación única que se experimenta en el cuerpo, algo muy especial.

Una vez tuve sexo oral y me gustó tanto que quiero repetirlo. Me excitó más hacerlo, no que me lo hicieran. No lo he vuelto a hacer porque no he estado con ninguna chava desde que troné con mi novia.

De mi grupo de amigos, ninguno ha embarazado a una chava ni se ha enfermado de algo. En cambio, sí he sabido de niñas que han salido embarazadas.

Creo que conozco mi cuerpo, sé dónde me gusta, cómo me gusta y eso me hace vivir mi sexualidad mucho mejor.

Nunca le he dado un beso a alguien que no quería, nunca he sido brusco ni mucho menos he abusado de alguien. El que abusa es una persona enferma, que si quiere tener sexo que se vaya con una prostituta. Está mal. Yo no lo hago porque tengo primas y sobrinas, y no quiero que les hagan eso ni a ellas ni a nadie.

Rodrigo

Comencé a tener relaciones a los catorce años. No recuerdo con quién fue, lo que sí recuerdo es que era más grande que yo. Fue alguien conocido, una amiga, compañera de la escuela.

Al principio me sentí muy nervioso. Había escuchado muchísimas cosas al respecto, que si lo tienes que hacer de una forma o de otra, que la primera vez siempre duele, muchas opiniones. Al final, cuando terminó todo el número, me embargó un sentimiento de culpa, porque para mí era una experiencia nueva. Me preocupaba saber si lo había hecho bien, si mi pareja estaba satisfecha. Como esta persona me llevaba tres años o más de experiencia, me sentía un poco mal.

Pensé que no lo había hecho bien, más que nada porque no tenía el conocimiento, nunca nadie me habló al respecto. Debía descubrir ese mundo poco a poco a partir de entonces.

En un principio, no sabía cómo excitarla, dónde meter el pene. "¿Cómo aprende uno eso?", me preguntaba. Por fortuna, esta persona me fue llevando, me tomó de la mano y me guió. ¡Buenas instrucciones! Esa base que tuve a los catorce años es la que he desarrollado hasta hoy, a los veinticinco.

No he sufrido de eyaculación precoz, pero sí de otro rollo. Hace unos tres o cuatro años tenía una pareja sexual, con la cual la situación era caótica porque, ya que entrábamos en el juego de los besos y las caricias, en el juego de la excitación, cuando llegaba el momento de sostener la relación yo no podía tener la erección. Eso sucedía sólo con ella y para mí fue frustrante. La problemática duró como dos meses y medio.

Era una persona a quien quería y con quien deseaba estar desde hacía mucho tiempo. No sé, tal vez fue la cuestión de tenerla después de tanto esperar. Ansiedad de desempeño, cuando deseas tanto a una mujer y de repente la tienes y no se te para, eso debe haber sido, me dijeron.

No me ha vuelto a pasar. Me daba pena no cumplir. La angustia de tenerla en la cama y no poder era terrible. Inicialmente me frustraba como no tienes idea. Era un sentimiento de impotencia que me daba ganas de gritar. Me decía: "Tanto tiempo, tanto trabajo que me costó llegar a este punto, traerla a la cama, para que en el momento preciso no logre una erección y no pueda establecer una relación sexual con ella". Me sentía muy mal. Me deprimía mi circunstancia, porque esta chava también quería tener relaciones. Nos embarcamos en broncas muy gruesas al grado de admitir: "Yo creo que no va a funcionar, mejor cada quien por su lado".

Ella no se sentía culpable de que yo no tuviera una erección; más bien, su actitud era: "Es tu problema, tú resuélvelo". No le nacía sugerir: "Si no puedes, vamos a ver qué otra forma podemos encontrar. ¿Sabes? A lo mejor te puedes masturbar, tener sexo oral o lo que sea con tal de que logres la erección". No, era: "Yo ya estoy aquí y si tú no puedes, es tu problema".

De mi universo de quince mujeres, si soy honesto, sólo unas tres le sabían al asunto de la cama. Con las demás yo tenía que resolver el tema, el que incitaba a la otra persona a experimentar cosas nuevas y la llevaba de la mano en la relación era yo. Por cierto, de las quince, únicamente una me pidió que utilizara preservativo. En los otros casos era por iniciativa mía para no embarazarlas.

¿Que si importa el amor a la hora de una relación sexual? La verdad es que hoy día nos importa un cacahuate si hay o no hay amor. Lo que importa es el momento y la cachondez que traiga uno encima.

Desde luego que hay una diferencia entre coger y hacer el amor, entre amar y no amar. No puedo definirla con una palabra, pero al fin y al cabo es sencillo: hacer el amor es cuando el hombre termina, tiene su orgasmo y después se quiere quedar ahí, no es el "Ya terminamos, vístete y vámonos". Eso para mí es sólo tener sexo. Hacer el amor es quedarse abrazados en la cama, platicando, también es el intercambio de caricias previas al acto sexual.

Mi educación sexual en casa fue prácticamente nula. Para mí mis papás no son seres sexuales. No me los imagino haciendo el amor y mucho menos hablando conmigo de ese tema.

Lily

Tengo veinticuatro años y mi vida sexual hasta ahora no ha sido tan plena, como que ha estado llena de muchos fantasmas: lo que te dice tu familia, todo aquello que te lleva a no estar bien, a no estar contenta, porque estás haciendo algo mal, porque eres casada, en mi caso porque tengo una hija y ya no puedo vivir una sexualidad tan libre. Me debo alguna clase de respeto, según mi familia.

Mis padres me dicen que la gente te va a tratar como eres. Si se va a notar que tienes una vida sexual activa, pues qué clase de persona eres. Soy madre soltera y hay mucho manejo de culpa. A lo mejor si me casara con alguien me tratarían diferente.

Mi vida sexual es muy poca. Intento disfrutarla, porque todo esto afecta de alguna manera. Vivo con mis padres y es casi imposible tener un momento para mí.

Yo quedé embarazada a los dieciséis. No me cuidé, no contaba con información y la vida me cambió. Cuando andaba por los siete meses de embarazo, nos íbamos a juntar y entonces lo encontré con otra chava y todo se vino abajo.

Mis padres me hicieron el favor de recibirme embarazada después de que me corrieron de la casa. Con sus comentarios hacen de todos los días un castigo para mí. Parece que no merezco nada, más que sufrir por haberla regado.

La primera vez con él fue muy dolorosa. La segunda, igual y en la tercera quedé embarazada. No sé decirte si sentí un orgasmo en alguna de esas ocasiones. Hoy me siento como una olla exprés.

Nunca me he ido a reventar para olvidar todo. Se me antoja salir y no preocuparme y divertirme esté con quien esté. Quizás asumí tanto la responsabilidad de ser mamá que no soy libre, mucho menos sexualmente hablando.

Si pudiera comunicarme de verdad con mi mamá le diría que me han hecho mucho daño y no se dan cuenta. El sexo es el acto, no debe ser satanizado, es un acto de amor, puede ser de satisfacción, no es malo. Yo no tenía información.

El sexo hay que disfrutarlo. No nos causa una enfermedad. No nos hace mal. Es una energía reprimida que tenemos que liberar.

Alguna vez intenté masturbarme, pero no sentí nada y me detuve. No puedo, a lo mejor no me permito sentir. Estoy bloqueada. Muchas veces por estar sola, tú necesitas sentir algo o que alguien sienta por ti. Es como una pared gigante, no puedes hacerlo. Me falta darme permiso. Y ¿sabes, Fernanda?, mi hija representa todos los días el recuerdo de lo que me sucedió y no deseo que a ella le ocurra lo mismo.

No quiero creer que estoy condenada, pero es difícil darme la libertad de ir a una fiesta y dejar que pase lo que pase. Mi hija tiene siete años y ya empezó a preguntar lo clásico de por qué yo tengo, por qué no lo tengo. Pero todavía no le hablo abiertamente. Yo sí quiero prepararla para su vida sexual. La ignorancia es el peor castigo. No se tiene por qué sufrir de esa manera.

Yo me siento bonita, atractiva, sensual, no estoy tan mal. Tengo ganas pero con una hija y a esta edad a nadie le intereso ya. Mis papás me lo dicen.

Te decía que soy como una olla exprés porque todo se junta, un poquito del mes pasado, algo que no hiciste, algo que querías hacer y no pudiste. Siento que voy acumulando y acumulando. Un día voy a reventar.

Javi

Muchos me preguntan por qué esperé veinte años para tener mi primera relación. Es simple, no había necesidad de forzarlo, y además en mi grupo de amigos no existen presiones de ese tipo. Siempre hay el primero del grupo, uno de ellos lo hizo a los quince, pero en general, el resto y yo nos tardamos mucho.

No le conté a mi mamá o a mi papá sobre mis relaciones; creo que sospechan que llevo una vida sexual activa, pero no la comparto con ellos. La información sexual que me dieron en casa provino de mi papá, que es el que me platicaba más. Cuando andaba con esta niña y nos íbamos de viaje llegó a advertirme algunas veces: "Cuidado, ¿llevas condones?". Y sí, claro que uso condón, no lo olvido. A veces no he traído y no lo he hecho. Creo que no valdría la pena echar a perder tu vida por una calentura de una noche. Hubo un tiempo en que ella tomaba pastillas, y con todo y eso yo usaba condón. Me considero informado sobre el sexo y por eso me cuido.

En el sexo nada está prohibido, mientras tú y tu pareja estén de acuerdo. Sin embargo, yo no le entro a estar con un chavo, no me gustan, ni a hacerlo con más de una chava.

El único problema que he enfrentado en el aspecto sexual es que alguna vez la menstruación tardó en bajarle a mi novia. Nos angustiaba pensar que pudiera estar embarazada. "¿Iremos al médico o no?" Hasta que se solucionó. Eso sí, si hubiera estado embarazada, lo habríamos tenido, nunca hubiera pensado en un aborto. La información, poca o mucha, que me dieron en mi casa me hizo ser responsable. Debes responsabilizarte de tus actos. Si hiciste eso, si no usaste condón y se embarazó, asume lo que no hiciste antes, la decisión que tomaste porque ponerte o no un condón es una decisión propia. Nadie más es culpable. Además, es matar a tu hijo, tu sangre. Tampoco se va a caer el mundo si embarazas a una novia, sí es un *shock* muy grande pero no es el fin de todo. No sé si me hubiera casado, pero lo habría enfrentado.

Hoy, a los veintitrés años, para mí es fácil conseguir sexo. En las chavas encuentras de todo. Siento que las generaciones de abajo vienen mucho peor que nosotros. Mis amigos tienen hermanas de dieciséis o diecisiete años que hacen cosas que a nosotros a su edad no se nos ocurrían. A los catorce años, por ejemplo, tienen sexo oral. El sexo oral no es muy común a esa edad, a los veintitrés, sí. La penetración es muy común a los veintitrés, pero el sexo anal, no. Es más común el sexo oral que la penetración. Por ejemplo, si estás en el faje en el antro, es más fácil que la chica te diga que sí al sexo oral que a la penetración. Ésos son los *free*. Nos besamos, fajamos y terminamos con sexo oral.

Yo siento que mi tamaño es normal, mediano. No es que sepa de medidas, pero sí te das cuenta, por ejemplo, cuando estás en el club. Ahí te sientes más grande que algunos o más chico que otros. Entre nosotros nos vemos. En lo que respecta a las mujeres, creo que a ellas no les importa el tamaño. Tal vez a algunas sí, pero con las que he experimentado no les preocupa.

Daniel

A mis veinticuatro años me siento muy afortunado actualmente porque tengo una pareja muy estable y cuando hay sexo entre nosotros es por amor y por placer. Mi pareja es plena y mantengo con ella una buena relación. Alguna vez he tenido sexo sin amor y es tan burdo como tener una erección sin estar excitado, terminar, platicar un rato y fin. Con amor es otra cosa. Es preguntar cómo se siente la otra persona, es expresar cómo te sientes tú, es comunicarse, es la fusión de dos personas.

Mi primera relación sexual fue a los diecisiete años. Antes de eso la masturbación era algo muy normal en mi vida, creo que lo hacía cuatro veces a la semana, a solas en mi habitación o escondido viendo una película. Pero más que nada he escuchado a personas que lo hacen por ansiedad, porque buscan evadir algo. Yo lo hacía por placer, por conocer mi cuerpo, en ese sentido creo que fue algo muy sano. Uno aprende a masturbarse desde muy pequeño, desde bebé. En la clase de psicología vi que hay cuatro etapas en las que el bebé empieza a sentir placer. Esos datos que te dan en la escuela son importantes. Te sirven.

Hoy mis relaciones sexuales son satisfactorias. No me había preguntado qué me prohíbo en el sexo, qué no me permito. Me haces pensar, Fernanda, en qué me prohibiría.

En la vida sexual de los chavos de veinticinco años hay mucha promiscuidad, mucha infidelidad, pero también muchos tabúes. Conozco personas que piensan que deben prohibirse el sexo hasta cierto punto, hasta que te casas, o hasta que encuentras al hombre de tu vida. Eso me parece que está mal.

Sé que los preservativos son fundamentales, pero en mi caso, como tengo una pareja estable, no los uso. Empleamos pastillas porque nos hemos trazado proyectos de vida y de carrera, en los que todavía no pensamos en un embarazo, menos aun en uno no deseado. Es muy gracioso porque vivimos en una cultura donde te venden el sexo, pero el sexo con responsabilidad no es difundido con espectaculares en las avenidas principales. Estamos rodeados de imágenes sexuales que no ayudan a controlarte y pensar qué es lo mejor para ti.

Tal vez, antes, eso me hacía incurrir en el sexo no responsable, pero hoy estoy en una etapa de mi vida en la que planeo proyectos a futuro y no se relacionan con formar una familia, sino con mi aspecto profesional.

Antes sí me comporté de manera inconsciente, no usaba anticonceptivos y me dejaba llevar por el momento, tal vez por la falta de un proyecto, o por la adolescencia, por la inmadurez.

Algo que no me gustó y nunca lo he platicado, fue que de pequeño me tocó una mujer. Yo tendría unos cinco años y me encontraba en casa de mi abuela. Recuerdo que una adolescente que le ayudaba un día llegó al cuarto de mi abuelo y empezó a tocarme. Me acostó en la cama, me quitó los calzones, ella traía falda y me empezó a tocar el pene. No fue traumante, no me causó mayor problema, pero aquí entre nosotros es algo que he guardado como un secreto. No creo que ésa haya sido mi iniciación a la sexualidad. Lo que sí agradecí es que fuera una mujer y no un hombre, y que todo se diera de una forma no violenta. Ésa fue la única vez que sucedió un abuso, si lo llamas así. En ese tiempo no recurrí a un adulto, creo que no me hizo algo tremendo, para mí fue normal, no me sentí ofendido. Recuerdo la escena claramente. Sucedió una sola vez, ella habría tenido catorce o dieciséis años. Me siento bien de platicarlo contigo y de que ella no me haya lastimado.

Gisela

El rollo de la sexualidad ha sido muy difícil para mí, pues para empezar soy hija de madre soltera y mi mamá no compartía mucha información conmigo. Aunque somos muy unidas, aunque yo tuviera dudas o preguntas sobre sexo, el tema nunca se tocó. Lo que sé es por lo que vi en la escuela, por lo que empiezas a aprender con los chavitos, por la experiencia de tu primer beso. Mis fuentes fueron las amigas, la escuela y lo que me atrevía a experimentar, que por cierto fue muy poco.

De mi primer beso a mi primera relación sexual pasaron muchos años. Mi primera vez fue a los veinte. Siento que esperé mucho, porque hasta esa edad yo pensaba que sería virgen al casarme, era lo que deseaba. Antes de mi primera relación no recurrí a la masturbación ni a las películas pornográficas para complementar mi conocimiento. Con los cuates de la universidad alguna vez vi una película erótica, pero no llegué más allá de eso. Me incomodó verla, de hecho.

En un orgasmo me pierdo, no hay nada que se le pueda comparar, me muero. No sé dónde está mi punto G, no lo he buscado, pero sí he sentido un orgasmo por punto G, no sólo por clítoris. Él lo encontró.

No estoy casada pero tengo una relación sexual estable, no ando picoteando por ahí. Mi pareja y yo somos fieles, nos protegemos con anticonceptivos y con preservativos. Todo funciona bien en ese sentido.

Por otra parte, somos atrevidos, compramos juguetitos, ropa especial. Sobre la penetración anal, la considero válida y no me asusta, pero aún no he llegado a eso.

Según yo, el tamaño sí importa, aunque algunas mujeres afirman que lo prefieren "chiquito pero rinconero". En comparación con mi primer novio, el de ahora lo tiene más grande. Yo no le di importancia porque era la primera vez y no tenía un parámetro. Ahora creo que sí importa. Por supuesto que se disfruta por medio del tamaño. La diferencia es perrísima. Cuando veo un pene, si está muy grande pienso: "Uau". A fuerza de parecer repetitiva, a mí el tamaño sí me importa, me excita, me prende.

En una escala del uno al diez, califico al sexo oral en el ocho, la penetración, en el diez y la masturbación, en el seis. Es lo que menos disfruto.

Es decir, a la hora de estar con tu pareja estable, el sexo es mejor porque hay amor, porque hay confianza; las condiciones están dadas para que tu relación sexual sea positiva.

De que me falta, me falta, y mucho. Creo que estoy en el camino correcto de crecer en mi sexualidad.

Renata

Hoy tengo diecisiete años. Las veces que he tenido relaciones sexuales sin protección me he arrepentido por el susto que me deja la sensación de que me voy a enfermar de algo o voy a quedar embarazada, no por el por qué lo hice. Después, por si acaso, te tomas la pastilla del día siguiente, que sí te causa muchos problemas hormonales, te provoca muchos cólicos y molestias. Yo la he tomado como cuatro veces. Para ello no acudí con algún médico, me la receté yo sola. Conozco amigas que toman la pastilla del día siguiente mínimo dos veces por semana y no sé qué les pueda pasar.

No creo que masturbarse sea necesario, yo no lo haría bajo ninguna circunstancia frente a alguien, no es algo que llame mi atención. Masturbarme yo, no, porque me parece que es para gente que está muy solita, que es antisocial, que se siente insegura de sí misma, que no logra tener una relación sexual y se ve obligada a masturbarse. No necesito eso.

No me gustó el día que me hicieron sexo oral. ¡Qué incómodo! Ver a un hombre con la cara entre tus piernas. ¿Cómo puede eso excitar a alguien?

Cuando estoy con una pareja, sí le digo lo que me gustaría que me hiciera, pero cuando llevo tiempo con él o siento confianza. Sin embargo, cuando empiezas es con lo convencional y ya después experimentas y le dices qué fue lo que te gustó y a veces incluso quedas de acuerdo en qué es lo que más les excita a ambos y todos felices.

Cuando veo un pene o un cuerpo desnudo de un hombre me gusta.

Montserrat

Hablando del alcohol, puedo estar caliente con alcohol o sin alcohol, también depende de la situación. Por ejemplo, Acapulco se me hace muy sexual, te altera las hormonas, estás a otra altura, el calor, hasta el sexo es diferente.

En Acapulco he tenido relaciones cuando voy de vacaciones con mis papás. Una vez lo hice en casa de un chavo que era metrosexual. ¡No tenía vello en el cuerpo! Eso fue muy raro.

Siempre he esperado a esa persona que me haga sentir especial en una relación donde yo pueda entregar todo, pero aún no ha llegado. Quizá probando con muchos la encuentre.

He tenido varias parejas sexuales. Con casi todos he usado protección, pero hubo uno con el que no la utilicé y entonces, en vez de pensar en alguna enfermedad, venía a mi mente el embarazo. Lo que hice fue tomar una pastilla y desde ahí me dije: "No lo vuelvo a hacer". Fue horrible, el único apoyo que tienes es el de tus amigas; tenía miedo de decirle a mi mamá o a mi papá, porque creo que me hubieran corrido de mi casa. Ellos piensan que soy virgen, jamás se les ha ocurrido que tengo una vida sexual activa. Me tratan como a una niña, para ellos soy la chiquita, la princesa de mi papá, imposible pensar que yo estoy con un hombre. Creo que si lo piensan, lo bloquean de su mente y no tocamos el tema.

Necesito que mi papá me trate como su niña, que me mime para que se sienta un buen padre. Si yo lo cortara, construiríamos un muro y cambiaría el trato, he pensado en decírselo, pero ni siquiera sabría en qué forma hablarle de mi sexualidad. Además, no creo que sea necesario porque no quiero que me dejen de consentir.

Mi mamá llegó virgen al matrimonio y en su caso es lo más importante. Una vez me dijo: "Lo único que le puedes regalar a un hombre es tu virginidad", "Ay, mamá, ¿en qué siglo estás?", "Para eso no hay tiempos ni siglos. Es lo único que vale la pena entregar en un matrimonio: la virginidad". Pero yo la entiendo y sé que no la voy a hacer cambiar.

Tengo miedo de que se desilusionen de mí si les cuento sobre mi vida sexual.

Lo más atrevido que he hecho es tener sexo en un auto y el contacto anal, para mí fue lo más osado, rompió con algo y dije: "Ya no quiero", porque aparte me dolió. Me falta mucho experimentar. El sexo está más en mi mente que en mi cuerpo. Sigo esperando que llegue alguien que me quiera y lo hagamos con mucho amor.

Memma

No concibo tener relaciones sexuales con alguien si no lo quiero, iría en contra de mi ideología.

Nunca he sentido que mi físico sea un impedimento para conseguir una pareja. He tenido suerte, todas las personas que me han gustado, he andado con ellas o me he besado con ellas o ha pasado algo.

La primera vez que lo hice no nos cuidamos y como estaba muy cerrado el conducto me concentré más en el dolor que sentía que en el placer. No me arrepentí de hacerlo sin protección porque estaba en mis días y no pasa nada, ése era el plan. Así lo hicimos y no sucedió nada.

No soy muy bonita como mis amigas, pero siempre consigo lo que quiero. De mí va a depender cuándo vuelva a tener sexo. Apenas tengo dieciséis años, imagínate lo que me espera.

Rudy

Con mi pareja de varios años tengo buena comunicación, nos decimos qué nos gusta, qué no nos gusta. Al principio todo era más torpe, ahora sí platicamos de lo que nos excita o no, de distintas posiciones. A veces optamos porque todo salga más natural, pero sí hablamos de los gustos de cada uno, porque fuera de la conexión de dos personas la comunicación tiene un papel muy importante. Tenemos dieciocho años los dos.

Si tuviera que mencionar porcentajes del placer y la conexión entre la pareja, colocaría el placer en cuarenta por ciento. Hubo momentos en que pensaba diferente pero en este momento es así. Habrá veces en que sea diferente, quizás un día diga: "Hoy es ochenta por ciento placer".

A lo que no me prestaría en la relación sexual con mi pareja es a algo que me lastime en lo físico o lo mental, por ejemplo, los fetiches o los golpes. Yo lo platicaría antes: "¿Te interesa esto?", "¿Para qué?". No me interesa hacerlo con alguien más, ya sea hombre o mujer, los juguetes tampoco; en algún momento se prestó la cámara web, no digo que no haya que probar. He experimentado con aparatos como videograbadoras, pero nada más. Si bien no estoy cerrado a algunas de estas cosas, en este momento no me parecen necesarias.

En la cuestión física sí me he sentido inseguro para conseguir pareja. Soy muy tímido. Si bien tengo muchos amigos y amigas por igual y puedo hablar con cualquier persona, si alguien me dice que le gusto o empieza a gustarme, soy muy torpe. Por fortuna ahora con mi novia se dieron las cosas muy bien y con otras personas con las que he estado no fue así, porque no me considero muy hábil a la hora del ligue. Quizás he tenido suerte, pero también creo que el físico tiene algo que ver, lo mismo que el verbo. No soy malo, pero a veces me siento inseguro, me atacan los nervios y no soy nada guapo.

Yo no me considero súper dotado, pero no lastimo a mi pareja y tampoco dejo de generarle placer, todo funciona bastante bien. A lo mejor si es muy pequeño no puedes satisfacer a la persona, no conozco bien la fisiología de la mujer, pero si es también un tamaño excesivo sí puedes lastimarla. En los dos casos importa, pero, por ejemplo, el hecho de que sea pequeño no quiere decir que no puedas satisfacer, no me consta.

He hecho algunas cosas bastante atrevidas en mi relación sexual: tener sexo bajo la regadera, amarrados de las manos, con comida, no sé. No me agradan las situaciones en las que puedan vernos para generar más excitación, no es un método que usemos nosotros. No me gusta el exhibicionismo. Lo más osado sería probar con comida o vendados los ojos. Con eso no necesito vestirme de cuero de los pies a la cabeza y hacer que me peguen. Ahora que me preguntas, Fernanda, ¿tú crees que sé de sexo?

A muchos adolescentes les resulta difícil usar los condones (femenino o masculino) de forma correcta y sistemática, y les faltan aptitudes de comunicación y negociación con la pareja, lo que incrementa el riesgo de contraer ITS.

Algunas adolescentes son más susceptibles biológicamente a las ITS que las mujeres de más edad, debido a una entidad conocida como ectopia cervical. La ectopia cervical se desarrolla cuando las células que revisten el interior del canal cervical se extienden a la superficie exterior del cuello uterino. Estas células son más vulnerables a infecciones.

Al día de hoy, la homosexualidad está considerada como una orientación sexual de origen multifactorial.

Las relaciones sexuales en una pareja en promedio duran quince minutos de principio a fin.

Conforme avanza la relación de pareja, el tiempo de preludio se acorta.

Las mujeres se tornan temerosas de innovar algo erótico por el temor a ser criticadas por la pareja.

Cuando la mujer es anorgásmica puede prescindir del sexo por mucho tiempo.

La posición más satisfactoria para muchas mujeres es cuando están ellas arriba.

La zona vaginal más sensible de las mujeres para el placer sexual está en el primer tercio.

6. Nuestra voz interna

Se habla de que todos tenemos una voz interna que nos dicta qué sí debemos o no hacer. Esta voz se ha representado de muchas formas: con angelitos, con diablitos, con luz, con duendes sentados en el hombro izquierdo o derecho de la persona, en fin... Y se dice que, al parecer, todos la tenemos misteriosamente como un don. Para mí no es más que la voz propia que tiene un sistema de filtro hacia el equilibrio emocional, al pulso, de lo que te hace bien o mal, de lo que te conviene o no; esa vocecita que sabe que tú no te puedes engañar porque en el fondo sí sabes lo que quieres y cómo lo quieres, lo que estás haciendo y por qué lo haces: en palabras más sencillas, es la famosa voz de tu conciencia.

Pero, ¿qué es conciencia? Puesto de manera simple, es darte cuenta; expresado de manera más elaborada y profunda, es saber que todos los individuos poseemos conocimiento de nuestra existencia, de nuestra individualidad y particularidad con respecto a los demás objetos y seres del universo. Un perro no se sabe perro pero nosotros sí nos sabemos humanos y la conciencia es lo que constituye nuestro fundamento, nuestra existencia, porque por medio de ella nos percatamos de qué somos.

Sumado a lo anterior, la experiencia de la conciencia sólo resulta accesible cuando hacemos una introspección, es decir, sería un movimiento voluntario, y en total capacidad de nuestras funciones físicas y mentales, de ver hacia nuestro interior.

Si te quemas la mano, la quitas del fuego, estás consciente de que "sentiste" algo que te dolió o te quemó. El ejemplo es burdo pero si este mismo lo enviamos a todos nuestros actos cotidianos, tener conciencia es estar atento a lo que acontece alrededor de nuestro cuerpo o en él. Sin ella todos nuestros movimientos serían automáticos. En el mundo animal hay grados de conciencia y el nuestro es el más elevado porque significa, como te dije, la percepción que tenemos de nosotros mismos. Somos un yo con un entorno e interactuamos todo el tiempo entre ese yo y el afuera.

Es interesante saber que la conciencia depende de nuestra funcionalidad, está directamente relacionada con mecanismos de nuestro cerebro y que si éste se activa "bien", con las funciones neurológicas adecuadas, se mandan los impulsos eléctricos necesarios para que logremos ciertos niveles de atención y tengamos una mejor capacidad de respuesta.

Es importante saber todo esto porque no surge de la nada. Esa "vocecita interna" tiene un origen y un destinatario que, de no relacionarse bien entre sí, no se generará la misma respuesta. Por ejemplo, una persona con sustancias ajenas a su cuerpo, como el alcohol o las drogas, hará que por medio de ellas disminuya su capacidad de darse cuenta porque los impulsos eléctricos que el cerebro tiene que mandar para lograrlo se ven afectados.

Durante el sueño, por ejemplo, los niveles de conciencia disminuyen porque los impulsos son más lentos y amplios. Esto se ha demostrado con personas a quienes se ha enchufado a un electroencefalograma. Otro ejemplo: tú puedes hacer, con impulsos eléctricos, que un animal se despierte o se quede dormido al estimular ciertas áreas de su cerebro mediante unos chupones (electrodos) que colocas en su cabeza.

El hecho de que no nos demos cuenta demuestra que hay algo que hace que se entorpezcan esos estímulos. Esos motivos pueden ser el estrés, la sobreestimulación, la ansiedad, un medicamento, cualquier tipo de droga o cualquier agente externo que pueda estropear el sano funcionamiento de la conciencia.

Esa voz interna, entre otras cosas, nos protege del exterior. Nos protege, por ejemplo, de atentar contra alguien o de caer en un problema porque algo no te latió y mejor caminaste para otro lado y así evitaste, "sin querer", que te atropellaran. Todo tiene un motivo, una causa y un efecto y si aplicamos esto a nuestra vida diaria, tomaremos conciencia de que esa voz interna es muy importante porque es nuestro mecanismo de defensa. Sólo nosotros la escuchamos, es una voz individual que puede salvarnos de muchos infortunios. De sufrir, por ejemplo.

Pero, ¿qué es lo que sucede? El ruido, las distracciones, los insatisfactores constantes, la depresión, la frustración, el mal humor, la falta de silencio, provocan que dejemos de escucharla o, peor aún, que la escuchemos pero nos habituemos a no hacerle caso. Analiza cuántas veces algo te ha dicho: "No lo hagas, no te conviene, eso no es para ti, ten cuidado, no te metas más, no te relaciones con esa persona…", y no le das oportunidad a ese mecanismo protector de llevarte a tomar una mejor decisión, no permites el paso a tu sentido interno.

Pasemos al terreno de nuestra sexualidad hablando de la conciencia. Imagina que cuando está en un acto sexual todo tu cuerpo se conecta por impulsos eléctricos que van de un lado a otro estimulándote y que, a veces, más allá de lograrlo, ese acto sexual te genera disgusto, displacer, desorden, dolor, malos recuerdos, ¿te das cuenta de a qué sometes a tu cuerpo en un instante sexual? ¿Cómo puede ser placentero y llenarte de buenos "impulsos eléctricos"? ¿Cómo puede generar en ti algo constructivo si constantemente permites que se haga un cortocircuito interno que tendrá, en algún momento, una consecuencia?

Tener una mala sexualidad o no tenerla no es cualquier cosa. Estamos hechos para sentir placer y lograr que nuestros sistemas funcionen bien y no podemos hacer a un lado todo lo que trastoca nuestro sistema sexual para bien o para mal. Somos seres que sentimos y es una bendición hacerlo: oler, degustar, percibir el frío o el calor, ver, escuchar... Todos los sentidos están ahí para algo. Pensemos: ¿Cómo nos afectaría ver todo el día un foco rojo? Después de cierto tiempo nuestra vista sufriría alguna alteración. Entonces, ¿por qué pensamos que tener malas relaciones sexuales o no tenerlas no producirá una especie de sentidos atrofiados, si sentir es un placer? Me decía una mujer en las conferencias sobre sexualidad: "Me gusta sentir en mi cara cuando me hacen un facial, me gusta que me den un masaje, pero no me permito sentir bonito o rico en mi sexualidad". No me permito, frase clave. Darse permiso es el tema. Importa el tamaño de los permisos que te des en la vida. Aquella mujer tenía una relación sexual y se acordaba de su mamá diciéndole: "Mi'jita, ese lunarcito que tienes entre las piernas no se lo des a nadie, cielito lindo, porque a nadie le toca...", y ay, ay, ay, ay, ay (lloraba la mujer). Qué impacto generó en ella tal comentario que en su vida adulta, ya divorciada, sola, viviendo las inclemencias de no encontrar una pareja, se dio cuenta de todo el castigo que se propinaba cuando un masajista le dijo, mientras la sobaba, que tenía agua retenida. "¡Qué agua ni que ocho cuartos, estaba prendida con las manos de aquel fulano sobando todititito mi cuerpo y muy cerquita del lunarcito, cielito lindo!", decía ella. Simplemente porque se dio permiso de sentir rico. ¿Cuántas como ella? El órgano sexual más grande es nuestro cerebro y a esta mujer se le activó, sin duda.

Resumo todo el aspecto positivo que genera en nosotros una buena relación sexual: se ponen a trabajar nuestro sistema endocrino (hormonas), los órganos genitales y el sistema nervioso en una armonía perfecta. Nuestras estructuras biológicas le dan paso al deseo, a la capacidad de estimulación, se prenden todos los focos de nuestro organismo, el edificio que nos conforma inicia una actividad simultánea. Digamos que nuestras sustancias químicas pasan por una cañería, por ductos o por un cableado muy complejo que pone en contacto estimulaciones de todo tipo en nuestro cuerpo: se alertan los estímulos para el olfato, para el gusto, para el tacto, los visuales, los imaginativos, los creativos, ¡todo tiene sentido y cobra sentido! No estimulamos ninguno de estos mecanismos con alguna otra actividad, al mismo tiempo. Si tuviéramos hambre o sed otros serían los reactores. El problema es que la motivación sexual no está sujeta a la saciedad porque si no caeríamos muertos por no satisfacer alguna necesidad sexual. Podemos vivir perfecto sin el desarrollo de nuestra sexualidad pero con mecanismos atrofiados y que nunca se ponen en conjunto en movimiento, por eso es tan placentero sentir una excitación. Todo debe estar en buen estado para poder disfrutar de este gran placer.

Quien está consciente de lo expresado antes sabe a lo que me refiero, una relación sexual placentera en la que llegues a un orgasmo es algo digno de nunca olvidarse y queda registrado en la memoria de tu cuerpo. Una vez que lo vives, difícilmente puedes prescindir de experimentarlo de nuevo.

Imagínate lo que también generamos si no es placentero, si nos castigamos y autoflagelamos teniendo todos los días o muchas veces o casi siempre una mala relación sexual; ¡es mejor no tenerla!, para qué dañarnos de esa manera.

Todos, mientras seamos seres funcionales, podemos echar a andar este maravilloso mecanismo que genera placer. Basta que nos demos permiso y escuchemos a nuestra voz interna que nos invita a hacerlo con la persona que ponga junto con nosotros todos esos mecanismos en funcionamiento.

Aprendamos sobre nuestro cuerpo. Te invito a que leas, hay muy buenos libros sobre sexualidad. Acude a un especialista profesional que te dé rumbo y buena información, mejora como ser humano, no te quedes con lo que ya sabes, cuestiónate, crece, pregunta, acércate y dialoga con diversas personas sobre la sexualidad. Dejemos de tener miedo y culpa generados por la mala educación... y si entramos en el ámbito de la religión, entonces, ¡¿para qué nos dio Dios algo sino es para disfrutarlo con responsabilidad?! Me parece que el castigo es terrenal, no divino, y se queda en el ámbito de lo terrenal porque es una forma de control muy buena. Lo hecho por el hombre hecho está y éste tiene, por ese motivo, un alto grado de vulnerabilidad para fracturarse y, como consecuencia, cometer errores ¡somos humanos! Cuánta gente dice: "Yo sí creo en Dios, en ese ser superior, pero no en la Iglesia", y eso quizá se deba a que muchos han aceptado que los humanos se equivocan. Algunos dentro de la institución han cometido errores graves: los pederastas, por ejemplo, ¡quién va a decir que sus actos están bien aunque sean llevados a cabo por los representantes de Dios en la Tierra! Es cuestión de conciencia, de darnos cuenta de que eso no está bien, es un crimen y está penado por la ley.

Entro en terrenos escabrosos y muy discutibles, pero pienso que no hay religión a la carta. Me sorprende la cantidad de católicos, mochos, que van a misa y están a favor del aborto o son promiscuos. Uno si es católico entra de lleno en el menú que plantea el catolicismo: relaciones sexuales con fines reproductivos, no al preservativo y no al aborto porque la muerte es un pecado. No anda por la vida con dobles mensajes o dobles morales, ése creo que es el problema: que el que es, es a medias, es mediocre porque medio cree en esto y medio cree en lo otro. Se es o no se es y no podemos poner la religión, cualquiera que sea, como estandarte de nuestra ignorancia. No me parece justo que se castigue el hecho y el derecho de sentir o de desarrollarse integralmente. La religión pone sus límites: la católica, la judía, la griega ortodoxa, el cristianismo o los testigos de Jehová, la budista... basta que uno los cumpla a detalle y sí podrá afirmar que tal o cual cosa es parte de su desarrollo espiritual. Aspecto, por cierto, que me parece esencial en la vida de todos nosotros: creer en algo o en alguien, tener la capacidad de desarrollarnos por medio de la fe porque creo que es ésta la que nos salva de darle explicación a muchos de los hechos que suceden en nuestra vida cotidiana. La fe que cada uno tiene es respetable y no está a discusión.

Si queremos dejar de ser ignorantes, no tendría nada que ver con nuestra parte o desarrollo espiritual, ¡qué gran malentendido! Busquemos información, cuestionemos más y seamos más responsables de nuestros actos. Diosito ni tiempo ha de tener de andar atendiendo a todos los que actúan de manera irresponsable en su vida por estar desinformados.

No mezclemos la ignorancia con la fe o la espiritualidad. Una vez teniendo conocimiento, uno decide qué camino tomar. Insisto, no somos víctimas de las circunstancias, somos cómplices de todo lo que nos pasa.

Desarrollemos en nuestra vida la posibilidad de responsabilizarnos y asumir lo que nos falta, pero también lo que nos sobra. Estamos donde estamos por nuestras decisiones, por nuestro ejercicio del libre albedrío, que es maravilloso saber que contamos con él. Dejemos ya de depositar en un ser supremo o en los demás el tamaño de nuestra responsabilidad.

Contar con estabilidad emocional, con bienestar en la salud, con un buen desarrollo de nuestra vocación, con atención a nuestra espiritualidad, con relaciones sociales positivas y enriquecedoras, con equilibrio mental y físico, procurar nuestro entendimiento de valores y principios y ejercerlos, procurar un buen desarrollo sexual que me sume alegría, gozo y placer positivo a mi vida y no me reste, procurar que mi intelecto se ejercite y mi criterio se amplíe, lograr la armonía con los seres que quiero, etcétera, no se consigue en un día, puede representar el trabajo de toda una vida. El asunto es estar en el camino correcto, intentarlo, descubrirnos con metas alcanzables, dispuestas ahí para mejorar nuestra vida, echar mano de la voz interna para tomar rumbos más adecuados de modo que cuando se nos acabe esta magnífica y única oportunidad de vivir el saldo sea a favor, las facturas por pagar no sean tantas y el recuento de los daños no sea un ancla que heredemos a los que más queremos: nuestros hijos.

¡Somos todos posibilidades muy importantes para desarrollarnos hacia caminos positivos! Y los límites que imponen las religiones son maravillosos, depende el saco que te quede, porque la mayoría en alguna medida te hace respetar al otro pero también respetarte a ti mismo, no ceder tu dignidad con facilidad, no obstruir el camino de quien pasa frente a ti, sino, por el contrario, ayudarlo y ayudarte como consecuencia, respetar la vida, no pretender tener lo que no es tuyo o no te corresponde... Todos son puntos muy buenos para vivir con otros y con nosotros mismos.

Creo que se hace el bien, empezando por hacérnoslo a nosotros mismos. Te invito a desearte lo mejor, a verte y encontrar en ti misma(o) la fuerza para salir adelante de cualquier eventualidad. No creas que mereces poco, eres un regalo divino o genético lleno de potenciales que hay que encauzar. Vuélvete, mírate en toda la extensión de la palabra y pregúntate ¿cuántas veces te has fallado?, ¿cuántas veces el otro, el de enfrente, al que ni quieres y poco conoces, ha estado primero que tú, por el miedo al qué dirá, qué pensará? O ¿qué tal otro escenario?: el de las personas que quieres, que sí te rodean, con quienes sí convives cotidianamente. ¿Por qué no te preguntas cuánto te conocen, cuánto saben de tus gustos, de lo que te hace feliz, de lo que te motiva, de lo que quieres o detestas?... Si no lo saben es porque no se los has dicho.

Te pondré tres ejercicios. De ellos sacaremos conclusiones interesantes.

El primero: toma a alguien de las manos, cierren los ojos y por un instante siente sus manos. Piensa que tú eres esa persona. ¿Cómo la percibes? ¿Está triste o contenta?... Deja de ser tú para ser el de enfrente. Cuando termines de tomar a esa persona de las manos, abrázala. Haz un recuento sincero de lo que te transmitió, piensa en lo que sentiste, siente lo que ella siente. Realiza este ejercicio, por ejemplo, con tu pareja sexual, con una amiga, con un desconocido, con tus hijos, con tu jefe, no importa con quién.

Conclusión del primer ejercicio: en la vida es importante ponerte siempre en los zapatos del otro. Si no lo haces jamás podrás entenderlo, no podrás acercarte a lo que en verdad piensa y siente, para respetarlo. No lo escuches desde tus zapatos, sino desde los suyos y notarás una franca diferencia en el manejo de las emociones de cada uno. Su óptica es tan válida como la tuya.

El segundo: cierra los ojos, devuelve tu vida de este momento al pasado, como si fuera una película. Detente en el momento más feliz de la misma. Recuérdalo, congela la imagen ahí. Acuérdate de qué sucedía: ¿Dónde estabas que te hacía tan feliz? ¿Qué sentías? ¿Qué te provocaba tanta felicidad?... Disfrútalo, vuelve a vivir ese instante. Abre los ojos y cuéntate: ¿Con quién estabas? ¿Fue el día que te casaste? ¿El día que tuviste a tus hijos? ¿El día que te reconocieron por algo que hiciste?... Todos los que hagan el ejercicio tendrán miles de historias que contar; a unos cuantos les será muy difícil encontrar un momento que haya generado felicidad, pero no hay problema, en tanto que otros, y aquí es donde me quiero detener, habrán recordado ese momento cuando estaban solos, viendo un atardecer, en un vuelo de avión, en una playa, en una carretera, en una habitación, ¡no importa el lugar, lo importante es que se sintieron felices solos!

Conclusión del segundo ejercicio: en la vida es fundamental proveerte de momentos felices en soledad, que esa felicidad no dependa de nadie, más que de ti. Entendamos que ese hijo que nació, o ese marido con el que te casaste, o la pareja que te llevó a tal lugar, o el ejemplo que sea, en realidad no siempre van a estar con nosotros porque podemos divorciarnos, la otra persona se puede morir, puede dejar de ser relevante en nuestra vida... Está bien vivir momentos de felicidad con otras personas, pero igual de importante es proveerte a ti solita(o) de los mismos. Los últimos dependen de ti, los otros son bellos y maravillosos pero dependen de otros que no sabes cuánto tiempo van a estar a tu lado; y si todos los momentos de felicidad son por medio de los demás, el día que no estén caerás en un hoyo muy profundo. Ese momento sola(o) vale la pena lograrlo porque quiere decir que de ti depende y de nadie más y cuantos más instantes así disfrutes, más llena estará la vida de ti.

El tercero y último: cierra los ojos y piensa en la persona que más admiras, viva o muerta. ¿Por qué la admiras? ¿Cuáles son las cualidades que posee para que tú la admires? ¿Qué hizo o cómo es para que deposites ese sentimiento tan maravilloso en su persona? Piénsalo un momento, disfruta sus cualidades, enuméralas y, como por arte de magia, abraza a esa persona y en el abrazo integra en ti esas cualidades que tanto admiras.

Conclusión del tercer ejercicio: si la persona que elegiste está viva o muerta y la conociste, mi pregunta sería: ¿Le dijiste todo lo que sentías? ¿Le dijiste cuánto lo(a) admirabas? Es esencial expresar esa clase de sentimientos a quienes nos lo generan. Las acercaremos más y nos acercaremos más a nosotros mismos. Es un acto bello que conlleva humildad, amor, ceder el paso a lo que el otro tiene y yo admiro. Si esa persona ya murió sin que la conocieras y era cercana, lo siento mucho, quizás en un ejercicio mental puedas decírselo, estoy segura de que después de hacerlo te sentirás muy bien. Si está viva, la conoces y no se lo has dicho, textualmente, cierra este libro y búscala porque no hay nada más bello que puedas hacer en este momento que eso.

Hay otras posibilidades: que en este ejercicio te des cuenta de que no admiras a nadie o de que admiras a un personaje al que no pudiste o puedes conocer para decírselo. En ambos casos, lo fundamental es que lo percibas y analices qué puedes hacer con lo que sientes.

Admirar a alguien es hermoso, se siente bien. Si no lo haces habrá que ver ¿por qué nadie te genera ese sentimiento? Y si la persona es, por cualquier motivo, inalcanzable, piensa en lo que te gusta de sus cualidades e intenta integrarlas a tu vida diaria.

Estos tres ejercicios nos llevan a darnos cuenta, a tomar conciencia, nos permiten hacer una pausa en asuntos emocionales que nos afectan de manera positiva o negativa en nuestra vida cotidiana. Ojalá que te propongas más de estos momentos en silencio para pensar en ¿quiénes están a tu lado? ¿Por qué y para qué? ¿Qué harás con lo que no puedes resolver? ¿Qué metas nuevas plantearás en tu día para mejorar en algún aspecto? Regálate unos momentos en silencio todos los días (de preferencia recién amanezca) y pregúntate: ¿Qué quieres para este día? ¿Qué te gustaría regalarte? ¿Qué deseas para ti? Son unos breves instantes para escuchar tu voz interna, para hacer conciencia de que empiezas hoy una nueva posibilidad en mejores condiciones. ¡Manda todo tipo de ruido al caramba! No vale la pena que nadie ni nada altere tu buena intención.

Como tantos otros escenarios que existen más allá de este texto, pregúntate lo que quieras y la cantidad de veces que quieras. Por ejemplo, ¿te das cuenta de los permisos que no nos damos? ¿Te das cuenta de cómo depositamos en el otro nuestra responsabilidad? ¿Te das cuenta de cómo influye una mala o una buena relación sexual en tu vida diaria? ¿Te das cuenta de lo que vales? ¿Te das cuenta de lo que significa ver lo que tienes y no lo que te hace falta? ¿Te das cuenta de que tienes una voz interna?... ¡¿Te das cuenta?!, ¿te das cuenta?

Una mujer necesita estar tranquila y relajada para disfrutar
un encuentro erótico.

El deseo sexual de las mujeres que toman anticonceptivos orales
se puede ver disminuido.

La mayoría de las mujeres alcanzan el orgasmo por
la estimulación del clítoris.

La multiorgasmia (obtención de varios orgasmos consecutivos en la misma
sesión de estimulación, uno detrás de otro) es una característica de
la respuesta sexual de muchas mujeres.

La vivencia del orgasmo es una. La forma de alcanzarlo puede ser: genital
(vagina y clítoris) o extragenital (senos, glúteos, oreja, cuello, pensamientos).

La mujer se erotiza más por medio del tacto y del oído.

La infidelidad femenina tiene más riesgo que la masculina porque
es más frecuente que involucre sus afectos.

Cuando una mujer deja de admirar a su pareja hay alejamiento
emocional y físico.

Para muchas, es importante el tamaño del pene de su pareja, pero para
otras es más importante lo que su pareja haga con él y cómo la trate en el
encuentro sexual.

Muchas mujeres estarían dispuestas a utilizar un juguete sexual,
pero no se atreven a sugerirlo.

7. La voz de los expertos

En muchos años que he trabajado en los medios de comunicación he conocido a expertos sobre el tema de sexualidad. Unos muy buenos, otros muy malos otros muy malos. De todos he aprendido. En esta ocasión y por obvias razones me quise acercar a los que saben mucho y tienen algo que compartir con la gente. De todos he aprendido. Y pensé que la mejor manera de aprovechar su conocimiento era establecer una conversación con cada uno sobre algún tema.

Hablarán de las filias, del aburrimiento sexual, de los aparatos sexuales, de la rutina en una pareja, de la seguridad y la salud sexual y de la infidelidad, entre otros temas interesantes.

Sé que el deseo de todos los expertos que participaron en este capítulo es que la educación sexual se difunda más.

Todos los que aquí colaboran están preocupados por lo que ven en consulta, por la desinformación que prevalece; todos le dedican tiempo al tema para que la gente viva mejor su sexualidad, ¡trabajan para eso! Y estoy segura de que hay mucho que aprender de ellos.

No dudemos en acercarnos a estos expertos si lo necesitamos. Son gente preparada por la cual, si en algo soy garantía, meto la mano al fuego por ellos. Si hay algún tema que no aparezca y que te hubiera gustado conocer, al final del libro tienes los datos de cada uno para acercarte al que más necesites. Llámales de mi parte, te atenderán como te mereces.

Sus nombres: Juan Luis Álvarez Gayou, Fernando Figueroa, Adriana López, Tari Tron, Libe Molinasevich, Edelmira Cárdenas y Rina Riesenfeld.

Seguridad sexual

por Adriana Guadalupe López García

Seguridad sexual implica hacernos responsables de nuestra salud sexual. Antes pensábamos que tu compañero tenía la posibilidad, el derecho o la obligación de cuidarte. Ahora nosotros tenemos que hacernos responsables. Por ejemplo, si voy a tener un contacto sexual con alguien, debo saber cómo me voy a proteger, qué riesgos voy a correr, que lugar le voy a dar a mi integridad, y estoy hablando de evitar el alcohol, drogas, o cualquier sustancia que me haga evadirme para poder desempeñarme en conciencia: sentirme abierta y libre. Cuidar mi cuerpo deberá ser lo más importante.

Frecuentemente entre jóvenes surgen los famosos *frees;* entonces, por estar bajo la influencia del alcohol no saben ni por dónde lo hicieron, hasta que están adoloridos o lastimados. No saben si usaron preservativo, no saben qué otro tipo de contacto sexual hubo. Cuando estás con todos tus sentidos en un encuentro sexual, con la responsabilidad que implica y te sientes seguro con la persona con quien estás, hay cosas que pueden ser maravillosas y tu desempeño es mejor. Pero cuando hay situaciones dolorosas, cuando no estás de acuerdo en realizar ciertos actos y lo haces por la otra persona, lo que queda internamente es terrible, recuerdos desagradables, que dejan muchas veces mucho sufrimiento y lesiones importantes. Hay que tener la seguridad de que no te van a contagiar una enfermedad de transmisión sexual, por ejemplo, eso es muy importante, y como sexóloga insisto en que depende de cada uno asumir esa responsabilidad de cuidarte. Hay cosas que no se notan. No te vas a dar cuenta a simple vista si la persona con la que estás es un portador de VIH o tiene un condiloma, no se revisa detenidamente el pene de un hombre o los genitales de una mujer.

Una mujer que conoce sus genitales se puede dar cuenta de si tiene un condiloma, se puede dar cuenta si se hace un papanicolau. Y si el resultado es positivo en cualquier caso hay que comunicarlo a la persona con la que se tendrá sexo.

Ser honesto y responsable implica decirle al otro qué tengo o qué no tengo. Hay personas que no saben que son portadoras de VIH y tienen vida sexual sin usar condón, y jamás se han hecho un examen por miedo. Hay que saber que se puede contagiar a la pareja o parejas que se tengan.

Es alarmante pensar y saber que las amas de casa están más contagiadas de sida que las prostitutas. Es impactante que la mujer que es ama de casa, que no ha salido de casa para tener una vida sexual, acaba contagiada por su pareja de sida, o virus de papiloma, o de otra infección de transmisión sexual. La enfermedad llega a su propia cama sin saberlo. Sin duda, saber cómo llegó esa infección de transmisión sexual a la casa se convierte en un problema de pareja; muchas veces se busca al culpable y eso deteriora la relación.

Seguridad sexual es: punto número uno, autoconocerse. Esto implica desde qué me gusta en el desempeño de lo erótico, cómo es, cómo soy, cómo es mi cuerpo, cómo son mis genitales. Sé que a veces es difícil para las mujeres tener ese contacto con los genitales. Una de las razones es por cultura, otra es por dónde están localizados, o no lo hacen por pena con ellas mismas porque sabemos que para verlos tenemos que echar mano de un espejo. Por muy flexibles que fuéramos no podríamos alcanzar a verlos y debemos saber de qué color son, qué tipo de secreción despiden, a qué huelen, si hay lesiones, si hay lunares, si hay algún tipo de cicatriz por un parto previo, etcétera. Todo lo que aparezca en los genitales y en su estructura va a influir en el placer.

De repente muchas mujeres que pueden sentir la amenaza de la penetración anal no se sienten seguras, no les gusta, y muchas veces aceptan hacerlo por complacer a su pareja. Hay que negarse a hacer lo que no se quiere. Eso también es seguridad sexual.

Tenemos un orificio vaginal que puede permitir la salida de un bebé, la penetración de un tampón, de un pene, de un espejo vaginal, un juguete sexual, o lo que sea, pero cuando la mujer no se siente segura de estar bien con su pareja o de poder participar y disfrutar pueden aparecer algunas condiciones o disfunciones sexuales como es el vaginismo. Por eso es importante sentirte bien contigo, conocer qué es lo que te gusta, saber cómo funciona tu cuerpo, estar enterada de la fisiología de tu propia sexualidad o de tu propio erotismo, porque no todas las mujeres respondemos de la misma forma.

Segundo aspecto: la comunicación. Es muy importante comunicarnos con el otro para tener seguridad porque ninguno de los dos es adivino. Como seres individuales, habrá cosas que a él le agraden, cosas que a ella le agraden, y si no lo comunicamos, resultaría en una especie de juego de adivinanza: "¿Qué es lo que te gusta?", "¡Adivina tú qué es lo que me gusta!". Esto se da mucho en el juego previo, el poder decir esto me gusta, me gustaría hacer esto contigo, no me vuelvas a hacer esto porque lejos de ser agradable me desconcentra, o me da cosquillas. Es necesario tener más comunicación en el terreno de lo sexual.

Por ejemplo, es más la preocupación de las mujeres por si huelen bien, si tienen el cuerpo adecuado para ser aceptadas por su pareja, que el poder abandonarse a las sensaciones que le está provocando su cuerpo en ese momento de intimidad. Se nos pueden pasar nuestros quince o veinte minutos tan importantes de la relación sexual en pensamientos y sensaciones desagradables, pero con la comunicación esto se diluye. No hay mejor manera de resolver las malas relaciones sexuales.

Ahora, ¿cuándo es el momento oportuno para comunicarnos sobre sexo? ¡Desde que iniciamos la relación con la pareja! Hay que pensar que si vamos a interactuar con una pareja en el entorno erótico es importante hablar con la verdad de lo que te gusta o no te gusta. Y pensando en las parejas que llevan tiempo juntos y no se han comunicado en el aspecto sexual, es momento de hacerlo, sutilmente.

No debe hacerse de golpe, se debe empezar poco a poco e intentar reestructurar la parte erótica.He visto parejas que se van distanciando a tal grado que cada quien tiene su cuarto.

Y pensemos en el tercer punto importante, la seguridad por medio de preservativos, dispositivos, todo lo que hay en el mercado para tener sexo seguro. Pensemos que a nosotros sí nos puede pasar, que nadie está exento, que un preservativo puede ser la diferencia entre contraer una enfermedad de transmisión sexual o no tenerla, y sobre todo aprender a utilizarlos, resulta que nadie te enseña a usar un condón. Creo que la posibilidad de que un adulto o un terapeuta, un maestro, un padre de familia pueda hablar de estos temas de prevención y de sexo seguro, implicaría que los jóvenes aprendieran en el momento de iniciar su vida sexual a protegerse, a utilizar condones, a jugar con ellos. Todo esto entraña responsabilidad, pero también hay que verlo como algo divertido. La protección no es un mal necesario.

Y hay que tener cuidado, insisto, cuando la persona está bajo la influencia del alcohol, uno se anima, se destapa, se desinhibe y acaba con cualquiera en la habitación de un hotel. El no me acuerdo de si me puse un preservativo, ni sé dónde la puedo localizar, es muy frecuente. El hecho de que tú elijas, seas responsable, compres un condón antes de llegar al hotel y se lo pongas al chavo para poder ejercer tu sexualidad o tu erotismo, es fundamental.

La responsabilidad es contraria a lo que se piensa de una relación sexual que es calentura pura, éntrale, qué rico, el placer implica no pensar tanto. Creo que eso es mala información. Se supone que una mujer no debe pedir más, se supone que estamos acostumbradas a esperar que ellos soliciten más, y eso es una mentira. Hay un momento para poder pensar que debes utilizar un condón, ante la erección, ante la euforia, ante lo rico que puede ser el momento sexual. Uno sabe mezclar la responsabilidad con el placer y si no sabe, se aprende. No podemos justificar con la calentura nuestra salud, o mejor ¿por qué no se lanzan de un edificio en un momento eufórico?, porque no son tontos ¿verdad? Pues lo mismo aplica en el sexo.

No hay menos romanticismo o cachondeo pero sí más conciencia de que esos segunditos en que decide ponerse un preservativo, hacen la diferencia de que el día de hoy una persona sea seropositiva o no.

El ejercicio del erotismo y la sensualidad es igual a responsabilidad. En la actualidad por fortuna podemos elegir si queremos un contacto sexual para tener gratificación y placer o para reproducirnos. Los tiempos son otros, la información es otra también en torno a lo que es erotismo. La salud sexual implica que podemos trabajar las disfunciones sexuales, que si una mujer tiene un problema con su respuesta sexual se debe tratar, que si una mujer va a ejercer su sexualidad y su erotismo, si quiere tener un contacto sexual con la pareja que ella decida, debe hacerse responsable y comprar su preservativo, sea masculino o femenino, pero no dejarlo en manos de su pareja. La salud sexual involucra todo esto.

No niego que hay que probar, dentro de lo que tú consideras, con base en tus valores; hay cosas que sí se permiten en la relación de pareja. Creo que mucho de la complicidad es esto, poder proponer y que la pareja diga: "Está bien. ¿Cuál es la condición? Si no me gusta, te digo y no lo volvemos a hacer". Todos debemos reconocer cuál es nuestro límite en el desarrollo del erotismo. El sexo seguro va de la mano de la posibilidad de la monogamia. Si tú te sientes a gusto con tu pareja, puedes quedarte ahí, innovar lo que quieras, experimentar, volverte cómplice, jugar, infinidad de cosas, y no tienes que buscar otro tipo de emociones fuera de tu relación. En este sentido se puede lograr un gran desarrollo sexual en las parejas.

Cuanto más seguro te sientas sexualmente, podrás ser más pleno. No habrá nada que te desconecte más que estar pensando si usas o no un preservativo, si la persona puede contagiarte algo o si puede haber un embarazo. La confianza bien fundada es importante para soltar miedos.

Pero también puedes tener seguridad sexual con muchas parejas sexuales, si así lo decides. El límite lo pondrá cada persona; si quiere tener contacto con uno o con diez, adelante pero aumentará la responsabilidad del cuidado para tener una seguridad sexual.

Sexo seguro a través de la computadora. Sexo seguro a través de la virtualidad. Sexo seguro a través de un *chat* en donde me excito, me prendo, pero como no hay contacto, hago cualquier cantidad de cosas. Podría ser válido y muy seguro, pero te privas de tener contacto físico. Este tipo de actividad podría alejarte de sentirte como una persona integral que merece desarrollarse en todos los ámbitos.

Los límites aplican para todo, para la vida cotidiana, para Internet, para la pareja, con uno mismo, con la familia. Los límites tienen que estar en nuestra vida acompañándonos siempre, en todos los sentidos.

Una persona que se masturba todo el tiempo obviamente ya sufre un problema. La masturbación también tiene un límite. Podrías decir que es seguro, porque no se contagia de nada, pero si no se vincula con alguien, no interactuará, ahí ya tenemos un problema.

Mientras tú tengas relaciones heterosexuales, bisexuales, homosexuales, lésbicas, estás manteniendo un cuadro dentro de la seguridad sexual. Recordemos que normalidad no es un término que utilicemos a menudo para la sexualidad: normal ¿para quién? Una relación lésbica para ellas es normal y tal vez una persona que no es lésbica no vería normal este tipo de contacto. Nosotros lo llamamos orientación sexual y de alguna forma el ejercicio de su sexualidad, de su erotismo, o la actividad que ellos o ellas quieran llevar a cabo con su pareja o parejas es respetable, aunque amerita la misma responsabilidad en todos los casos.

En todas las orientaciones sexuales, lo importante es que pongamos nuestros límites, logremos una salud sexual y no olvidemos que debemos incluir la parte psicológica de la salud sexual. Ésta se refiere a que, entre muchos aspectos, tomemos en cuenta que al tener una relación sexual con alguien compartes el cuerpo y muchas otras cosas, en particular tu pasado sexual.

Debemos ser muy precisos, tampoco se trata de andar contando nuestra vida sexual a cada pareja. Hay que compartir lo que enriquezca en una relación. No puede haber comparaciones y no tendría sentido decirle lo que hiciste hace diez años con una pareja que no era él. Hay que ser muy cuidadosos con lo que vale la pena compartir o no, pero en lo que es esencial, la honestidad sobre tu salud, porque estamos hablando de la vida, no de un cambio de imagen. Estoy bien de salud, qué bueno, eso es lo importante y no con quién me acosté hace veinte años, eso no es seguridad sexual, es tu vida pasada. No vas a enriquecer nada la relación contando cuántas experiencias sexuales tuviste.

Hago una invitación a hombres y mujeres, primero a escucharse y luego a poder escuchar a ese cuerpo maravilloso que nos lleva a todos lados, que nos hace sentir, nos hace vibrar y disfrutar el placer. Cuanto más podamos escuchar a nuestro cuerpo, podamos conocerlo, cuidarlo, enriquecerlo, y compartirlo, si así lo queremos, con otra persona, nos hará seres más sexuales, más grandiosos de lo que somos ahora. Si somos honestos con nosotros mismos en el sentido de poder decir qué quiero y qué me gusta, qué voy a aceptar, cómo voy a disfrutar y con quién, pienso que se cumple la intención de todos los que nos dedicamos al trabajo con la sexualidad: lograr una salud sexual para todos, al alcance de todos. Porque no podemos olvidar que nosotros somos educadores, como padres de familia y como sociedad.

Juguetes sexuales

por Edelmira Cárdenas López

Tengo cuatro años estudiando el impacto psicológico de la lencería en hombres y mujeres, así como el uso de juguetes sexuales.

La lencería, por ejemplo, es un parteaguas importante en la actividad sexual, porque de ella depende la seguridad y la autoestima de la mujer. En nuestra cultura latina si por desgracia una mujer siente que no es atractiva en el aspecto físico, su capacidad sexual se ve afectada. La mujer en México cree que hay una relación total entre el cuerpo físico y la buena sexualidad.

En México, la gente, sobre todo la mujer, cataloga la lencería como cursi, elegante y de puta. Cuando preguntas: "Y tú ¿de qué te quieres vestir?" y contestan: "Ay, no, no. Algo elegante, algo que me dé clase", yo debato: "¿Quién les dijo que en el sexo hay siempre una cursi, una puta o una elegante?". ¿Quién se los dijo? Es muy simple, la respuesta es la educación. Una mujer vestida de rojo es provocativa. Me encanta cuando me dicen: "Eso está muy transparente, al hombre hay que dejarle algo a la imaginación". Yo contesto: "Querida, llevas dieciséis años durmiendo con el mismo y ¿quieres dejarlo a la imaginación?". Según yo, la lencería constituye un detonante para romper rutinas; con el simple hecho de que visualmente te pongas otro color, la actitud es diferente.

La mujer mexicana no es atrevida. Los jóvenes se vanaglorian de que son más atrevidos y más informados, pero eso es una gran mentira. Tienen mucha inseguridad. Cuentan con datos pero no los han digerido. Las mujeres cuanto más crecemos más inseguras nos volvemos. Es decir, cuando tenía veinte años me atrevía a todo. Se la chupaba en cualquier rincón de la oficina, pero me caso con él y ya soy mamá, asumo mi responsabilidad y ya no me atrevo. Y hay que entender que es cuando más elementos tiene la mujer para ser más plena en el aspecto sexual, cuando mejor estabilidad emocional puede tener en la vida. Y mayor estabilidad emocional equivale a plenitud sexual.

La lencería es un indicador de cómo se lleva a cabo tu actividad sexual. En México se descubrió que la fantasía más recurrente del hombre es tener sexo con su pareja –no con Pamela Anderson– disfrazada de conejita de Playboy, enfermera, doctora o corredora.

En la lencería no existe el blanco. La lencería sólo tiene un objetivo erótico sexual.

Me he dedicado a estudiar las telas, qué impacto puede tener una tela en tu juego sexual. Por otro lado, también en mi investigación encontré que la tela más cachonda es un tipo nylon, que es extraordinariamente suave.

La piel es la parte más erógena del cuerpo, y cuando hay una textura, suave, la que sea, hay más excitación. Hay que educar a tu piel para que vuelva a sentir. Las mujeres podemos tener orgasmos sin tocar el genital; eso se logra concentrándose y te lo da la disciplina de la masturbación.

El erotismo para mí es la creatividad, la imaginación, el uso de los sentidos, el oler, el palpar, el tocar, el erizar tu piel, pero, sobre todo, la concentración en lo que está adentro de ti, de tus emociones.

La plenitud sexual tiene que ver con experimentar, con permitir que la sensibilidad en ti regrese porque se pierde.

Volviendo a la lencería, la edad determina en gran medida el gusto por ella. A las mujeres de veinte años no les gusta ponérsela, creen más en el calzón sexy, creen más en su poder sexual, piensan que no es necesario, y además al hombre no le gusta que se lo pongan a esa edad.

Las mujeres de treinta años empezamos a buscar artimañas para encontrar la plenitud sexual; en la lencería, algo más pegadito al cuerpo, que se note el seno erguido. Las de cuarenta empiezan a usar algo más holgadito, quieren ocultar un poco su físico y, más que nada, no quieren ser calificadas: "No me voy a poner rojo porque eso es de puta. El liguero. Ay, no, ya no tengo edad para eso". ¡Imagínate, si eso piensas a los cuarenta! Las de cincuenta no quieren usar lencería, alegan: "No es necesario, con todo lo que he vivido, para qué me lo pongo ahora. Ya lo conozco". Las de sesenta, en su mayoría, esperan que ya no haya actividad sexual, sobre todo si su hombre siempre fue un pésimo amante. Es más, le piden y le suplican al señor, pero al del cielo, que ya no se les pare por favor. Las de setenta dicen que están locas las que tienen sexo, ya ni al caso, están viejitas.

En lo que respecta a los aparatos sexuales, el tabú más importante es que el hombre piensa que éstos son para las viejas. Es absurdo. La vibración nació para los hombres, y no para las mujeres, nació para estimular la próstata, que es el punto más sensible del hombre.

En México empezamos a utilizar el aparato sexual contra todo tipo de actitudes conservadoras. En los últimos cinco años, espacio en el que he trabajado en las relaciones públicas de los juguetes sexuales para México, en verdad ha sido extraordinario el cambio. Hay que ofrecer educación sexual a cambio de que tengan a la mano la posibilidad de diversificar sensaciones y estímulos, que te lleve a un fin. Las parejas entramos en una rutina sexual y en la parte cíclica de aburrimiento. ¿Para qué te sirve un aparato sexual? Para probar: si hoy te pusiste rosa, mañana, negro. Si ayer probaste un orgasmo especial, y hoy uno estándar, ahora usa un aparato. El sexo oral compaginado con una vibración es extraordinario. De hecho, el mejor orgasmo de un hombre es cuando le pones la vibración de manera exterior en toda la zona genital. Y si al mismo tiempo que le estimulas la próstata, lo masturbas o le haces un sexo oral, éste es el mejor orgasmo del mundo.

Ahora bien, el aparato es únicamente recreativo. Sólo suple cuando hay problemas de erección. No se puede sustituir a la persona por un aparato. Hay que variar. Yo no recomiendo siempre en todo momento los aparatos, porque acostumbrarte a ellos puede alejarte del gozo de compartir y sentir al otro.

Cuando las mujeres adquieren un aparato, lo que se llevan es un orgasmo. Los hombres también los compran. Hay un aparato que es un anillo, es de las cosas que yo más vendo, que se coloca en la base del pene. Existen demasiadas cosas chafas en el mercado, muchas cosas inútiles. Hay que saber qué necesita cada quien.

Si utilizamos el aparato en el preámbulo, me voy a relajar, me concentraré más en mi actividad sexual y me predispondré más a estar excitado en un ambiente menos brusco.

Para convencer a una persona que no se permite usar un aparato sexual se requiere darle información. Por ejemplo, que es importante diversificar, salir de la rutina, pero sobre todo –yo lo he comprobado–, que las parejas que tenemos mejor sexualidad o la desarrollamos mejor somos las que más alternativas de satisfacción buscamos para el otro. Hay que atrevernos, es algo placentero, es una herramienta.

En México no ha habido un estudio, una encuesta básica al respecto de los aparatos sexuales, yo me baso en los números de mis clases, de eso sí puedo hablar. El porcentaje de mujeres en mis clases que usan un aparato sexual es sólo de treinta por ciento, el setenta por ciento restante nunca ha utilizado la vibración. Cuarenta y cinco por ciento de las mujeres a las que les doy clases al año, se masturban. Es gravísimo. Sesenta por ciento de los hombres en todo el país padece de eyaculación precoz, y lo sé porque trabajo con Pfizer, trabajo con Viagra. Imagínate que un hombre padece de eyaculación precoz y su mujer no se masturba, ¿qué expectativa tienen de sentir placer?

Otros datos que me gustaría mencionar son, por ejemplo, que en México el hombre sigue siendo machista, piensa aún que el vibrador es para las mujeres. Cuando a un hombre se le pone un vibrador enfrente lo primero que hace es achicarse, pensando que va a ser sustituido por ese aparato.

La mujer, por su parte, piensa que el vibrador le va a dar más placer que el hombre, le tiene miedo, y por eso no lo compra ("¡Ay, no, qué tal si me gusta más el vibrador que mi marido!", me han dicho). Desde luego, eso no es cierto. Como en todo hay un punto de equilibrio. Para mí el vibrador es la parte exprés que te hace sentir bien, te permite llegar a un orgasmo sin complejidades. Y lo más importante es que te abre la puerta para el erotismo con tu pareja.

Muchas mujeres no saben qué son los dildos. Un dildo es lo que no vibra y, por consiguiente, no sirve para nada, todo lo contrario del vibrador; realmente la vibración de un juguete es un parteaguas en el estímulo. Hay vibradores multiorgásmicos, porque estimulan al mismo tiempo el clítoris y el punto G. Todos los vibradores son para hombre y mujer.

Todo lo que vibre es útil, ¡incluyendo lavadora, batidora, licuadora! Acérquense a una lavadora en funcionamiento, pongan su clítoris en la esquina y en tres patadas tienen su orgasmo. Hay una gran cantidad de juguetes para el estímulo anal, para el juego sadomasoquista, juguetes específicos para la comunidad *gay*.

No importa la orientación sexual, todos tenemos un sadomasoquista dentro. Por ejemplo, a veces la pareja te jala y te lo introduce fuerte, o al darte un beso te muerde la lengua, o te da una nalgada. Todo eso de alguna manera es un tanto sadomasoquista. De igual manera, las mujeres que aguantamos a un marido inepto, un sexo oral pésimo, y que en lugar de hablar lo callamos, eso para mí son formas de sadomasoquismo.

En el sexo no debes hacer aquello en lo que no estés de acuerdo o que te cause dolor, siempre y cuando no seas de las personas que goce con el dolor. No tengo por qué complacer a alguien si siento que daña mi autoestima.

La manera de hacer que un aparato sexual comience a formar parte de la relación de pareja es dar primero un masaje corporal. Pones a tu pareja boca abajo y no usas nada que tenga forma fálica porque lo primero que vas a sentir es algo agresivo. Hay muchas opciones, hay algunos en forma de lápiz labial, o de lo que te guste. Entonces, primero estimula a tu pareja, cachondéalo, acarícialo y con el aparato empieza a desestresar el cuello, la nuca, de hecho poniendo la vibración en donde creas que le guste. Estimula las terminales nerviosas de la próstata en el hombre que como, dije, están en los testículos, toda el área del perineo, y toda la entrepierna hasta la rodilla y luego los pies. Sube otra vez y cuando llegues a la rodilla, pon el vibrador en la entrepierna, empieza a subir y déjalo en perineo o en el ano de manera exterior, no introduzcas nada en ningún lugar para no herir susceptibilidades. Ahora pide que se voltee boca arriba, ponle otra vez la vibración en perineo y puedes hacerle sexo oral, o subirte en él; contigo arriba y con la vibración en la próstata, todo es fantástico.

Hay que perder la pena o el miedo al juguete sexual. El ser humano le teme al placer, a ser sustituido y, en particular, a sentir que un aparato compite con su actividad sexual. No compite, en absoluto. Es un ingrediente más de la diversificación de mi vida sexual. Un juguete sexual es para eso, para jugar. Cuando somos adultos dejamos de jugar. ¿Te das cuenta de eso? Todo el mundo vive añorando el pasado, por la adrenalina, porque antes sí me atrevía, porque antes sí se lo hacía en cualquier cochera, y ahora ya no. ¿Qué pasó? ¡Dejamos de jugar!

Operan más de seiscientas tiendas de juguetes sexuales en este país, pero hay muchas clandestinas que no registran y que compran directamente en Estados Unidos. Es necesario informarnos, por ejemplo, con respecto a la venta de juguete clandestino. Hay unos plásticos que cuando tienen contacto con el sistema nervioso o con el torrente sanguíneo resultan cancerígenos. Se trata de un plástico hecho en China, que está prohibido y que lo usan para juguetes sexuales. Hemos descubierto esos aparatos en la zona de Tepito.

Los buenos son los que tienen etiqueta de la empresa importadora que contiene datos del producto, especificaciones de plásticos y demás; debe comprobarse si no se ve corriente, si no está rota la envoltura y los colores de la etiqueta, eso te dice si es imitación. Además, en promedio un buen juguete sexual te cuesta trescientos pesos y esto te lo venden en ciento veinte. Ten cuidado, no debes usar cualquier cosa.

Los aparatos sexuales de la empresa para la cual trabajo no dan toques, por ejemplo. De hecho, ochenta por ciento de ellos son a prueba de agua y eso significa que puedes mantenerlos higiénicamente impecables. Después de que los utilizas los puedes lavar con agua y con jabón y quedan muy bien, yo recomiendo que sean a prueba de agua.

El mejor lugar para guardarlos son las bolsas resellables. Con esto evitas que estén en contacto con polvo, por ejemplo; de todas formas, siempre hay que lavarlos antes y después de usarlos.

Otro aspecto importante de un juguete sexual es que no puede usarse sin lubricación. El efecto de la vibración combinado con la lubricación es espectacular, es una sensación magnífica y no te lastima. Las mujeres creen que lubricar es sinónimo de que ya no funcionan bien sexualmente. Pero con el lubricante el aparato funciona mejor, enriquece tu placer y te provoca la sensación de orgasmo, no de dolor.

Quiero recalcar que el verdadero placer es la autoestima, esto es, la seguridad, el enriquecimiento emocional y las ganas de vivir. Así podemos construir y trabajar nuestra plenitud sexual, sin importar la edad que tengamos ni los miedos ni las culpas. Las culpas y los miedos que impiden tener plenitud sexual sugiero se trabajen por medio de la masturbación. Una mujer con demasiadas culpas, demasiados tapujos, demasiados prejuicios, puede utilizar la masturbación como un paso para empezar a quererse. Y en la medida en que se empieza a querer, empieza a sentirse mejor. Para muchos el sexo oral es sinónimo de suciedad, de cochinada. Por tanto, cuando las mujeres empezamos a masturbarnos, a conocernos, a sentir y nos damos cuenta de que, aunque tengamos veinte, treinta, cuarenta, cincuenta, sesenta, setenta o más años tenemos la capacidad de llegar al orgasmo y eso nos hace sentir que estamos vivas.

La masturbación no suple hacer el amor, estar con alguien y sentirlo. Para que tu salud sexual sea equilibrada debes tener una vida sexual activa y masturbarte de manera independiente. Las dos cosas. Si no realizo una de ellas, no estoy bien equilibrada. No descartemos la posibilidad de sentir rico. Desarrollemos nuestra sexualidad. ¡Que no nos dé flojera! Músculo que no se trabaja, se atrofia. Y en la masturbación, lo primordial es que conoces tu mapa sexual. La masturbación también sirve porque es un momento en el que guardo silencio. Las mujeres no saben guardar silencio y cuando se masturban, se callan y se concentran. No existe ansiedad, no me estresa nada, sólo me concentro en mi placer. Hay que saber que la única posibilidad de que una mujer sea multiorgásmica es por medio de la masturbación, punto. Y la única posibilidad de que el resto de tu vida tengas ganas y energía sexual es por esta vía.

Infidelidad

por Libe Molinasevich

La adicción a personas o codependencia tiene que ver con la infidelidad, porque parte también de ideas irracionales de idealización, que vienen no del presente, sino quizá de una historia de vida, desde esta necesidad emocional de querer llenar precisamente aspectos afectivos que fueron descuidados desde la infancia. En la sociedad en que vivimos se nos habla mucho de la búsqueda del hombre o la mujer de tu vida, de la pareja, del alma gemela o de la media naranja y yo me preguntaría ¿del hombre de tu vida y en qué momento de tu vida? Y es que no somos estáticos, vamos cambiando, tal vez el hombre de tu vida en un momento de tu vida pero al siguiente momento ya no es tan el hombre de tu vida.

También me preguntaría: ¿la fidelidad en realidad es una posibilidad? La fidelidad es el triunfo de lo sociocultural, quizá sobre lo natural, porque los seres humanos a lo mejor no estamos diseñados como un estado perpetuo de constancia amorosa, afectiva, intelectual, etcétera, con una sola persona.

Sin embargo, como seres humanos que somos, tenemos la posibilidad de decidir y creo que la fidelidad es eso, es una opción voluntaria, es una decisión que tú tomas e implica trabajo y responsabilidad ejercerla. De no ser así, nos quedamos con esta parte idealizada de que la relación debería continuar con la misma pasión con la que empezó, y que esa química desbordante y las mariposas en la panza deberían estar presentes todo el tiempo. Y cuando eso no sucede quedamos expuestos, empieza a haber aburrimiento o necesidad de llenar el vacío que se genera. Entonces, como parte de la masculinidad y feminidad que tenemos encontramos satisfacción en la mirada de admiración y de deseo de los otros o de las otras.

Una cosa es el ideal y otra, la realidad cotidiana. Estamos expuestos constantemente a muchos estímulos.

Muchas de las justificaciones de la infidelidad hacen referencia a que no es lo mismo ser infiel que ser desleal, la gente alega que la lealtad no necesariamente va de la mano de la fidelidad. En efecto, son dos conceptos distintos y dentro del concepto de lealtad entra tu propio código de ética moral, pero que probablemente no tiene que ver con el otro. Por ejemplo, en mi caso los hombres de las mujeres de mi familia o de mis amigas o mis pacientes son asexuados, no los veo como hombres, estoy tan programada para ello que los anulo. Y es que creo que sería una gran deslealtad que, habiendo tantos hombres en el mundo, yo me enredara con el hombre de mi amiga o de mi prima, o con un paciente que me está entregando su alma en consulta. Éste es un trabajo que lo tengo tan hecho, que de veras me puedes poner a quien quieras, al hombre más guapo del mundo, y no lo veo como tal. Ahí soy fiel a una lealtad para la gente que quiero y elijo.

Por otra parte, yo mantendría como infidelidad estas relaciones que se presentan en una pareja y que permanecen de forma oculta, que no son ventiladas por sus miembros, que se mantienen en secreto. Ésa sí es una infidelidad, porque si tú lo hablas con tu pareja, eso es un acto infiel al haber mentira de por medio.

Sé que existen parejas abiertas que entran a un club de *swingers* o que establecen reglas: "No me cuentes" o "Sí cuéntame" o hasta "Me excita que me cuentes, y tú puedes hacer esto y yo puedo hacer aquello, siempre y cuando te cuides y no te enamores del otro". Algunos ponen en práctica estas reglas. Pero al estar en una relación no eres un robot programado y ¿quién te dice que aunque empieces con un "Nada más me echo un *affair* y no pasa de ahí", no te irás clavando con la persona y entonces sí le eres infiel a tu pareja, cuando tú supuestamente tenías esa lealtad mal entendida? Es más, muchos hombres aducen: "Yo no le he sido infiel a mi esposa, porque nada más me voy con prostitutas o con *teiboleras*. ¡No es infidelidad, porque no mezclo emociones!".

Pero la infidelidad implica la mezcla de emociones. Ahí depende del código de la pareja. Por ejemplo, una esposa puede reclamar: "Fuiste al *table dance*, te metiste al cuartito y te bailaron, dejaste expuesto parte del erotismo que a mí no me estás dando, ¡para mí eso es una infidelidad! En cambio, otra persona puede decir: "¿Qué tiene de malo?, se fue a divertir un rato y es mi marido, o es mi esposa; aunque se haya ido con su entrenador a dar una vuelta y a besarse no es infidelidad". Por eso creo que el tema está muy relacionado con el código que se maneja dentro de la pareja, pero hay casos en que éste ni siquiera es hablado.

Hoy día veo la cultura de la infidelidad por todos lados, porque también, como una situación natural en el ser humano, buscamos la realización y la felicidad. Pero esa búsqueda está dentro de nosotros mismos; sin embargo, es mucho más fácil pensar que esa energía y esa pasión las hallaré al encontrar a alguien más, en quien voy a depositarlo todo. Entonces, ¿qué pasa?, si yo empecé con una persona con una gran pasión y con muchos proyectos y, ante la cotidianeidad, ante la rutina, eso va disminuyendo y hace falta algo, comienza a entrar un vacío, una sensación de ausencia y muchas carencias afectivas vienen con toda nuestra historia de vida; no es algo presente, también hay situaciones muy subconscientes que pueden llevar a una persona a una infidelidad.

No podemos esperar que el otro cubra y llene lo que nosotros no hacemos por nosotros mismos.

¿La infidelidad implica amor? Depende mucho de cómo asuma la situación cada uno. Para algunas personas infidelidad es que pienses en otro cuando estás haciendo el amor conmigo; para otras, es que, aunque estés en mi propia casa, participes en un *chat* erotizándote con otro o con otra; para algunos más es posible que sea infidelidad sólo si tú en realidad sientes amor por esa otra persona y depende de las huellas que tú toques en mí y que me generen dolor. Por eso es tan relativo.

Muchos terapeutas dicen que si no hay amor hacia la otra persona no se considera infidelidad, en tanto que otros sostendrán que depende mucho de en qué medida esté afectando a la pareja esa situación. Porque si se tiene una situación idealista, una idea romántica, y te enteras de que tu pareja salió de viaje y tuvo algo que ver con otra persona o, es más, fue a un *table dance* y sacó a la *teibolera* de ahí, puedes empezar a sentir una gran traición a un acuerdo que tú tenías con tu pareja, o sentirte devaluada y pensar: "¿Qué, yo ya no le erotizo, por qué tuvo que buscar a alguien más?" En ese momento todo este concepto del amor romántico, del de ti para mí y yo para ti y para toda la vida se puede ir al piso, y pueden iniciarse el sufrimiento y una situación de duelo, porque también hay una idea irracional por el dolor que te puede causar la traición.

La fidelidad es un acuerdo y es una decisión, es una opción. Para muchas parejas su opción es: "Nosotros compartimos un proyecto de vida, por tal situación, tenemos un compromiso (según un conocido autor, la pareja es un triángulo equilátero entre lo que es la situación erótica afectiva, el proyecto de vida y el compromiso) porque estamos compartiendo un techo, un espacio, estamos organizados económicamente de tal o cual manera o tenemos unos hijos –o lo que sea–, pero ya no sentimos el erotismo entre nosotros". En este caso es válido que cada quien tenga lo que tenga por fuera y, sin embargo, que no transgreda los acuerdos que se hacen dentro de este proyecto de vida. Es una opción.

La infidelidad implica traición, implica engaño, implica mentira. Por ello, cuando una pareja se abre, para mí ya no es una infidelidad, establecen un acuerdo de que cada uno puede tener relaciones sexuales por otro lado. No obstante, no siempre la infidelidad lleva la connotación de sexualidad. ¿Qué sucede si tú nunca le has sido infiel sexualmente a tu pareja y, sin embargo, dices: "Qué flojera me da mi pareja en ciertos aspectos, a mí me gusta ir al cine con este amigo porque con él sí puedo compartir tal y tal situación, o me gusta irme de retiro espiritual con este otro, porque con él sí siento que compartimos esta situación de almas gemelas"? Si bien ahí no hay una infidelidad quizá sexual, tu pareja podría sentirse desplazada en el aspecto intelectual o espiritual y vivirlo como una infidelidad. Pero en la cultura en que vivimos más bien la connotación de infidelidad se relaciona con una traición al acuerdo sexual, como si un miembro de la pareja se convirtiera en propietario de la sexualidad del otro. La transgresión de esa situación de pertenencia sexual se considera una infidelidad.

Es muy frecuente ver esta ruptura de acuerdos en terapia y las consecuencias dependen mucho de los recursos propios de cada persona, de cómo estén su autoconcepto y su autoestima, porque se crea también una idea muy racional acerca de la traición del otro. Hay una situación en la que la otra persona incumplió con el ideal que teníamos como pareja y cuando aparece la infidelidad ocurre una ruptura de la imagen idealizada y esto trasciende al fracaso de la fantasía de todo un proyecto que había. Puede ser muy fuerte, puede ser un dolor grave, una situación de duelo, una situación de pérdida, una sensación de injusticia. Puede empezar a haber un vacío tremendo que te haga caer en una depresión, una rabia que te lleve a un deseo terrible de tomar venganza o de destruir a la pareja o a la otra o al otro. Las consecuencias pueden ser ésas o llegar a acabar un mal matrimonio o una mala pareja e integrar una mucho mejor, siempre y cuando se examinen y se realicen a fondo los estudios, las averiguaciones y las razones subyacentes que te llevaron a ese engaño.

Muchas veces se piensa o se escucha que el otro es infiel porque no tenía el calorcito suficiente en casa. Es injusto que esa persona no hable de lo que le falta. Puedo primero expresarlo y si no logro arreglarlo, termino y luego reempiezo otra situación. Eso es lo ideal, pero en la realidad no es tan frecuente verlo. Las parejas no terminan y empiezan otra relación, es como si hoy día se practicara el deporte de la conquista, como si al sentirme atractivo y deseado a los ojos de los otros me reafirmara a mí mismo y no hiciera el esfuerzo suficiente para mantener este trabajo de vida que es lo que te lleva a una felicidad constante: estar al lado de la pareja que yo elegí para vivir juntos.

La manera como crecemos con la idea de encontrar al "efectivo", al amor de nuestra vida, a nuestro príncipe o princesa, y como nos regimos por eso, influye. Estamos mal educados, me parece que quizá la felicidad duradera se conseguiría con un trabajo constante enfocado a alcanzar tus propios objetivos de vida y a realizar tu vocación de vida y en el camino compartirlos, punto. Todos nacemos con dones y con limitaciones, con vacíos y carencias, pero en realidad la felicidad sería buscar cuál es mi vocación de vida y llevarla a cabo, con pasión, con gusto, cómo trascenderme a mí mismo, cómo poder estar para el mundo que me rodea, para luego estar con otro.

Sin embargo, estamos muy abstraídos en nosotros mismos, y cada vez padecemos más la enfermedad que nos ahoga y que se está convirtiendo en la peor pandemia: la depresión acompañada de angustia y ansiedad. Me parece también que estamos viviendo en una sociedad muy narcisista donde se privilegia la imagen antes que las necesidades reales. Esto nos lleva a buscar constantemente parejas ideales y adoptar la actitud de: "Lléname, satisfáceme, diviérteme, entretenme, excítame, mantenme con esta situación de excitación porque es lo que me hace sentir vivo y apasionado ante la vida", en vez de buscar qué tengo yo que hacer por mi propia vida, cómo me desarrollo, ¡cómo me responsabilizo de mí!

Además, ¿quién no tiene carencias en la vida? ¿Quién no ha pasado por un momento en que no fue atendido, donde por más que le hayan dado afecto no era exactamente lo que quería? Así, empieza a buscar el ideal, intenta llenar todo eso con otra persona, y piensa que es real que lo encontrará en el otro. Eso es una sobreidealización de lo que es la pareja, porque es el núcleo que forma la sociedad. Todo está hecho para estar en pareja. Todos los vacíos, todas tus necesidades, todas tus habilidades, en vez de echarlas a andar por otros lados las enfocas a la búsqueda casi desesperada de la pareja ideal. Y si no la encuentras, ¡frustración! Y si te son infieles, ¡tragedia!

La infidelidad de un hombre suele aceptarse más al catalogarlo como "cabrón", en tanto que si se trata de una mujer se le cataloga como "puta". Esto tiene que ver con una sociedad muy patriarcal, muy falocrática, con que vivimos en este tipo de núcleo, y aunque está cambiando en cierta forma, hay que analizar que eso da origen a la infidelidad. Es impresionante cómo hoy todavía hay hombres que dicen: "Sí, la estoy pasando muy bien con ella, pero así como para que me enamore…". Ya se están programando a ver de quién sí se enamoran y de quién no. "¿Qué quieres decir con esto?", "Es de esas mujeres que las otras mujeres que son mis amigas, mis hermanas y mi mamá hablarían mal de ella, pero bueno, la pasamos bien juntos." Hay como un desfase entre la chica de quien puedo enamorarme, vivir con ella situaciones emocionales y quizá verla como la futura madre de mis hijos y la señora respetable, que además comparta mis bienes, y aquella de la que no me enamoro, sólo juego con ella y me erotizo con ella. Esto viene de tiempos muy remotos, desde que se empiezan a hacer los trueques en las hordas primitivas, de los hombres que comienzan a acumular muchos frijoles y vacas, y otros arroz y chivos, y dicen: "Mis mujeres van para allá y tus mujeres vienen para acá", de ahí viene la idea de la virginidad que sólo tiene que ver con la herencia del hijo mayor. Y para que tus niñas bonitas y bien lleguen vírgenes acá, tus niños pueden jugar sexo sucio con las esclavas, con las hijas de las sirvientas, y ya estuvo. En el inconsciente colectivo filogenético se trae arrastrando eso de que con la que me erotizo, es muy sexy y a quien todos los hombres ven, a lo mejor no sería mi esposa, la mujer respetable y la madre de mis hijos. Por tanto, mejor me caso con la que no me erotiza y es la mujer respetable, pero al rato estoy buscando a quien me apasiona, me excita y me erotiza, y es cuando salgo en búsqueda de la otra.

Las mujeres son más discretas en el asunto de la infidelidad y no sé si lo sean tanto como los hombres. Las mujeres siguen dividiéndose en aquellas que son más honestas y sinceras y dicen: "Pues la verdad sí he salido con otros, pero si estoy contigo me puedo comprometer", y las que afirman: "Ay, no, yo me quedo en casa aunque no me guste", la mujer que sigue fingiendo ser la santa, la puritana, la que no desea nada, la asexuada. Lo importante es cómo te sientes ante ciertas decisiones en tu vida. Si quieres jugar el papel de víctima, no te quejes.

Cuando hay una infidelidad hay un duelo, hay una pérdida muy fuerte, se pierde el objeto amoroso ideal y el perdón a veces es difícil. El volver a confiar cuesta trabajo y puede ser que algo se rompa sin remedio. O puede ser que si son dos personas maduras y de veras pueden darse cuenta de que en una relación no hay eso de que tú tienes ochenta por ciento de la culpa y yo el veinte, sino los dos tienen cien por ciento de la responsabilidad de lo que suceda entre los dos, entonces se puede hablar de la posibilidad de rescatar algo. Esto ocurre cuando son personas maduras e inteligentes y se dan cuenta de que todavía hay cosas entre ellos que amerita valorar.

Una infidelidad puede ser el fin de un mal matrimonio, o de una mala relación, y el principio de una relación mucho mejor, pero también depende de cómo lo tomen los miembros de la pareja. Sí se rompe mucho con una infidelidad, porque no es con quién te acuestas, sino el sentimiento de que me siento traicionada y engañada y eso es lo más fuerte de superar.

Si hay una infidelidad en la pareja, para poder seguir juntos debe haber una reparación y un manejo de los sentimientos de culpa, de depresión, de rabia porque sino después la cobranza es muy complicada. También tenemos que partir de la base que la infidelidad no se dio por generación espontánea, no sucedió sin razón alguna. Empieza a haber muchos indicios, advertencias previas de que algo está por suceder o está empezando a suceder. Si tú realmente has tenido una relación fuerte con tu pareja, te das cuenta de su ausencia, si la infidelidad se presentó porque no hay comunicación, no hay química, no hay crecimiento de la relación, eso se siente.

En círculos de hombres se dice que la amante es el triángulo perfecto para conservar un matrimonio. Sí y no, porque de la amante van a depender la flexibilidad y la exigencia, y muchas veces por ese tercero empiezan los problemas serios. La amante también va a querer su lugar y lo exige. Ahí comienzan a involucrarse cosas más complicadas. Carl Rogers menciona mucho la relación satélite. Es importante consultarlo porque la contención de emociones es terrible.

También hay quienes se hacen tontos frente a una infidelidad, que saben que existe pero la esconden debajo del tapete. Tarde o temprano eso va a doler mucho porque tú sabes que te estás quedando callada, lo cual es una agresión pasiva y muy dolorosa hacia ti misma. Parece que el castigo es para ti. Aquí la pregunta es "¿Por qué aguanto esta situación?", "Es porque me conviene, siento que no valgo lo suficiente y no podría encontrar algo mejor". Cuestionémonos por qué no estamos expresando lo que sentimos.

Muchas veces cuando una persona empieza a tener relaciones fuera de la pareja, una forma de tener el hilo seguro es hacerla sentir mal: "Claro, tú te estás abandonando, no sabes hablar, no te arreglas, ¿cómo no me voy a ir con otra? Mírate". Es una devaluación muy profunda para que no digas nada. Y muchas veces la pareja compra esas culpas. El cómo salir adelante para descubrir otro sentido de vida depende de tu autoestima y la exploración de tus habilidades. Pregúntate si tú puedes contigo sola o solo o para qué necesitas a alguien que de forma pasiva no te va a dar el lugar que mereces. Entonces ¿vale la pena seguir solo o sola por la vida y dejar de tener a un bulto a tu lado? Por otra parte, muchas mujeres permanecen con el hombre para decir sí tengo pareja y no estoy sola.

En la actualidad se corren muchos riesgos sexuales por ser infieles. Si la persona tiene relaciones fuera de la pareja o es infiel, y tiene la conciencia de ello, y se protege con un condón, por lo menos es más responsable. Sí hay muchas relaciones en las que no hay protección por ningún lado y se corren riesgos de infecciones sexualmente transmitidas y también por calientes no ven ni siquiera con quién están. En estos casos he visto familias destruidas por amenazas, por chantajes muy feos. Hay que tener cuidado.

Es muy frecuente el tema de los hijos fuera del matrimonio en este país. Muchas veces, no sólo las mujeres, también los hombres, piden marcar un territorio por medio de un hijo, es decir: "Tengo un lugar contigo". Es como dejar huella, como buscar trascendencia mucho más espiritual y más elevada desde otros lugares, pues me embarazo.

Una necesidad del ser humano ha sido dar vida a otro ser humano. Hay parejas que se casan y deciden no tener hijos, pero siguen creando a través de su vocación. Esa huella en el mundo deja algo de nosotros para siempre. Imagínate que esa huella o esa decisión se convierta en una revancha, en dolor, ¡en un caos!

La infidelidad, por otro lado, se puede convertir en una adicción, en una necesidad. Tengo a alguien, ya lo conquisté, hice todo para conquistarlo. Es más, mi esposa me descubrió y ya me divorcié. Ya que conquisté a esta otra y ya no me siento obsesionado con ella, mejor ya no, y empiezo con otra más, ¡entonces la amante se convierte en una más engañada! Es como esta búsqueda de algo que quizás está carente desde la infancia, esa búsqueda desesperada para llenar emociones y vacíos y situaciones desatendidas desde la niñez, que irracionalmente lo queremos hacer mediante la conquista. Una vez que la conquisté, necesito una más, y ya me di cuenta que tenerla no me prende; me prende saber que puedo conquistarla, porque eso me deja la sensación de poder, siento que yo puedo más que dos hombres, porque le bajé la novia o la esposa a otro. Si mi relación era mala con mi padre, y aquí hay muchos elementos inconscientes, quiero darle en la torre al hombre, pero además necesito sentir qué fregón soy, qué galán soy, qué bien estoy todavía, y en el caso de la mujer, qué bonita sigo siendo, qué atractiva sigo siendo, todavía lo puedo conquistar, y por competencia con la otra mujer se lo bajé también a ella. Según lo que a mí me erotiza, porque a lo mejor a mí me erotiza alguien muy guapo, pero a lo mejor lo hace alguien poderoso, y ya no me erotiza el guapo, ahora quiero al poderoso. Pero tal vez el poderoso no tiene la suficiente lana como el dueño del jet privado, también depende de ti qué es lo que valoras. Esto es, depende mucho de tus proyectos y de tu historia. Si tú siempre le diste importancia a la tía que se casó con el súper millonario y se ve preciosa y ha viajado por todo el mundo y a lo mejor dices quiero ser como ella, y lo que te valora es alguien con mucho dinero, pero si tu viviste en una casa con todo el dinero del mundo y tu mamá se quejaba: "Tu papá nunca está, tenemos una pésima vida sexual, míralo, gordo y feo", a lo mejor piensas: "No, yo quiero un galán guapísimo y buen amante, eso es lo que valoro". Lo que más buscas es aquello de lo que careces.

Infiel es quien lo hace una vez o treinta, no importa, de todas formas es la transgresión de un acuerdo. Queda entendido que los acuerdos no se rompen, porque tienen que ver con lealtad, con infidelidad, o con deslealtad. Hay que comprender que el dolor también estriba en que se rompe una imagen de una pareja que quise que fuera y ya no es o que creí que era y ya no es. La infidelidad trae esa consecuencia.

Las filias

por Fernando Figueroa

Los hombres y las mujeres por naturaleza tienen alguna filia. En términos generales, si pensamos que las filias son descentramientos, desviaciones o excentricidades del interés sexual fundamental de la reproducción, todos tenemos una filia que se desarrolla en la infancia y es particular para cada sujeto.

Las filias no son gratuitas, azarosas ni transitorias. Son el resultado de la fijación de la atención y tensión sexuales del niño o de la niña dentro de los primeros seis años en un objeto que les causa placer. Ahí es donde desarrollan este placer preliminar, que es esta excitación anterior a tener el objeto sexual, y el placer genital, antes de llegar al autoerotismo. Estas dos cosas son las que determinan que todos tengamos una filia, pero ésta va a devenir patológica con el paso de los años si ese objeto se convierte en prioritario o en exclusivo en relación con el placer sexual convencional.

Algunos ejemplos son los que van desde que el niño pequeño suele chuparse el dedo porque pareciera que sustituye el pezón del seno materno o el chupón, cuando en realidad es el sustituto erótico del rozar de los dedos de la madre sobre los labios del niño o de la niña. El niño intenta reproducir esta experiencia primera de excitación a toda costa y es ahí donde se fijan las filias, ya que se hace imperativo repetir la excitación. Entonces se lleva el dedo a la boca, empieza a rozar primero los labios y después lo introduce; en el momento en que el dedo toca el paladar, que es la parte más sensible de la boca, se dispara la excitación y lo que era un evento inocente se va convertir con el paso del tiempo en una dependencia urgente para tener placer autoerótico.

En la edad adulta ese dedo se podría manifestar migrando en algunos casos, pero no en todos. Después de empezar como dedo a la boca, este dedo puede pasar a los pliegues como la axila, la ingle o incluso la periferia del ano y terminar en adultos que para poder dormir tranquilos, aun teniendo una preferencia sexual convencional, necesitan estimularse el ano o meterse el dedo en algún lugar para sentirse bien.

Una filia no es una enfermedad, es un desplazamiento del objetivo convencional que es obtener la experiencia de la excitación sexual vía el coito o la exploración autoerótica masturbatoria, pero que se fija no al cuerpo del otro sino a un segmento que se aísla y que adquiere autonomía del cuerpo de otro o de otros o del medio que lo rodea. Un ejemplo es el vouyerismo o el froterismo, que es la idea de obtener placer sexual frotándose. Se obtiene a partir de lo que el medio le ofrece al sujeto en esa edad que es crucial para la construcción de la filia. Y entonces va independizando y su placer ya no está en el autoerotismo o en el acto sexual convencional, sino en el puro pensamiento de tener el objeto, poseerlo y el simple hecho de pensarlo le causa gratificación.

Esto es lo que sucede, por ejemplo, con los pederastas. El pederasta no busca tener relaciones sexuales con los niños *per se*, lo que busca es preparar el encuadre, gozar de la sonrisa, del aroma, etcétera, de todos los elementos preliminares, de lo que idealizó como niño o niña; porque ni siquiera es el jovencito o la jovencita que tiene enfrente, es el producto de su imaginación que al tener entre los seis y diez u once años hubo una aproximación con un joven o una jovencita que por las características andrógenas no muy bien definidas se identificó con él. Su gusto en esa primera etapa temprana fue acercarse, platicar, sentir el aroma, sentir el roce de la ropa, cuando eran niños.

Y esa experiencia quieren, como filia, recordarla, revivirla, incluso reeditarla en la edad adulta, con la colección de la ropa interior o con alguna pieza de indumentaria o de cualquier cosa que utiliza el menor sobre el cual coloca su atención. Es algo que me excitaba hacer de niño, lo busco en la edad adulta y pongo ahí mi placer.

La filia que más se desarrolla tal vez sea la pedofilia, pero no hay datos estadísticos porque la manera en la que se interviene con los pacientes exige toda una discrecionalidad que a veces implica incluso no tener registros, sino expedientes muy pequeños y no se llevan estadísticas sobre este tipo de comportamiento.

La necrofilia es una filia un tanto complicada, no es muy frecuente hasta donde yo sé. De los últimos casos que traté hace algún tiempo eran de personal de hospitales públicos en el área de patología, en la cual, al recibir el cuerpo de un envenenado y un atropellado esta persona, al desvestir los cadáveres empezó a experimentar una ansiedad que estaba asociada con las proporciones del cuerpo de los cadáveres, porque eran personas de una talla mayor al metro ochenta centímetros, fornidos, pero que no tenían heridas. Su atractivo era que el cuerpo estaba íntegro, que aún estaba tibio, que estaba rosado y que no tenía heridas, así que, ahí, se juntaron al menos un par de filias. El paciente se alarmó al descubrir que tenía una cierta modalidad de excitación sexual como si fuese masturbatoria. Y acudió a mí de inmediato a tratamiento.

Por tanto, la necrofilia no es en sentido estricto el coito con un cadáver, porque hay una serie de dificultades por el *rigor mortis* o incluso en el periodo posterior de relajación que impiden llegar a tal extremo ya que no se dispone de un cadáver con tanta facilidad. La necrofilia es la menor filia.

La razón por la que unas personas tienen filias y otras no es que en la etapa temprana el objeto que causa excitación disociado del cuerpo de alguien –ésta es una condición fundamental para que la filia se dé, el sujeto que experimenta placer tiene que desmembrar imaginariamente el cuerpo del otro, tiene que aislar una parte del cuerpo, una parte de la ropa, el dedo chupado, el provocar frotamiento en una cierta parte del cuerpo; por ejemplo, el frotamiento no es en cualquier sitio, es en cierta zona–, en lugar de verlo como un todo, ese niño, esa niña cuando crecen y son adultos sacan de ese cuerpo ese pedazo y es cuando se convierte en el objeto de excitación continua. Mientras lo está extrayendo reconstruye un sujeto detrás de ese pedazo que es ideal para él. Al fin y al cabo no le interesa el sujeto donde su filia está concentrada, lo que le interesa es el sujeto imaginario que construye una vez que tiene el fragmento, la mutilación, alguna parte del sujeto.

Es decir, poniendo como ejemplo otra vez a un pedófilo, él no se excita con una niña o con un niño sino quizá con el recuerdo de algún olor, del tacto, de la mirada de algún evento que él vivió en su infancia que le produjo placer, que le produjo excitación y que intenta revivir en la edad adulta. Así es como construye. Evidentemente, hay extremos. Tenemos esta posición, que sería la más "inocua" porque en realidad no daña a nadie. Este pedófilo visita las escuelas de niñitos o los lugares en donde los hay, los mira y los construye en su imaginación; sustrae, sobre todo de centros infantiles y albercas, algún objeto del niño que elige (obtenerlo es parte de la filia) y después construye a su niño idóneo con el objeto. En tanto, el otro extremo es el delincuente que atenta contra la vida del menor, que es capaz de destruirlo, de mutilarlo para obtener ese fragmento que la filia le empuja a construir su excitación. Ésta ya sería la parte de una patología muy profunda y arraigada. Y es un delito, punto.

Por ejemplo, hablando de zoofilia recuerdo un caso, una familia en la que los hermanos habían adiestrado a un perro dálmata para que les practicara sexo oral. Estos dos hermanos tenían un cierto contacto relativamente íntimo entre ellos y con un amigo más, aunque lo curioso es que su conflicto no radicaba tanto en eso, sino justo en esta gratificación con el lengüeteo del perro sobre sus genitales que ya empezaba a ser una necesidad urgente. El sujeto de filia se percata de que algo no anda bien cuando descubre que su preferencia segmentaria es muy repetitiva, urgente, impostergable y que no puede controlar. En ese momento acude –a veces– al análisis.

Los hombres o mujeres con alguna filia logran tener desarrollo sexual placentero en otros ámbitos, incluso en el convencional, no necesariamente en lo que se refiere a la filia. Pueden sostenerse bien entre ésta y el comportamiento sexual convencional, sea cual sea la preferencia sexual de la que se trate. Pero hay ciertos casos en los que el objeto de la filia se sobrepone con urgencia a obtener placer por la vía sexual convencional. Ésta no es suficiente.

Pensemos en una pareja que tiene relaciones sexuales satisfactorias, pero uno, o los dos, tienen una filia, en algún punto van a sentir mayor placer al desarrollar esa filia. Incluso pueden practicarla sin que se percate la pareja durante muchos años y llevar una vida "inocente". Por ejemplo, el simple hecho de dormir con un hombre que no sabes que es pedófilo sería un caso un tanto cuanto extremo.

Hemos visto que en la pedofilia, la mujer, la pareja, es cómplice de las circunstancias sin ser ella la que le saca jugo a la filia. Esto sucede porque de alguna manera la filia no ha sido tipificada en la doble moral mexicana. Las filias, aunque parezca sorprendente, salvo las extremas, son comportamientos raros, excéntricos, algo desagradables pero plausibles, desde el hecho puramente fetichista en el que un sujeto desarrolla una preferencia sobre la ropa interior masculina o los disfraces, lo cual puede convertirse en una filia. Mientras con el objeto o recuerdo de algo que te excita no se rebase la sexualidad convencional, el sujeto no presentará problema alguno.

El problema actual en el terreno de las filias es que la oferta de consumo de productos sexuales como la "pornografía", aspecto muy discutido y delicado, ha venido a satisfacerlo. Una filia es, dicho llanamente, el hecho de tener una cámara y una computadora, y compartir una sesión de masturbación mutua. Esto ya comienza a convertirse en una filia y no está tipificado. Incluso hay filias que tienden a desaparecer en virtud de que hay esta facilidad de autoerotismo a través de Internet y ya la pareja se acostumbra. El esposo o la esposa ve a su contraparte que se está masturbando en una sesión de grupo y llega un momento en que dice: "Prefiero eso a que se vaya a ir con alguien". Y empieza a regularizarse. Ésta es ya una realidad.

Uno de nuestros problemas es que la filia tiende a normalizarse y a regularizarse por la propia sociedad por un acto de repetición constante. Como no causa daño a terceros en sentido estricto, salvo los casos extremos, queda como una forma de experimentar placer sexual no convencional y eso incluye llegar a ciertas prácticas de riesgo pero que no van a dañar más que el cuerpo de quien las experimenta y el consumo de programas de televisión también extremos en donde vemos cosas que nadie en su sano juicio pensaría que pueden existir.

Una filia curiosa es aquella en la que se deriva placer sexual de ser tratado como un caballo. Entonces el sujeto asiste a una granja en Inglaterra o en Estados Unidos en donde es tratado como un caballo, se le adiestra para que se comporte como tal y el asunto es maravilloso para el sujeto, le excita. De eso obtiene placer sexual, de tener el cincho, la brida, el bocado, ¡de sentirse caballo!

Otra filia es la de hombres y mujeres a quienes les gusta ser tratados como niños pequeños, con cuna y pañales de adulto y ungüentos con olor a bebé. En realidad es un acto masturbatorio descarado pero está revestido de esta parafernalia que parece ser inocente. Hay un servicio que ofrece tratar a adultos como niños de pañal y adultos que quieren ser así. Entonces, llegan, se acuestan en la cuna, le cambian el pañal, son evidentemente masturbados en ese momento y su necesidad sexual se satisface.

Si yo sólo obtengo placer al pagar por el sexo, eso puede constituirse en una filia. Si yo sólo veo pornografía mediante la cual me excito, impresa, televisiva, radiofónica, eso puede convertirse en una filia, siempre y cuando sustituya a la excitación y al acto sexual convencional. En el momento en que se independiza y se sobrepone al acto sexual convencional, cualquiera que sea la preferencia, ya hay un riesgo de establecer algún tipo de filia.

Las filias no existen en ninguna orientación sexual determinada. No importa la preferencia, dentro de las que hoy han sido normalizadas, es decir heterosexualidad, bisexualidad, homosexualidad, transgeneridad o transexualidad. Estas cinco están normatizadas y normalizadas; esto es, por la frecuencia de casos en la que se presenta esa orientación o esa colocación o esa decisión sexual tienden a ser "normales". Ya ni siquiera la heterosexualidad es el fin tradicional de la gratificación sexual. Si bien es cierto que en el psicoanálisis con Freud o con Lacan, éste es el fin fundamental, la reproducción, y el obtener placer del autoerotismo es el retorno a fases primarias de la práctica sexual como tal, y que se usó el término de "perversos" para estas personas que tenían una derivación del acto sexual "normal", eso ya no se usa. Sin embargo, todavía hay algunos psicoanalistas fundamentalistas que lo quieren aplicar. Perverso era el que no utilizaba una relación sexual con fines reproductivos. Cualquier otra modalidad, autoerótica o no, era perversa, pero eso ha cambiado para muchos.

Hoy no es muy fácil precisar lo que es perverso porque esto tiene que ver con una trampa, con una burla que hace un sujeto, hombre o mujer, respecto de la norma que impera en su grupo social. Es decir, engaña con toda la alevosía y dolo para conducir y obligar a un sujeto a comportarse sexualmente de una manera en que no lo haría si no fuese impulsado por este sujeto. Pero, además, se obtiene gratificación. Para el perverso, el sólo conducir sobre una trampa de oso a un sujeto para que se comporte sexualmente como nunca lo hubiera hecho, le causa una profunda gratificación, lo excita mucho.

En páginas anteriores hay el caso de una mujer que mientras está dormida siempre es despertada por la erección del marido intentando penetrarla y abusar de ella. Eso no necesariamente es una filia. Sí habría que pensar un poco qué es lo que relaciona la excitación del marido estando dormido respecto de la esposa. Hay cierto tipo de pacientes que necesitan que su pareja sexual, oficial o no, se comporte como alguien desvalido. Es decir, hay una construcción de violación, de violador, en este sujeto y necesita gozar de la indefensión de su pareja por estar dormida o por lo que sea; será lo único que le haga desarrollar excitación, sostener la erección y obtener placer orgásmico. Si no siente al otro desvalido no hay ninguna gratificación y el juego no tiene sentido. Y ahí empezamos con los líos porque una cosa es que la pareja se sorprenda porque no entiende, porque no acepta o porque son las primeras ocasiones y se alarma, y otra es que diga: "Así es el asunto y así lo llevaremos y me estaré durmiendo cada vez que sea necesario para que él sienta placer, aunque yo no lo sienta".

Se debe permitir lo que el otro me pide hasta el punto donde no me cause ansiedad, angustia o algún estado depresivo como resultado de una sensación de abuso. El lindero es muy incierto porque lo que bajo ciertas condiciones una pareja puede aceptar es posible que para otra no sea tan gratificante y desencadene un cierto displacer. Es decir, lo que se puede practicar durante un cierto número de veces puede terminar por aburrir y desilusionar y ahí termina o bien, por enfurecer, deprimir y convertirse en un verdadero problema. Ése es un foco rojo. No hay que permitirnos hacer lo que no queremos hacer. Si lo permitimos tendremos que afrontar las repercusiones de ese acto y de todas maneras, tarde o temprano aparecerán el displacer y la molestia, lo cual puede convertirse en una verdadera ofensa, sensación de abuso y conducir a la conclusión de la relación de pareja.

Decir que algo no nos gusta es fundamental. Como la inercia del acto requiere percatarse de si en efecto hay un mutuo acuerdo y hasta dónde, al concluir el evento uno quedará plenamente satisfecho pensando que la pareja lo aceptó y la pareja es capaz de aceptar algo que le resulta insultante y no decirlo para no afectar la relación o porque considera que así deben ser las cosas. Para eso también la información es esencial.

En el sexo está prohibido, sobre todo, poner en riesgo la integridad psíquica o física del sujeto, prácticas que con la manera de establecer el acto sexual puedan implicar herida o humillación a la pareja. Por desgracia, esto es muy frecuente y en sociedades como la nuestra parece que tiende a incrementarse.

En consulta se ven desde abusos en verdad sorprendentes en términos de la relación amo y esclavo. En ella la pareja, en una cierta dependencia obsesiva de su contraparte, tiene que aceptar ser humillado o humillada de manera sistemática hasta el punto de construir verdaderas historias de terror: golpes, sangre, eventos extremos, o bien, desarrollar una profunda percepción frustrante de que su matrimonio o su relación de pareja es en realidad un acto de dominación en el que nadie sabía que la pareja se podía convertir en un amo despiadado.

Las filias pueden ser tratadas y superadas. Como en casi todo el terreno de la terapéutica psicoanalítica son fundamentales la disponibilidad y la disposición del paciente para resolverlo. Lo único es que ahí es donde está el problema con el perverso legítimo. El perverso no suele llegar a esta terapia y mantiene toda esta dinámica en forma indefinida. Aquellos que llegan a terapia llegan para disfrutar de cómo ponen contra la pared al propio analista y de ahí se desprenden prácticas terapéuticas a veces viciadas, deshonestas, que son estos mitos de que todo paciente termina por acostarse con el terapeuta. En realidad no es así, sino que se trata de pacientes de estructura perversa que hacen caer en la trampa al terapeuta y terapeutas jóvenes o mal adiestrados en la técnica que piensan que parte del acto terapéutico es tener algún tipo de comercio sexual con el paciente, porque eso de alguna forma conducirá a la cura. No hay tal, se es víctima de un perverso.

Si nos identificamos como víctimas de un perverso, se tendría que analizar si lo estamos gozando, si vamos a gozar en el futuro haber sido parte de un montaje perverso, o bien, si nos percatamos de que se trata de eso y lo rechazamos en plenitud. Pero en cualquiera de los dos casos lo primordial es cuán acorde se está con lo que el sujeto es en profundidad. Las filias están en todos nosotros, desarrolladas en una forma u otra, incipiente o muy acabada. También es cierto que el rasgo perverso que caracteriza a la neurosis convencional, esta demanda por triunfar, por demostrarle a papá que se es hija o hijo digno de él, implica que hay un rayoncito de perversidad en donde podemos disfrutar ser víctimas de una estructura perversa, de un sujeto perverso, de un acto perverso. Pero logramos decir: "No lo vuelvo a ser, hoy me di cuenta de qué se trata y hasta ahí llegó", y tal vez con el tiempo se pueda repetir. Sin embargo, nos percatamos conscientemente de que hay este rayoncito en nuestra estructura.

Entonces, de ser víctima pasas a ser cómplice, complicidad que puede ser consciente o inconsciente. Como es evidente, todo aquello que es inconsciente es infantil y es, por ende, polimorfo perverso: adquiere la forma que convenga para meter en la trampa al otro, someter al otro.

Puedo vivir con un perverso y disfrutar en el fondo esa perversión porque es una manera de manipularlo, de controlarlo. Ahí se puede recordar a este niño o niña precioso que son capaces de sacar lo que sea de un adulto con una sonrisa, mirada, gesto, la palabra idónea, el movimiento preciso, lo que los convierte en niños de azúcar o de oro, que en realidad sólo se trata de niños que están desarrollando y poniendo en juego su rasgo polimorfo perverso que en un momento dado pueden convertir o devenir en estructura perversa plena. Yo hago como que soy para sacar provecho de ti.

Sobre el fetichismo es la irrupción de un objeto sexual como motivo exclusivo y único de la gratificación o excitación sexual para alcanzar el orgasmo. No necesariamente puede constituir una filia pero ya en este terreno, en ocasiones sí puede llegar a serlo. El fetichista requiere recoger de los objetos que nos rodean en el mundo, sus cuotas de amor y de odio que ponemos en todo, y lo concentra sobre un solo objeto que tiene una herencia, que es el heredero de una pulsión sexual parcial infantil. Puede ser de la etapa oral, de la etapa anal o de la genital; esto no tiene que ver con las estructuras de las que hablan, sino con las palabras que se usan por parte de mamá para erotizar una parte del cuerpo del niño.

Si mamá habla y con su voz cálida, cadenciosa, acaricia el cuerpo del niño o de la niña, las palabras van a ser las que gratifiquen al sujeto en el futuro. Ésta es la parte oral.

Si le dice al niño "¿De quién es esta mano, esta pierna, esta nalga, eso o aquello?", significa que es sólo de mamá y no se lo prestes a nadie.

Además, tenemos una fase retentiva que es la anal. O cuando papá y mamá de repente tocan el cuerpo del niño o de la niña y aparece tumefacción en el pene o en el clítoris o viene excitación o hasta el orinar y entonces papá o mamá sonríen o tienen una frase linda para desplazar la pena del acto, instalan la fase genital.

Todos pasamos en nuestra vida por las etapas oral, anal y genital. El problema es que en la edad adulta tengamos satisfacción sexual a través de cada una de éstas. Si una voz hermosa me produce excitación puedo llegar a ser fetichista de una voz hermosa y obtener sólo gratificación porque alguien me hable bonito.

Cabe aclarar algo sobre estas tres etapas. Todas deben concluir en una fusión que es la etapa sexual como tal, en la cual las tres cosas quedan integradas a todo. Deben conformarse en una sola que es la de plenitud sexual, que es la salida del Edipo y en su momento de la etapa adolescente. Si permanece, si hay una persistencia aislada de cualquiera de estos tres elementos, hablamos de que hay un retroceso a pulsiones parciales, que es como se llama esto. Al igual que todos tenemos algún tipo de filia, todos hemos atravesado por las etapas y tenemos una cierta preferencia por alguna de ellas, pero no es privilegio constante. Hay quienes responden muy bien a una voz hermosa o incluso a una voz insultativa porque así fue como se erotizaron, al roce pleno del cuerpo o de ciertas partes del cuerpo o bien, a retener amor u objetos, porque de esa manera, cuando los entregan hay una gran plenitud.

Esta construcción parcial, al unirse en el adulto, de todas maneras mantiene una pequeña preferencia en alguno de los tres elementos: porque me hablen bello, porque retenga objetos o porque me toquen. Lo ideal es que tengamos en la adultez el desarrollo de las etapas oral, anal y genital integradas y lo que eso significa. Si todo está integrado en el sujeto adulto, sería muy difícil que apareciera un rasgo fetichista.

Pensemos en ejemplos de gente fetichista: los que obtienen gratificación del olor del cabello y para alcanzarla son capaces de buscar el cabello en cepillos o cualquier otra prenda para coleccionar o acumular cabello, no necesariamente de una persona, puede ser de distintas, pero en el roce, en el tacto con las manos o llevándose el cabello a la boca o a las mejillas obtiene esta gratificación. Detrás está construyendo la fantasía, por supuesto. Toda la construcción de Patrick Suskind en *El perfume* sería un ejemplo de cierta manera de fetichismo, aunque ahí es un poco generalizado, más bien del lado de la filia. En ese caso, el problema del personaje es que no tiene olor de pequeño, es un monstruo porque nadie puede olerlo y empieza a buscar la esencia de la feminidad, pero se convierte en una filia. Se excita y obtiene placer a través de ella. Por esto, el gato y la ropa de la que busca obtener la esencia, para después pasar a la parte fundamental de su filia, que es obtener el aroma de la piel de la mujer, porque ni siquiera era de la mujer como tal o de esa mujer. Era de la que fuera.

De fetichista puedes pasar a una filia o viceversa. En este terreno, las sustituciones a veces son muy sutiles o en distintas etapas de la vida emerge una, la otra se cubre y luego pasa lo contrario.

El fetichista siente que tiene plenitud sexual, pero para alcanzarla necesita de determinados objetos, físicos, que están en contacto con esa construcción imaginaria de una pareja. Si tú te pones determinada ropa íntima, a mí me vas a generar tal o cual circunstancia, siempre y cuando tenga tu ropa interior y la pueda guardar y utilizarla en sustitución de ti. Eso es lo que excita y ése sí es un fetichista pleno. No me excitan tu olor, tus caricias, ni siquiera el acto; me excita la posibilidad de pensar que me voy a llevar tus calzones, o que los tengo en la bolsa, y ya no necesito al sujeto de la contraparte, sino saco de la bolsa la ropa interior, la huelo, me excito y ya, ahí se da todo el placer.

Éste es el placer previo, que es una de las formas más complicadas, más elaboradas de la sexualidad, porque no necesitan del otro físico, de la pareja como tal, sino es el producto de la construcción ideal de un hombre, de una mujer o de quimeras que el sujeto tiene. Y esto todos también lo tenemos, parte del acto sexual, del escarceo preliminar; tiene que ver con imaginar, fantasear con una estructura de cuerpo idealizado, que no es quién está en la cama conmigo, es lo que yo estoy pensando en relación con esta persona lo que me excita. Eso lo compartimos todos como un posible rasgo fetichista, pero de inmediato desaparece al tener contacto físico, al darte cuenta de que no es el imaginario, integrando las tres etapas de las que hablé.

También tenemos al sujeto que compra ropa interior comestible y que relaciona cotidianamente el sabor de la misma, con el sabor de su pareja. Esto no necesariamente es un fetiche. Sin embargo, ya se está desarrollando una preferencia por que cada vez que tengamos relaciones debes usar una ropa comestible de tal color o de tal sabor; si no, no hay excitación. Ésa es la característica del fetichista.

Hay ciertos productos eróticos, esta especie de pinceles o brochas, que excitan algunas partes. El cuerpo es muy complicado en términos de mapeo erógeno, porque cada uno de nosotros tiene una parte donde sí se enciende y otras donde no, pero si hay la sustitución de excitación por este jugar con la brocha, tenemos un problema de fetichismo. Porque entonces al final el solo hecho de tener a la vista la brocha será más que suficiente para disparar la excitación, de ahí la experiencia autoerótica, masturbatoria, y ya. Entonces, el otro sujeto desaparece. No te necesito, con la sola brocha es suficiente.

No se puede hablar de "normalidad" sexual, es un terreno muy delicado y pantanoso. Se es normal desde la perspectiva de la moral social o cultural a la que pertenece el sujeto, es decir, que se apega a las costumbres o tradiciones en la relación sexual para la procreación y, eventualmente, para un cierto disfrute personal.

Esto empieza a complicarse cuando se contamina, cuando se adhiere a preferencias o a actos sexuales de otra cultura, de otra modalidad o de otra manera de ver el mundo y que pueden llegar a causarle conflicto. Por ejemplo, un sujeto que proviene de la cultura judeocristiana sabe que el acto sexual sólo se autoriza con fines de reproducción, y que todo acto masturbatorio incurre en un delito y hay culpa por ello.

Una de las preocupaciones que tenemos como terapeutas es que cada día vemos con mayor frecuencia la pérdida del encuentro con una pareja, independientemente del lazo que se establezca, porque la oferta de material sexual en la red es cada día más grande e irrestricto. Por tanto, diría que es importante analizar este asunto. Dentro de la higiene mental o de la enseñanza de la sexualidad también hay que hablar sobre el tema del consumo en la red de productos sexuales. Es muy intenso, al grado de que *chatear* es estar en contacto a través de una videocámara y una computadora y esto es muy probable que se convierta en una filia justamente. No es inocente que dos sujetos estén a través de la red cuando el señor o la señora vive en la casa de junto y obtienen una enorme gratificación al contestar y al mismo tiempo hacer otra cosa y masturbarse... y mostrarlo en cámara. Esto es muy probable que con el paso del tiempo se convierta en una filia, en una nueva corriente de filias: redofilia, redfilia, por ejemplo, de red o referente a la red.

Llama la atención que entre los pacientes jóvenes que lo comentan no hay mayor problema porque hablan de masturbarse en grupo o como sea. Como la experiencia de antaño de jugar a las carreteritas con los varoncitos, que era a ver quién eyaculaba más lejos, y no habría problema alguno así como comparativo. Pero cuando se trata de adultos mayores de treinta años, despierta ciertas preocupaciones porque se están dando cuenta de que es seguro, gratuito y muy cómodo.

Entonces, el tacto, el olor y el amor ya no importan, todo ya está construido en el imaginario del sujeto. Como ya lo puede ver y además lo puede complementar con imágenes simultáneas tanto en vivo, en acción a tiempo real, como en bajar pornografía, eso ya no es importante porque cae en lo que no tengo que es una relación; lo importante es el poderme exhibir o dejarme ver, y esto es un tanto vouyerista, un tanto perverso.

Tengo la impresión de que es un proceso esperado, asociado con la modernidad o con la globalización, más bien, de la cultura, porque también la sexualidad es una forma de cultura y no lo podemos negar. Nosotros, lamentablemente, por nuestra construcción religiosa o moral, estamos atrasados muchos años con respecto a la comunidad europea, ya no se diga con Oriente. Nos estamos globalizando sexualmente, con prácticas que de otra manera no tendríamos, y esto incluye prácticas de riesgo. La mordida a la yugular y el estrangulamiento para conducir a la hipopsia, que antes estaba en los reportes europeos, ya los tenemos en México y los pacientes que lo refieren muestran que no les inquieta eso, en realidad les preocupa otro tipo de problemas.

Tengo la impresión de que no estamos preparados para recibir esta información, estamos apenas viendo si usamos o no condones, y estas prácticas de extremo o de un cierto riesgo están aflorando pero sin la información adecuada.

Para cerrar, hablemos de si en las filias hay amor. No, todo lo que implica el enamoramiento y el contexto del amor no está relacionado con las filias. La filia es un arribo a la literalidad, al objeto tal cual, como es, que se puede tocar, que se puede usar, pero del que no se hace retórica. El amor es una forma retórica de dar cuenta del otro, de lo que es, de tomarlo en cuenta, de formar parte de él o de ella y de alguna manera ensalzar, aumentar, enriquecer, compartir y completarme con todo lo que el otro puede ofrecer como pareja. En las filias no hay eso, es una pura literalidad, es tal como es.

Aburrimiento, rutina y monotonía

por Tari Tron

Para abordar el tema de aburrimiento, rutina y monotonía, empezaría por ligarlo a nuestra vida cotidiana sin que forzosamente tenga que ver con la pareja. Para evitar estas sensaciones deberíamos poderle encontrar lo bello o lo sagrado a lo cotidiano y cada cosa que hacemos a diario es diferente de la del día anterior. Aunque siempre pensamos que es lo mismo, tú no eres la misma, cambiaste y tienes algo diferente. Entonces, justo tenemos que encontrar lo que hay de diferente dentro de lo cotidiano.

Estamos educados para que todo sea emocionante, todo sea diferente, todo sea intenso, para hacer, disfrutar, vivir experiencias únicas, y cuando la vida te demuestra lo contrario todas tus expectativas caen y entra la frustración y, por consiguiente, la monotonía. Hay ciertas cosas que te toca hacer diario y pueden ser monótonas, pero si le encuentras esa parte gustosa, sagrada o única las vas a disfrutar; al fin y al cabo eso es lo que te toca hacer.

No sólo hay que pensar en el aburrimiento, la rutina y la monotonía. Cabe pensar en la plenitud sexual, porque eso también depende de la cantidad de sexo que requiera una persona. En las parejas hay unos que necesitan más días, más tiempo, pero a la hora del acto es completamente pleno, hay mucha comunicación, hay entrega, hay diversión.

Hay ciertas parejas que se sienten insatisfechas no tanto por la calidad sino por la cantidad y otros, por el contrario, por la cualidad y no por la cantidad. Yo no creo que siempre todo tenga que estar visto desde el sexo. ¿Qué pasa con la gente que no tiene sexualidad porque ha decidido no tenerla o porque determinó estar en celibato? Eso no quiere decir que no sean plenos. Es una pregunta que me hago y se la planteo a todos.

La respuesta es que no siempre necesitas esa sexualidad. Hay miles de otras cosas que te hacen pleno. Creo que una de ellas es la multiplicidad de las relaciones y de la calidad de las relaciones de los que están contigo, no necesariamente hablando desde la perspectiva sexual.

Es decir, cuando estás en tu personalidad de mamá y no de esposa puedes sentirte absolutamente plena en tu parte maternal; a la mejor no lo estás en tu parte sexual femenina, pero sí estás plena como amiga, o como hija o como esposa y no como amante. Entonces creo que todos tenemos una cierta dosis de frustración y no pasa nada.

Se piensa que el aburrimiento, la monotonía y la rutina pueden romperse al añadir a una tercera persona a la relación de pareja tipo marido y mujer. Eso sí cambia en verdad la rutina, porque rompe los paradigmas. Hay muchas parejas que incluyen a una tercera persona en la relación para darle vida, pero no creo que ése sea el único camino, hay otros. Hablemos de la reactivación que nos da suponer que no conocemos al otro en cuanto a sus gustos, o anticiparse al otro porque yo ya sé más de ti y de tus necesidades que tú en este momento. Eso en efecto hace que cambie la rutina: no estar sólo en casa sino salir, divertirse, viajar un fin de semana, hacer una cosa loca entre ellos, prohibida, serían sugerencias más sanas. No siempre necesitas a una tercera persona para reactivar tu sexualidad.

En el caso del aburrimiento sexual es fundamental romperlo, porque no creo que se quede en ese enclave, sino que se desparrama en otras áreas de tu vida de pareja. Hay que tener muy claro: ¿qué debe contenerse justo dentro de tu vida de pareja? y no permitir que esa insatisfacción se vierta en tu vida de madre hacia tus hijos, por ejemplo. Esto es algo que mucha gente no sabe hacer.

Para dejar de ser monótonos con lo que tenemos en el aspecto sexual hay que preguntarse siempre: "¿Cómo deseamos algo que tenemos siempre?". Hay que jugar a no dar por hecho que eso que tienes estará siempre contigo, no, muchas cosas pueden cambiar. Hay parejas a las que les gusta el contrato que estipule que existirá el cuidado, la protección porque ese tipo de estructura es más importante para ellos. En cambio, otras parejas necesitan divertirse, pasarla bien, tener una vida excitante. A veces una cosa no va con la otra y es necesario plantearnos ¿cómo podemos combinarlas? Cuesta bastante trabajo, pero la pareja tiene que estar de acuerdo en hacerlo.

A consulta llegan muchas parejas a quienes aburren las tareas que se supone que deben asumir: el hombre debe ser proveedor y la mujer, estar en casa o al cuidado de los sentimientos. Llega un momento en el que desean hacer otra cosa que no sea siempre ésa. Cuando tienes una vida que yo le llamo más plena, con amistades, un trabajo además de tu rol en casa, una pasión –un deporte, una cuestión artística–, se te presentan muchas más salidas, muchos más márgenes para poder evadir el aburrimiento. Sin embargo, hay personas que nacen casi como aburridas. Además, aunque pueden confundirse, hay que hacer una diferenciación entre aburrido y depresivo.

Si tú estás aburrido o deprimido en ciertas áreas de tu vida, eso automáticamente va a permear en tu parte sexual y por el contrario, si no estás contento en la sexual, eso también permea en otras zonas. La forma de resolver el problema es primero proveerte a ti misma de lo que te hace sentir plena para que eso pueda contagiarse hacia la sexualidad y viceversa. No podemos responsabilizar al otro de lo que nosotros podemos o no hacer en cuanto a nuestra vida y nuestra sexualidad.

Muchas parejas asumen siempre la misma posición en el sexo, todo empieza y termina igual y dura el mismo tiempo. Me parece que esto se debe a que algunos hombres son muy conservadores y en ellos existe todavía esa dicotomía de que con mi mujer lo hago sólo en ciertas posiciones y con la amante o la prostituta en todas las demás; ella es la madre de mis hijos y no puedo hacerle estas cosas. Es una dicotomía interior que hay que ayudar a cambiar.

A los lectores hombres les diría que lo sano es que empiecen a platicar con su esposa sobre las diferentes posibilidades que hay, pero de una forma muy amorosa. También les recomendaría que tuvieran cuidado con los celos y la posesividad, que se atrevan a explorar otras cosas, porque muchos son muy celosos y creen que es mejor no enseñarle a su mujer, no vaya a ser que le enseñe a otro. Prefiero que no sepas, a que hagas lo que te mostré con algún otro.

El hombre tiene que romper con esa parte posesiva y celosa y, si al fin y al cabo su pareja decide hacerlo con otro pues es decisión de ella, hay que deslindar responsabilidades. Sé que en el mexicano existen muchos celos y mucha posesividad, que llevan a la violencia entre las parejas y muchos alegan: "No, pues yo no puedo tener sexo con mi esposa de esta forma. Sólo hago el sexo con ella de una manera porque no quiero que parezca puta". Temen mucho despertar esa parte de la sexualidad en su mujer.

Desde luego, hay mujeres que son monótonas, aburridas, en sí. En este caso también hay que ayudarles mucho a conocer su cuerpo, a conocer sus derechos, a saber que se pueden hacer cosas diferentes, a asumir la responsabilidad por su sexualidad y sus orgasmos. Tal responsabilidad implica no limitarte a esperar lo que el otro haga o te haga, sino decirle lo que te gusta y lo que no te gusta, y también hacerlo como si estuvieras abriendo un arcón y sacando una ropa bonita: yo abro el arcón, yo saco la ropa, yo la cuelgo. Hay que establecer una comunicación constante con la pareja; muchas mujeres no comunicamos lo que nos gusta, lo que queremos y los miedos que tenemos. Y eso se nos revierte en insatisfacción y frustración.

El momento oportuno para la comunicación es antes del acto sexual, para que a la hora de la ejecución, como ya se planeó, se pueda platicar un poco más, ya de otra manera. Ciertos hombres creen que cuando una mujer pregunta es que está aprendiendo en otro lugar, lo cual no es real. Y muchas mujeres, aunque saben que no tienen una buena sexualidad y la viven con la imaginación, tarde o temprano platican con otras mujeres y se dan cuenta de las diferencias que viven en la propia.

Ahora bien, el aburrimiento, la rutina y la monotonía no son tan malos como se piensa; a veces brindan predecibilidad, seguridad, contención, y para los que viven en una casa, en especial para los hijos, eso ayuda mucho. Somos muy rápidos para achacarle a la monotonía y el aburrimiento la culpa de que yo no me sepa mover de lugar o no sepa hacer algo con lo que está pasando. Entonces, hacemos culpable a nuestra vida y a lo mejor a nuestra familia, o al marido, de que todo es monótono. Uno debe aportar ideas, atreverse a hacer cosas diferentes. El bienestar es nuestra responsabilidad, en todos aspectos.

La comunicación sexual

por Juan Luis Álvarez-Gayou Jurgeson

La comunicación en la relación de pareja es una herramienta fundamental y tiene básicamente cinco reglas:

Primera. No calificar al otro. No decirle: "Tú eres esto, tú eres lo otro".

Segunda. Hablar en primera persona, responsabilizarse por las propias palabras. En vez de decir: "Tú me lastimaste", es decir: "Yo me sentí lastimado"; en vez de alegar: "Tú me agrediste", es comunicar: "Yo me sentí agredido". Esto es muy importante porque si le manifiestas a tu pareja "Tú me agrediste" y ésa no fue su intención, lo estarás agrediendo y ahí empieza una bronca fenomenal entre uno y otro. En cambio, si le dices: "Me sentí agredido", el otro responde: "Pero ¿por qué?, si yo no quería agredirte" y entonces se abre la comunicación.

Tercera. Desechar por completo cuatro palabras en la comunicación: siempre, nunca, todo y nada. Expresarle a la pareja "Siempre estás de mal humor" es algo que agrede a la persona porque, como es evidente, nadie está siempre de mal humor. O bien, recriminarle con un "Nunca me sacas" tampoco es cierto, porque sí han salido juntos, otra vez esta generalización genera coraje y respuesta agresiva por parte del otro. Otras agresiones son frases como "Siempre estás cansado" o "Nunca haces nada". Por eso hay que desterrar de la comunicación de pareja las palabras todo, nada, siempre y nunca.

Cuarta. Establecer una palabra clave para demostrar que se rompió alguna regla. Esta palabra funciona como el foco rojo del tablero de un automóvil, el cual, al prenderse, hace que se detenga el vehículo porque si no se corre el riesgo de descomponer todo el motor o incluso desbielarlo. La palabra clave utilizada en una pareja significa para el otro que, en tu opinion, se rompió una de las otras reglas. Esto mejora extraordinariamente la comunicación. Por ejemplo, "No sigamos, hagamos una pausa", son recordatorios de que por el momento no se debe seguir, de que algo está por desbordarse y hay que respetar esa petición.

Quinta. No volver al pasado. Volver al pasado es una agresión al otro. Digamos, ¿cómo respondo si mi pareja me reclama algo que pasó el día de mi boda, hace diez años? Y ¿cómo diablos arreglo eso que sucedió hace diez años? Me quedo en un callejón sin salida y, por tanto, me enojo y me muestro agresivo. Volver a lo anterior no sirve absolutamente de nada; para lo que sí sirve lo pasado es para traerlo al presente, futurizarlo y decir: "Sería muy bueno que esta circunstancia no volviera a suceder", es la única alternativa.

Otro aspecto muy importante en la comunicación de pareja es la empatía, intentar siempre ubicarte en cuál fue la vivencia de la otra persona antes de calificarla. Por ejemplo, llego a casa y mi pareja está de muy mal humor. Antes de protestar con "Es que nunca me recibes con una sonrisa", es necesario que me pregunte qué le habrá pasado el día de hoy con los niños, en el servicio de la casa o en su trabajo para que esté así. En otras palabras, intentar entender primero qué le pasa al otro antes de establecer un juicio, antes de romper la comunicación calificando.

Otro aspecto de la comunicación es el respeto, o sea, comprender que el otro es un individuo, es una persona, que cada miembro de la pareja tiene su mundo, sus propios intereses, sus propias amistades, su propio trabajo, sus propias aspiraciones. Es entender que no por ser pareja mía, la persona acaba con todo lo demás que lo rodea; más bien, tenemos una tercera área aparte de mi mundo y tu mundo, que es nuestro mundo. Ahí sí estamos como socios intentando hacer algo en conjunto, ya sea el mantenimiento, el sostén de la casa, los hijos y la parte sexual que compartimos.

Entonces llegamos por último al aspecto sexual. En éste lo que planteo, siguiendo la tónica de tu libro, es que lo más importante con respecto al tamaño para los hombres no debería ser el tamaño del pene, sino, de manera primordial, el tamaño de las orejas. ¿Qué quiero decir con esto? Que un hombre tiene que estar atento permanentemente para escuchar lo que le gusta a su pareja en el sexo, lo que quiere, lo que le interesa y, sobre todo, lo que le desagrada o cómo le gusta que sean los acercamientos, las caricias, etcétera.

En ese sentido creo que las parejas tienen el problema de que no hablan lo suficiente de cómo quisieran que fuera la relación sexual o de qué les disgusta. He visto parejas en el consultorio que durante quince años han tenido una vida sexual pésima porque la caricia que él le hace a ella, en vez de hacerla sentir bien o estimularla, la crispa, la enoja o la aleja, pero ella nunca se ha atrevido a hacérselo saber porque tiene miedo de lastimarlo o molestarlo.

Otra situación que a veces sucede es que si su mujer dice: "No lo hagas así, hazlo diferente", muchos hombres se enojan, como si la forma como él decide acariciar fuera necesariamente la forma en que la otra persona quiere la caricia. Por eso insisto en que las orejas estén muy grandotas y abiertas, y en que resulta esencial el respeto a lo que la otra persona quiere y cómo lo quiere.

Ahora bien, la comunicación sexual consiste en que el hombre busque entender, conocer cómo funciona una mujer y viceversa. Se trata de intercambiar información porque nunca nadie tiene la misma sexualidad, no hay puntos erógenos estandarizados ni tampoco los hay permanentes; pueden cambiar. Este mes me gustan las caricias en tal lado, más que otras, pero dentro de seis meses tal vez ya no sean estimulantes y prefiera otras. La comunicación sexual es, en esencia, poder transmitir esto.

Mi artículo "La falacia de los dos orgasmos", que aparece al final de esta intervención, es muy ilustrativo para las mujeres. Muchas mujeres llegan al consultorio muy insatisfechas, no logran el orgasmo con la penetración; en cambio, sí lo alcanzan con las caricias que ellas mismas se hacen o que les hace su pareja. Son orgásmicas, pero como no lo logran con la penetración se sienten muy mal. La verdad es que la penetración es una de las formas ineficaces de lograr el orgasmo en la mujer, porque la distribución anatómica del punto G y del clítoris muchas veces se encuentra en zonas que el pene no estimula. Por tanto, muchas mujeres pueden disfrutar mucho la penetración pero no llegar al orgasmo con ella. Lo importante es que si esto sucede alcancen los orgasmos con otros estímulos y lo asuman como algo natural, que sepan que no es una deficiencia porque no todas las mujeres tienen la obligación de obtener el orgasmo con la penetración.

Hay personas que no abren vías de comunicación, mucho menos sexual. La manera de trabajar en estos casos es reflexionar primero: "¿Por qué me cuesta trabajo hablar de este tema?". Cuando analizas qué es lo que se te atora y descubres que se debe a que nunca has hablado de sexo o tienes miedo a lastimarte o sientes vergüenza, es necesario empezar a hablar con la pareja sobre por qué me da vergüenza hablar de esto o por qué me siento incómodo al mencionar esto.

Es primordial platicar y abrir la comunicación poco a poco. No se trata necesariamente de hablar durante la relación sexual. Sería, por ejemplo, hacer un ejercicio de caricias: uno acaricia al otro y viceversa, sin tener relaciones. Después cada uno habla de cómo se sintió, en qué parte del cuerpo sintió más rico, en qué parte del cuerpo no le gustó o cómo no le gustó porque el otro le apretó mucho. Así se ensaya, se conversa de algo que no resulta tan amenazante como lo sería hablar directamente de la relación sexual. Más bien, se empieza a hablar, como muchas veces lo hacemos con las parejas en terapia, de la experiencia exclusiva de una sesión de caricias en donde no se buscaba excitar y no se buscaba generar una relación sexual.

La comunicación sexual no es contarle a mi pareja cuántas parejas he tenido a ese respecto y aunque eso ya se comentó antes con la doctora López García, es importante recalcarlo. Muchas parejas cometen el error de intentar interrogar al otro sobre sus parejas anteriores. Es muy importante reconocer que en cada pareja, por bien que se lleven, cada uno tiene un área propia que no es indispensable develar ante el otro. No es mentir, no es guardar secretos, es simplemente entender que son experiencias mías. Por ejemplo, si yo me relacionara con una pareja ahora que tengo más de sesenta años, y ella quisiera saber sobre todas las parejas que he tenido, mejor le recomiendo que lea una autobiografía mía, ¡porque está en chino! No sirve de nada conocer las experiencias anteriores, lo importante es la experiencia actual: ¿cómo estás tú conmigo? ¿Cómo estoy yo contigo? ¿Cómo estoy yo con esa pareja? ¿Cómo estás tú con esta pareja? ¿Qué hacemos para mejorar?

Otra cosa que muchas parejas confunden es que hablar con el otro no es reclamarle, es decir: "Está pasando esto, siento esto, ¿cómo podemos resolverlo?". Tampoco es pedir cuentas: "¿Por qué hiciste esto, por qué hiciste lo otro y no te percataste?". No, es sólo expresar: "Yo me estoy sintiendo así", y como somos pareja y nos importa la pareja, cuando uno se siente mal, vamos los dos a ver qué hacemos para que nos sintamos bien ambos.

De una cosa estoy convencido, y la comparto con mis alumnos de sexología clínica al iniciar el curso, y es de que once de cada diez parejas tienen problemas de comunicación, ¡once de cada diez! Con esa imposibilidad matemática quiero decir que no sabemos comunicarnos con la pareja, y no sólo con ella o él. Las reglas de comunicación que aquí abordamos son útiles también con los hijos, con los papás, en la oficina para evitar conflictos, nos sirven para todo.

La razón por la que no sabemos comunicarnos es que siempre buscamos responsabilizar al otro de lo que sentimos nosotros, cuando que un porcentaje muy elevado de las veces la persona no quiso lastimarnos. Entonces, al reclamar lo único que hacemos es abrir un canal para generar que el otro se sienta atacado y agreda, y tú al sentirte atacada(o), respondes.

Los beneficios que obtendremos de aprender a comunicarnos es que tendremos lo más cercano a lo que la gente llama felicidad, porque no creo en la felicidad constante, creo en estados más o menos permanentes de bienestar. Sí podemos sentirnos bien la mayor parte del tiempo, primero con nosotros mismos, segundo con mi pareja y en tercer término, si yo me siento bien conmigo y con mi pareja, ya puedo sentirme así con mis hijos, mis padres y otras personas que me rodean.

Nos percatamos de que con esa pareja en definitiva no va a haber comunicación cuando se han lastimado mucho y logran que se acabe el amor. Pero cuando se acaba el amor, cuando ya estoy muy lastimada, muy lastimado, desconfiado, cuando tengo resentimientos, cuando tengo coraje y ese coraje me hace sentir que el otro ya no me importa, se acabó la pareja. (Ahora tendré que hacer un paréntesis para explicarte qué es lo que yo defino conceptualmente como el amor cuando valoro a las parejas.)

La conceptualización de amor que manejo surge mucho de Erich Fromm y de Karol Wojtyla en el sentido de que yo puedo decir que amo a una persona si soy capaz de manifestar que esa persona me importa. Si esa persona me importa quiero que esté bien, que sonría, que crezca, que se desarrolle, que esté contenta. Entonces, cuando una persona no me importa más, estoy absolutamente seguro de que ya se acabó el amor. En el consultorio veo parejas en las que ya se acabó el amor y si bien podemos trabajar las otras áreas de su relación, yo no sé cómo hacer que alguien ame a alguien a quien ya dejó de amar.

Muchas mujeres hablan mucho, muchos hombres hablan poco, pero eso no significa que ellas se comuniquen más que ellos. Hablan más pero no necesariamente se comunican más. Puede ser que una mujer hable y reclame más, lo cual el hombre lo percibe como agresivo, como insufrible, como intolerable por la forma de reclamación, ése es el asunto clave. Y si la mujer habla mucho será mejor que aprenda a hablar siempre en primera persona y le diga al otro: "Yo siento esto, ¿qué hacemos para que deje de sentirlo?".

Por nuestra parte, los hombres también tenemos que aprender a ser menos herméticos, menos aislados, y hablar un poquito más de lo que sentimos y cómo lo sentimos. Aquí la desgracia es que a los hombres nos educan desde muy pequeños a no expresar los sentimientos, empezando con el clásico: "No debes llorar, tienes que ser macho". Ahí empieza a cuartearse la capacidad del hombre para comunicarse. Por tanto, yo sugeriría que los hombres adultos empecemos a realizar un ejercicio en el que hablemos de lo que sentimos: "¿Cómo me estoy sintiendo este momento, me siento contento, me siento triste?". No pasará nada en absoluto si un hombre comunica sus sentimientos, no será menos hombre; por el contrario, puede convertirse en un hombre más íntegro, más completo, más realizado y, como consecuencia, en una mejor pareja para la persona con la cual forma la pareja.

No es válido someterse al otro, pero, y esto es muy importante, cuando hay una discusión, incluso un pleito en una pareja, es muy importante que ninguno de los dos gane, porque cuando esto sucede, el que pierde se siente mal y resentido. Por consiguiente, en cualquier discusión hay que buscar siempre la solución negociada que nos haga sentir bien a los dos aunque tengamos puntos de vista diametralmente distintos. La sensación de que ganas pero yo también gano, ganamos los dos porque gana la pareja, es lo mejor que podemos lograr.

En cuanto a tu pregunta ¿Qué quiere comunicar una persona que abusa sexualmente de otra?, éste ya es un tema muy delicado y específico. Cuando una persona es abusada sexualmente por otra hay una situación de víctima y de victimario y ésta necesariamente es una situación que se tiene que trabajar en terapia. En este caso ya no basta platicarlo y decirlo, debe haber situaciones propias del abusador que hay que trabajar y ver por qué está haciendo lo que hace, y de la otra persona, la víctima, para analizar por qué está tolerando lo que tolera, cuando no es el muñeco de nadie y no se merece que le pase eso. Si una pareja abusa de otra, en definitiva no es un asunto que deba de lidiarse entre ambos en nivel de comunicación, es necesario recurrir a un experto, a alguien que medie los rencores, el coraje, el sufrimiento y demás.

A terapia han llegado mujeres que cuatro o cinco sesiones sólo hablan y se quejan del fulano, y en la sexta sesión les pregunto: "¿Quién está pagando las consultas, tú o él?", "Yo", "Pues no parece porque nada más le doy consulta al otro por medio de ti, ¿por qué no me hablas de ti, qué te pasa y por qué sigues ahí?".

La comunicación se aprende y nos abre puertas a lugares inimaginables. Yo les invito a que aprendan a comunicarse con los seres que aman.

La falacia de los dos orgasmos femeninos

por Juan Luis Álvarez-Gayou Jurgeson

Hace años, para ser exactos a principios de siglo pasado, el eminente fundador del psicoanálisis, Sigmund Freud, postuló la existencia de dos tipos de orgasmos, el clitoridiano y el vaginal. Esta propuesta era congruente con muchos de los postulados de esta teoría psicológica y si bien es cierto que en la actualidad no podría concebirse la psicología sin el antecedente del psicoanálisis, como dicen algunos: las teorías psicológicas pueden estar a favor o en contra del psicoanálisis pero nunca sin él.

Ha llovido mucho desde esa época y entre otros sucesos nació a mediados del siglo pasado una nueva ciencia dedicada al estudio específico de la sexualidad humana, encabezada por Alfred Kinsey, desde la visión social, y por William Masters y Virginia Johnson desde la fisiología sexual en mujeres y varones.

Estos últimos estudios nos permitieron conocer con gran detalle el funcionamiento fisiológico de lo que nos sucede a mujeres y hombres cuando tenemos un estímulo sexual efectivo, tanto en la dimensión local de los órganos sexuales como en la totalidad del organismo.

Basados en los estudios Masters y Johnson, así como en desarrollos actuales de la fisiología sexual, sabemos que la respuesta orgásmica en la mujer es única, sea cual sea el estímulo que la provoca. Fisiológicamente, el orgasmo es una serie de contracciones musculares que se suceden cada ocho décimas de segundo, de mayor intensidad la primera y sucesivamente, siendo de menor intensidad las subsecuentes. Estas contracciones son liberadoras de la congestión que se generó en la excitación. La dimensión subjetiva, lo que las personas sienten y describen, en contraste, es enormemente variable para cada persona. Esta respuesta se obtiene tanto por la estimulación del clítoris como por ciertas zonas de la vagina, como en algunos casos por estimulaciones de otras partes del cuerpo o incluso por la fantasía simplemente.

Otro factor que conocemos en la actualidad es que las zonas más sensibles en las mujeres son el clítoris y la vagina, cuya parte más sensible a los estímulos es la cara anterior (la que ve hacia el abdomen) y las otras áreas son notablemente menos sensibles.

De lo anterior podemos desprender que probablemente una de las formas menos efectivas que pueden existir para que una mujer logre el orgasmo es mediante la penetración del pene. Esto debido a que al penetrar el pene no estímula el clítoris, ni tampoco la cara anterior de la vagina. De ahí que muchas mujeres no logren la satisfacción orgásmica por la penetración aunque sí la logran, y la mayor parte de las veces muy intensa, por la estimulación adecuada del clítoris. También es cierto que muchas mujeres disfrutan enormemente de la penetración vaginal aunque no se desencadene por este método el orgasmo.

Dado lo anterior, muchas mujeres sólo logran el orgasmo cuando ellas se estimulan, sobre todo si sus parejas no son sensibles a sus necesidades y sólo van de manera muy directa a la penetración.

Esta situación hace que en la práctica clínica de la sexología no sea raro que se nos consulte porque una mujer se siente disfuncional al no lograr el orgasmo por la penetración. Nada más alejado de una disfuncionalidad que esta situación.

Lo importante en una relación sexual, además del vínculo, la cercanía, la comunicación y las caricias adecuadas, es el logro del orgasmo, sea cual sea la caricia que lo origina.

Por consiguiente, se concluye que no existe un mejor o peor orgasmo, ni que uno sea expresión de una mayor o menor madurez.

Las ideas y conceptos del psicoanálisis, que sin duda revolucionaron el siglo xx, en materia específica de la sexología, sabemos bien hoy día, que no son una realidad dado el conocimiento actual.

Otra falacia muy generalizada y que genera muchos problemas en algunas parejas es la búsqueda del logro de un orgasmo simultáneo. Esto es sumamente difícil y hemos visto a muchísimas parejas sufrir disfunciones por la sutil búsqueda de esa simultaneidad.

Lo más importante es la comunicación en la pareja y el logro del orgasmo liberador, independientemente de cuál sea el primero o de cuál sea la forma de estimular para su obtención.

Fantasías y adicción al sexo

por Rina Riesenfeld

Las fantasías en la sexualidad son fundamentales ya que en ellas podemos probar, ensayar algunas cosas. Las fantasías también ayudan a ser creativos. A veces se comparten, a veces no se comparten. Nos ayudan en la masturbación. En la fantasía una persona puede hacer el amor con quien quiera, probar el escenario que quiera; no es peligroso, no dañas a nadie. Entonces, es un lugar muy amigable para experimentar la sexualidad.

Ahora bien, no todas las fantasías necesariamente queremos aterrizarlas en la realidad, algunas se quedan en lo que son, fantasías, y algunas tal vez sean un preámbulo para llevarlas a cabo, eso es decisión de cada persona. Por todo ello considero que las fantasías son muy importantes.

La fantasía es un primer momento de ensayo. A los seres humanos nos gusta ensayar las cosas o diagramarlas y la fantasía ayuda a ponerlas en orden, a decir: "No, así no me gustó, le voy a quitar esto, le voy a quitar aquello", sin que esto haya surgido como una idea. Muchas personas fantasean y no sólo en el aspecto sexual, sino en muchas cosas. El de la fantasía es como un sitio seguro para intentar algo antes de pasarlo a la vida real si así va a ser o a veces la fantasía no la vas a aterrizar, pero no quita la delicia de haber vivenciado algo, sin vivenciarlo, en un ambiente tranquilo y confiable.

La fantasía no necesariamente es frustración. En ocasiones puede serlo, pero en otras es un ensayo de algo que yo no sabía. Por ejemplo, yo veo tu programa y tú hablas de un tema que a mí no se me había ocurrido y me pregunto: "Ah, caramba, ¿qué se sentirá?". Me acuesto y empiezo a fantasear, que yo hago, que no hago, que mi pareja, que está así, que está asado, le quito, le pongo, y eso me brinda la oportunidad de empezar a acercarme a algo a lo que no me había aproximado y me permite conocerme más.

La fantasía puede también a veces ser parte de un recuerdo. Por ejemplo, una relación sexual, que me dejó con buen sabor de boca, la recuerdo en otro momento cuando estoy en mi casa y esa persona no está. Y aprovecho ese recuerdo para armarme una fantasía con él, y eso es válido. Me parece que es sano fantasear, no sé si sea indispensable, porque hay gente que no lo hace y no se le ha caído nada. Pero, insisto, se trata de un buen lugar para practicar cosas, incluso para disfrutarlas sin riesgos. Además, creo que la gente que tiende a fantasear en general es más creativa, más segura en la sexualidad, se le ocurren más cosas, es más juguetona. Yo le veo muchos beneficios a este hábito.

No sé de qué depende que unos fantaseemos y otros no. No sé si sea algo educativo. Es decir, hay gente que se rige más por la mente y tiende más a ser soñadora o idealista, gente que tiende a fantasear más. Otros son demasiado aterrizados y no se dan la oportunidad de fantasear con nada o con muy poco. Por tanto, también tiene que ver con nuestro carácter y con la educación que tuvimos, si venimos de un hogar en donde nos permitieron soñar o de uno en el que el mensaje era: "A ver, eso no está pasando y tú concéntrate en lo que sucede ahora", muy desde la realidad y sin espacio o momento para jugar. Por ejemplo, desde niños jugamos y todo eso es una fantasía, que si hacemos esto, que si nos disfrazamos, que si nos convertimos. Hay personas que en su infancia no tuvieron eso y otras que a partir de ahí lo desarrollaron.

La fantasía en sí misma no tiene límites porque la cabeza no los tiene, tú puedes pensar cuanto quieras pensar y no es como el cuerpo, el cuerpo no puede traspasar paredes, por ejemplo, físicamente sí hay un límite en la vida. Pero en la mente no, tú puedes fantasear lo que quieras y, en general, esto no tiene nada de malo. Si acaso un equívoco sería cuando la persona vive en la fantasía y no es capaz de aterrizar nada de eso a la vida real, sustituye con la fantasía las relaciones humanas, de carne y hueso. Ahí valdría la pena poner atención.

Si una mujer realiza el acto sexual con su marido y fantasea con otras mujeres podría haber o no frustración en ella. Muchas veces la fantasía es un escenario para sacar la frustración, porque no es que esté con la pareja incorrecta, no, muchas veces nada más es un "Me gustaría...". Existe la bisexualidad. Una mujer puede estar muy contenta con su pareja hombre y de vez en cuando decir "¡Ay, qué rico es fantasear con una mujer!", y eso no necesariamente lo quiere llevar a la vida real por cualquier causa.

En ocasiones la fantasía es un primer ensayo para decir: "Ah, caray, me gustan las chavas". Yo conozco mujeres a las que les fascina fantasear con mujeres pero les encanta la relación con sus hombres. Digamos que la suya es una bisexualidad fantasiosa. Entonces, a veces sí sirve para sacar frustraciones, pero no siempre. No todo lo que fantaseamos lo convertimos en realidad.

Como terapeuta sexual me preocupa una fantasía sexual cuando es demasiado recurrente, cuando se vuelve obsesiva, cuando no se sale de la fantasía y vive en ella en su vida sexual y no la aterriza y entonces no alcanza a tener una relación sexual por estar en la fantasía.

Lo mismo sucede incluso con Internet, hay personas que viven *chateando* de sexo, pero a la hora de la hora no pasa nada en la vida real, no tienen una relación en la vida real. Aunque es un *chat*, es una fantasía, mientras sea a través de la pantalla, rebosan felicidad con su "Te hago, te torno y no sé cuánta cosa", y en el mundo de verdad no tienen pareja. Ahí empieza a preocuparme que alguien no utilice la fantasía como un medio de complemento exploratorio sabroso, sino que lo convierta en algo obsesivo y sustitutivo.

Fantasear no es igual a mentirse uno a sí mismo, no lo es si tienes claro que es una fantasía, no una mentira. Es muy diferente que tú digas "Sí, yo hice tal cosa" cuando que no hiciste nada, sólo lo hiciste en tu mente. En ese momento ya podemos hablar de un problema, pero cuando tú estás consciente de que es una fantasía, no tiene por qué ser una mentira.

Las fantasías sexuales de las mujeres son muy distintas de las de los hombres. Las de ellas son mucho más románticas, mucho más soñadoras, mucho más de ambientes: "Él va a llegar con flores, me va a conquistar, me va a hacer, y vamos a estar en la playa"; son muy noveladas. Los hombres son más sexuales, sus fantasías se refieren literalmente al acto sexual y casi por completo al coito;

fantasean con mujeres que los desean de manera increíble y que ellos casi no tienen que hacer nada para excitarlas, que casi les suplican que las penetren y casi les agradecen que lo hicieron.

Pero hay un tema en cuanto a que el hombre espera de la mujer cosas que sería muy difícil que sucedieran, y ella a veces espera del hombre un romanticismo que no está tan presente o tan claro en ellos.

Las fantasías son personales. Hay gente que las comparte con sus amigos, otros las comparten en pareja y de hecho las disfrutan mucho así, otros más las comparten en pareja y luego vuelven realidad algunas, las aprovechan como material de juego erótico. Hay personas que no pueden con las fantasías, que escuchan la de la pareja y les dan ataques de celos o sienten que pueden ser desplazadas o que es un deseo que la pareja en verdad quiere llevar a la práctica. Por ejemplo, "Qué rica fantasía con Brad Pitt" y si mi pareja tiene buena autoestima le quedará claro que este actor no tiene que ver en mi vida y nada más fue como un destello de fantasía; o yo puedo enojarme porque él fantaseó con una chava muy guapa que vio en la tele. Pero hay parejas que si la chava fantasea con Brad Pitt saltan: "¿Qué onda? ¿No quieres nada conmigo o qué?" o "¿Yo no te gusto?" o "¿Te quieres ir con él?". Eso se presta para situaciones álgidas. No hay una receta; cada pareja, cada persona ve cómo se siente y si aguanta o no aguanta, y si le gusta o no.

La fantasía no está inmersa en todas las formas sexuales, no siempre está presente, no todos fantasean, pero si lo hacen cada quien tiene que darse oportunidad de analizar si fue una fantasía de momento o el principio de algo que quiero hacer o un deseo frustrado o simplemente algo nuevo que apareció en mi vida y que primero lo estoy experimentando en la mente, o si es algo que en realidad necesito hacer en la vida.

Me parece preferible que la gente fantasee mucho a que aterrice y haga cosas sólo por hacerlas sin condón, sin precaución, sin nada. Con la fantasía uno puede jugar a lo que quiera pues es un lugar seguro. Incluso antes de correr, poner el cuerno o hacer todo tipo de cosas, la fantasía nos ayuda a movernos sin movernos, a jugar sin jugar, en pocas palabras, a probar.

Por otra parte, hablando de la adicción sexual es algo de lo que la persona se agarra, tras lo cual se esconde por no saber manejar sus emociones, en especial la ansiedad, la angustia, la culpa, la frustración, la impotencia o el enojo. Si una persona no sabe manejar sus emociones, busca cosas, sustancias, que le ayuden a mitigar esa sensación. En este caso de adicción al sexo, el orgasmo ayuda mucho a bajar las ansiedades, angustias y sentimientos momentáneamente, igual que otras formas de mitigar las adicciones como el alcohol. El control que se obtiene por estos medios es temporal. Por lo general sucede cuando la persona, en vez de ir a terapia y manejar sus emociones o sacar lo que le molesta, lo guarda y utiliza algo, alguna sustancia, por ejemplo, para bajar eso, para esconderlo más que para trabajarlo.

En el caso de la adicción al sexo, la persona entra en determinados sentimientos, en especial de angustia y ansiedad. Empieza a tener sensaciones de excitación muy fuertes y una tremenda necesidad de tener un orgasmo como para calmarse. Esto se vuelve muy incómodo porque una persona así puede experimentar varios momentos de ansiedad y angustia o preocupación en un día. Por tanto, puede estar en una junta de negocios y cada vez que se toque un tema que le genere ansiedad empieza a tener una erección enorme, rapidísima, no con motivos sexuales pero sí fuerte. El estímulo no tiene que ser sexual, puede ser de cualquier tipo y despierta una terrible necesidad de venirse para calmarse. Entonces, tiene que salir de la junta y en una desesperación tremenda probablemente se masturbe –porque la adicción al sexo no siempre equivale a tener relaciones sexuales–, baja la erección, eyacula y regresa a la junta. Diez o quince minutos después otra vez se presenta un episodio de ansiedad, con su consecuente erección que, además de la vergüenza social por ser muy evidente, dispara la necesidad de mitigar eso de nuevo. Y así puede pasar un buen rato. A veces la persona adicta al sexo llega tarde al trabajo, al igual que sucede en otras adicciones, porque empieza a masturbarse y como lo hace desde la ansiedad, no desde el placer, se toca y parece la historia sin fin, una tras otra, tras otra, como si no fuera suficiente. Es el mismo caso que el del alcohólico: ¿cuánto alcohol es suficiente para él?, pues quién sabe, no tiene límites, dependerá de la ansiedad.

Por consiguiente, el adicto al sexo puede comenzar a llegar tarde al trabajo. Algunos navegan por Internet en busca de satisfacción, van a salas de masaje que también brindan servicios sexuales o cuartos oscuros, o bien a baños públicos en los que hay intercambios sexuales. He visto casos de personas que pueden empezar a tener un déficit económico importante, ya que no es raro que recurran a la prostitución o acudan a estos lugares frecuentemente en aras de mitigar su ansiedad por medio del sexo y del orgasmo para intentar tranquilizarse.

Asimismo, como tiene relaciones que no están orientadas por la búsqueda del placer sino por la desesperación, la persona puede después caer en situaciones sexuales que no quería o de riesgo, como entrar a un cuarto oscuro y tener sexo con ocho personas en una noche, aunque no haya penetración, por ejemplo, sexo oral y prácticas sexuales, y acabar teniendo sexo sin condón, sin fijarse bien ni con quién lo hace, ni qué sucedió. La persona puede hacer una inversión económica muy importante. Si tiene una relación de pareja su conducta puede ocasionar problemas graves de infidelidad y falta de control.

Por lo general la persona adicta al sexo, cuando tiene relaciones desde esa adicción, desde la ansiedad, no siente placer, siente alivio, no establece el contacto: "Qué rico tu olor, tu persona, tus ojos"; más bien es: "Tengo que venirme y cualquier cosa que me ayude está bien, desde la masturbación hasta cualquier tipo de relación que pueda ayudar a mitigar eso". Ahora, la adicción al sexo tiende a ser tan frecuente en hombres como en mujeres, sólo que en ellas es menos evidente porque anatómicamente una mujer se puede apretar o tiene formas más discretas de salir adelante para llegar a un orgasmo. En el hombre es muy desgastante porque las erecciones se hacen notar y puede ser muy vergonzoso que sucedan en situaciones inconvenientes, socialmente hablando, por ejemplo.

Además, siempre hay mucho riesgo. A veces una adicción va acompañada de otra, no siempre, a veces sólo es al sexo, en ocasiones también se acompaña de una adicción al alcohol o a las drogas y hace una pésima combinación porque desesperación, más alcohol, más drogas, más lugares poco seguros sexualmente, hacen peligrosa la situación de la persona. Su salud y su vida penden de un hilo en forma constante.

El caso de adicción más grave que he atendido es el de un hombre con grados de ansiedad tan fuertes que eyaculaba sin tener siquiera erección. Todo le generaba una ansiedad y una angustia terribles, en particular situaciones de presión o situaciones eróticas. Con sólo ver a una mujer que le gustaba, eyaculaba de inmediato y empapaba su pantalón. Era desesperante para él. No había placer alguno, era más bien fastidio, desesperación, enojo. Además, él practicaba un deporte en el que todos te miran, la lucha grecorromana, donde sólo son dos participantes que están bajo la observación y la presión de todos. Entonces, cada vez que el pobre salía al estrado y sentía toda esa presión, empezaba a eyacular. La angustia lo hacía eyacular más de una vez durante la pelea y se mojaba y tenía que usar algodón y toalla sanitaria y si el uniforme era blanco se manchaba; sufría mucho. El sexo era muy conflictivo para él; si se acercaba a una mujer que le gustaba, por el solo hecho de verla o de establecer el más mínimo contacto, eyaculaba. En su caso sí tuvo que tomar un medicamento para controlar la ansiedad porque de otra manera no se podía trabajar en su caso, en lo más mínimo.

Este paciente ni siquiera requería pensar en sexo. Recordemos que la ansiedad y la angustia son sentimientos que se generan casi por cualquier cosa. En este caso salen por vía sexual pero no sólo se generan por esta vía. Por ejemplo, cuando luchaba eyaculaba por ansiedad y presión, no por motivos sexuales, o cuando estaba en una junta empezaba a mancharse por la eyaculación. La desesperación y las erecciones sucedían aunque no estuviera pensando en sexo; es decir, la persona toca angustia, ansiedad, enojo, sentimientos no manejados como cualquier adicción y la sexualidad es el medio de salida, no necesariamente por motivos sexuales.

Es diferente el caso de alguien que siempre quiere ver pornografía, siempre tiene impulsos sexuales, a todo le ve cara de que se lo quiere coger. También es una parte de la adicción, es otro matiz. Hay gente que sufre adicción al sexo y todo el tiempo piensa en eso, no se concentra en nada porque se vuelve una obsesión; lo mismo la pornografía o Internet. Es un *modus vivendi*: no hacen nada de su trabajo por estar metidos ahí, y sólo recurren a eso.

Lo mismo sucede con la pornografía. No es lo mismo poner una película porno un rato a que todas las tardes y todos los días le dé vueltas a lo mismo. Aclaro que la pornografía en sí misma no genera adicción, como tampoco lo hacen la masturbación ni el sexo. La persona que tiene problemas de adicción se aferra a cualquier cosa para generarla. Es como la comida, la comida no genera adicción; la gente que sufre problemas de alimentación se agarra de la comida porque no se sabe controlar.

El asunto es cómo utilices las cosas. Yo puedo ver una película porno y no me va a generar adicción. Una persona con tendencias adictivas puede pescarse de cualquier cosa, y la sexualidad es una de ellas, para darle acción a su adicción, que puede ser a la pornografía, a los antros, al trabajo, al dinero, a la masturbación, a la prostitución. Hay personas que gastan casi toda la quincena en asuntos de prostitución de toda índole y no pueden parar. Van a una quiebra económica terrible. O gastan en las *hot-lines* o en Internet o un dineral en llamadas a donde sea para buscar sexo, o artículos eróticos. Es como el arte de no poderse despegar de algo, de no poder controlar, de no poder detenerse, de no tener un límite. Las cosas en sí mismas no generan adicción –trabajar no genera adicción–; si uno las usa como adicción para desahogo de algo, es otra cosa.

La adicción, no importa cómo la manifiestes, es una enfermedad. La persona requiere tratamiento. Hay un grupo que se llama Adictos al Sexo Anónimos, el cual intenta trabajar con el tema, pero lo que debe quedar claro es que los adictos al sexo sufren mucho igual que cualquier otro adicto, experimentan muchas pérdidas, sus orgasmos no son divertidos ni vienen del contacto y del placer, provienen de la desesperación de que "ya me quiero venir para mitigar esas emociones". Es una situación muy desagradable.

Cualquier persona que detecte que la sexualidad más que placer se vuelve como un tapón de emociones, ansiedades, angustias, vale la pena que le ponga atención, que lo detenga a tiempo antes de perder una relación de pareja importante, de perder dinero, de correr el riesgo de contagiarse de una enfermedad, porque la gente en su desesperación acude a lo primero que encuentra y ya no importa si hay o no hay condón.

No todos los adictos se introducen objetos, depende de cada uno. Algunos sólo se masturban, por ejemplo; no tienen relaciones con otros, se masturban durante horas en un día y todos los días. Hay gente adicta a la pornografía, otros a las relaciones, es decir, cada adicto lo manifiesta de distinta manera.

Todavía hay mujeres que por no gustarles su cuerpo, hacen el amor bajo las sábanas y con la luz apagada.

En la etapa de la menopausia, algunas aumentan su frecuencia de relaciones sexuales porque ya no hay preocupación por un embarazo, o ya tienen más libertad. Por el contrario, otras finalizan su vida erótica.

El placer erótico es un derecho sexual que se necesita ejercer.

Las zonas más agredidas de manera verbal o física de las mujeres son los senos, las nalgas y los genitales.

Para muchas mujeres, aprender a disfrutar y compartir su cuerpo erótico en pareja les lleva meses o años por todo lo aprendido desde la infancia.

Para alcanzar el orgasmo hay que perder el control. A las mujeres que controlan sus sensaciones se les dificulta llegar a él.

Las mujeres, en su mayoría, podrían prescindir de realizar sexo oral.

Hay mujeres que durante el orgasmo expulsan líquido por sus genitales que no tiene características de orina. Se acompaña de una sensación muy placentera a la cual se le ha llamado "eyaculación femenina".

A los hombres lo que más les preocupa es el tamaño y la función de su pene.

Los hombres se erotizan más fácilmente por la vista y el olfato.

Ellos harían cualquier cosa para recuperar sus erecciones.

8. La voz de la gente: encuestas

Este capítulo fue uno de los más difíciles de elaborar porque había mucho que preguntarle a la gente e importaba sobremanera cómo se iba a implantar la base de preguntas para lograr un buen resultado.

Me acerqué a dos personas: a Liz Basañez, que sabe mucho del cómo entrar en las emociones de las personas, y a Érika Pedroza Luna, para aplicar los cuestionarios y cerciorarse de que el resultado de los mismos fuera fidedigno.

Los siguientes son los resultados de la aplicación del cuestionario aplicado a doscientas personas.

Resultados mujeres
Metodología
Se encuestó a 100 mujeres, al azar. La encuesta fue directa.

Edades
De 20 a 69 años.

Preferencia sexual
Homosexual: 6%
Heterosexual: 89%

Bisexual: 1%
No contestó: 4%

Nivel de estudios:
  Preparatoria: 20%
  Universidad: 60%
  Posgrado: 16%
  No contestó: 4%

Estado civil:
  Casada: 39%
  Soltera: 45%
  Divorciada: 6%
  Otro: 4% (unión libre, con pareja)
  No contestó: 6%

La primera información sexual fue recibida:
  Del padre: 2%
  De la madre: 23%
  De ambos padres: 6%
  De hermanos: 4%
  De amigos: 23%
  De Internet: 0
  De la escuela: 38%
  Otro, especifique: 2% (no recuerda, investigando)
  No contestó: 2%

Su primera relación sexual fue:
  Antes de los 12 años: 0
  Entre los 12-15 años: 6%
  Entre los 15-18 años: 20%
  Después de los 18 años: 68%
  No he tenido relaciones sexuales: 4%
  No contestó: 2%

¿Ha tenido relaciones sexuales con personas de su mismo sexo?
  No: 94%

Sí: 6%, sin mencionar en qué condiciones las habían
tenido
Este 6% respondió que ha tenido relaciones de este tipo
desde una hasta 10 veces o no recordaban cuántas.

¿Ha tenido relaciones sexuales con más de una persona a
la vez?
No: 94% (sólo una de las encuestadas acotó: "estaría
chido experimentar")
Sí: 4%
No contestó: 2%

Prefiero tener relaciones sexuales con un hombre:
Con circuncisión: 33%
Sin circuncisión: 4%
No me importa: 59%
No contestó: 4%

¿El tamaño del pene importa?
Sí: 25%. Entre las respuestas más recurrentes estuvieron:
• Porque da más placer.
• Porque es mejor la relación.
• Porque motiva.
No: 65%. Las respuestas que destacaron fueron:
• Porque la lengua es mejor.
• Porque cuentan más los deseos y sentimientos.
• Porque la forma es lo que cuenta.
• Porque hay otros factores (como caricias o juegos
previos).
• Porque cuenta más la persona.
• Me da igual.
Depende: 2% (porque hay que saber cómo usarlo)
No sabe/No contestó: 8%

¿Te gusta el aspecto físico del pene?
Sí: 44% (una de ellas aclaró: "siempre y cuando esté
bien cuidado")

No: 37%
No sabe: 3%
Depende/le da lo mismo: 7% (una agregó en su respuesta:
"hay que quitarle los pelitos y sí es atractivo")
No contestó: 9%

Desde tu perspectiva, ¿cuánto mide un pene grande y cuánto mide uno chico? (erecto)
Grande: respondieron en un rango de 6 cm a 30 cm.
El 50% dijo que un pene grande mide entre 15 y 20 cm.

Chico: respondieron en un rango de 5 cm a 23 cm.
El 12% dijo que un pene chico mide 10 cm.
No sabe/No contestó: 38% (no sabe quién le puede dar esa información)

¿La función más importante del pene es generar placer?
Sí: 43%
No: 42%
No contestó: 15%

¿Crees que un pene grande proporciona más placer que uno chico? ¿Por qué?
Sí: 20%, debido a que:
- Se siente más rico.
- Estimula el clítoris.
- Por la fricción interna.
No: 65%, porque:
- Lastima.
- Hay que saberlo mover.
- Es un tabú.
- Importa la conexión con la persona.
No sabe: 6%
No contestó: 9%

¿Crees que un pene grande representa en un hombre "mas-culinidad", "fuerza", "valentía" o "virilidad"?

Sí: 20%

No: 68% (una agregó a su respuesta: "El pene no hace al hombre", y otra dijo: "Tenerlo grande es cuestión de suerte")

Depende: 7%, sin aclarar razón alguna

No contestó: 5%

¿Crees que un pene pequeño representa en un hombre "falta de carácter", "inseguridad", "cobardía"?

Sí: 10%

No: 70%

Tal vez/depende: 12% (refiriéndose a que depende del hombre contestar esto)

No sabe/No contestó: 8%

¿Qué crees que significa, para el hombre, tener el pene chico?

Inseguridad: 35%

El 50% mencionó diversos significados, como los siguientes:

- El tamaño está relacionado con la seguridad del hombre y su educación.
- Menos poder.
- Traumas.
- Menos virilidad.
- Vergüenza.
- Frustración.
- Complejo.
- Preocupación.
- No poder satisfacer a la mujer.
- Es difícil para ellos.
- Es un defecto.
- No es agradable para ellos.
- Miedo.
- Tener qué esforzarse más en los preliminares.
- Nada.

No sabe/No contestó: 15%

¿Recurrirías (si eres hombre) o le sugerirías a tu pareja (si eres mujer) que se someta a una cirugía u otro método para modificar el aspecto del pene o de la vagina?
Sí: 5%
No: 85%
No contestó: 10%

¿Has tenido problemas con tus parejas en tus relaciones sexuales?
No: 70%
Sí: 15%, debido a:
- Falta de comunicación.
- No me excito fácilmente.
- Posiciones (dolorosas).
- La personalidad de mi pareja.
- Consumo de medicamentos.
- Falta de apetito sexual.
- Egoísmo de mi pareja.
- Falta de ganas.
- Falta de erección.
- La inseguridad de él no me excita.
- Inexperiencia sexual.

A veces: 4%
No contestó: 11%

Si respondiste sí, ¿te atendiste con un experto?
Del 15% que aseguró haber tenido problemas sexuales, sólo 1% se atendió con un experto. El 12% dijo que no y el 2% no contestó.

¿Hay algo que afecte tu confianza y autoestima en el desempeño de tu sexualidad? ¿Qué?
No: 50%
Sí: 35%. Dieron las siguientes razones:
- "Mi cuerpo" (especialmente el sobrepeso).
- "No regarla" (no embarazarme).
- "Mi estado de ánimo".

- "La falta de condición física".
- "Que me compare con otras".
- "No me gustan mis senos".
- "Las infecciones vaginales".
- "Comentarios negativos de mi pareja".

No contestó: 15%

¿A quién le preocupa más el tamaño del pene: al hombre o a la mujer?

Al hombre: 73%
A la mujer: 4%
A los dos por igual: 8%
A ninguno: 3%
Depende: 1% (sin especificar más)
No sé: 1%
No contestó: 10%

¿Qué es más importante: la técnica para tener una relación sexual o el tamaño del pene?

La técnica: 76%
El tamaño del pene: nadie
Ambos son importantes: 9%
Ninguno es importante: 2%
No contestó: 13%

En caso de haber tenido relaciones sexuales con un hombre de pene pequeño, ¿cómo te sentiste?

Sí: 37%. Las respuestas más significativas son:
- "No sentí nada"
- "Frustrada"
- "Mal"
- "Rara"
- "Me dio asco"
- "Fue placentero"
- "Incómoda"
- "Normal"
- "Satisfecha"

- "Me dio pena"
- "Muy bien"

No he tenido relaciones con hombres de pene pequeño:
18%
No contestó: 45%

¿*Cuántas veces a la semana tienes relaciones?*
Es variable: 1%
A diario: 1%
Una vez por semana: 28%
2 veces por semana: 10%
3 veces por semana: 18%
4 veces por semana: 6%
Ninguna: 11%
No contestó: 25%

¿*Qué tanto disfrutas tus relaciones sexuales?*
Mucho: 65%
"Al máximo": 11%
No tengo relaciones sexuales por el momento: 2%.
Más o menos/Muy poco: 6%
No contestó: 16%

¿*Has sentido un orgasmo?*
Sí: 80%
No: 1%
Creo que sí: 6%
No contestó: 13%

¿*Cuál es el promedio de orgasmos que tienes por cada relación sexual?*
Uno: 32%
Dos: 24%
Tres: 9%
Cinco: 3%
Cuatro: 2%
15: 2%

Ninguno: 1%
Depende: 1% (sin especificar a qué se refiere)
Siempre/Casi siempre: 4%
No sé: 1%
Varios: 1%
Pocos: 1%
No contestó: 19%

Define qué es un orgasmo:
Esta pregunta se prestó a una gran diversidad de definiciones del 85% de las mujeres que la respondieron. Aquí las más recurrentes:
- Es placer extremo.
- Una sensación placentera.
- Es el clímax.
- Es indescriptible.
- Se siente hormigueo/entumecimiento.
- Es una explosión.
- Es la contracción de la vagina.
- Es el punto máximo.
- Se siente mucho calor.
- Es liberación de energía.
- El cuerpo se estremece.
- Es un sentimiento intenso.
- Es una sensación que te hace perder el control.
- Satisfacción plena.
- Euforia.
- Sensación rica.

Otras respuestas:
- Es el encuentro de dos almas.
- Tocas el universo... flotas.
- Es liberación.
- Es ir al cielo.
- Es un descanso físico y espiritual.
- Son muchas sensaciones simultáneas.
- Es como volar.
- Es como morir.

- Se siente una suspensión en el aire.
- Es adrenalina.
- Es éxtasis.
- Te desconectas del mundo.
- *Le petit mort.*

No sabe/No contestó: 15%

Nota: llama la atención el porcentaje de mujeres que se negaron a contestar ciertas preguntas, tal vez por pena, pudor o vergüenza.

Resultados de los hombres
Metodología
Se encuestó a 100 hombres, al azar. La encuesta fue directa.

Edades
De 20 a 68 años.

Preferencia sexual
Homosexual: 20%
Heterosexual: 80%
Bisexual: 0

Nivel de estudios
Preparatoria: 18%
Universidad: 62%
Posgrado: 20%

Estado civil
Casado: 40%
Soltero: 40%
Viudo: 2%
Divorciado: 8%
Otro: 5% (unión libre, con pareja)
No contestó: 5%

La primera información sexual fue recibida...
Del padre: 10%
De la madre: 3%
De ambos padres: 8%
De hermanos: 8%
De amigos: 36%
De Internet: 0
De la escuela: 33%
Otro, especifique: 2% (libros, revistas)

Tu primera relación sexual fue:
Antes de los 12 años: 1%
Entre los 12-15 años: 29%
Entre los 15-18 años: 33%
Después de los 18 años: 36%
No he tenido relaciones sexuales: 1%

¿Ha tenido relaciones sexuales con personas de su mismo sexo?
No: 80%
No contestó: 6%
Sí: 14%. No se mencionó en qué condiciones las habían
tenido.
De este 14% uno dijo 3 veces, 4 dijeron 8 veces,
6 dijeron más de 10 veces, 2 dijeron "muchas", 1 no
contestó.

*¿Ha tenido relaciones sexuales con más de una persona a
la vez?*
No: 76%
Sí: 19%
No contestó: 5%

¿El tamaño del pene importa?
No: un contundente 58%. Las principales razones que
dieron fueron:
• Cuenta más cómo se realiza la estimulación.
• Influyen otros aspectos (emocionales, eróticos).

- La relación sexual no sólo se basa en la penetración.
- La mujer siente en los tres primeros centímetros de la vagina.
- La relación sexual es un acto de amor.
- Hay que saber mover el pene.
- La importancia del pene no radica en el tamaño.
- Depende del placer de la mujer.
- Es mejor la correspondencia de longitudes (pene-vagina).

Sí: 30%. Los argumentos fueron:
- Para dar mayor placer a la pareja.
- Un pene chico no causa nada, uno grande sí te da placer.
- Por autoestima/seguridad.
- Estimula visualmente.
- Da presencia e imagen.
- Les gusta a las mujeres.

El 4% restante respondió que depende:
"Si a mi novia le satisfacen los tamaños grandes".
"Puedes tenerlo chico y tener una buena relación sexual".
No sabe/No contestó: 8%

¿Te gusta el aspecto físico del pene?
Sí: 57%
No: 14%
Le da lo mismo: 5%
"Sólo algunos": 2%
Otro 2% dijo que depende, aunque no especificó de qué
No sabe/No contestó: 20%

Desde tu perspectiva, ¿cuánto mide un pene grande y cuánto mide uno chico? (erecto)
Grande: respondieron en un rango que va de los 12 cm a los 30 cm. El 46% dijo que un pene grande mide entre 18 y 20 cm

Chico: respondieron en un rango que va de 6 cm a
18 cm. El 30% corresponde al grupo más
significativo que dijo que un pene chico mide 10 cm
Otros: como dato curioso un hombre respondió que
mide "de 10 a 5 pulgadas". ¿Será?
No sabe/No contestó: 20%

¿La función más importante del pene es generar placer?
Sí: 34%
No: 51%
Tal vez: 2%
No contestó: 13%

¿Crees que un pene grande proporciona más placer que uno chico? ¿Por qué?
No: 55%, porque:
- Depende de la técnica.
- El tamaño no es importante.
- El placer de la mujer se ubica en la entrada de la vagina.
- Puede lastimar a la mujer.
- El placer depende de cómo se lleva a cabo la relación.
- También tiene que ver el ancho.

Sí: 20%, por las siguientes razones:
- Se alcanzan más puntos (las paredes vaginales).
- Proporciona más recubrimiento.
- Por una cuestión anatómica.
- Con un pene chico no se siente nada.
- Las mujeres tienen esa idea (que sea grande).
- Si se sabe usar, se siente mejor.
- Provoca más placer.
- El grueso también importa.

Para el 5% esta pregunta depende de:
- Qué le gusta a la mujer.
- El uso que se le dé.

No sabe/No contestó: 20%

¿Crees que un pene grande representa en un hombre "masculinidad", "fuerza", "valentía" o "virilidad"?

No: 64%. Justificaciones:

- A primera vista sí, pero esos conceptos, culturalmente, expresan más cosas.
- Un hombre demuestra esas actitudes en momentos de dificultad.
- Dependen de la mentalidad, preparación y seguridad de la persona.
- Socialmente es así.

Sí: 22%, en especial virilidad y masculinidad.

Para el 4% depende de la perspectiva de cada quien.

No contestó: 10%

¿Crees que un pene pequeño representa en un hombre "falta de carácter", "inseguridad", "cobardía"?

Sí: 19%

No: 62%

El 7% dijo que depende de quién lo vea y que es una cuestión cultural

No sabe/No contestó: 12%

¿Qué crees que significa, para el hombre, tener el pene chico?

Esta pregunta dio pie para diversos tipos de respuestas. La más significativa (27%) corresponde a: inseguridad/pena. Le siguen respuestas como: "Depende de su seguridad", "Estar acomplejado", "Incertidumbre de poder dar placer", "Según el contexto o su autoestima".

Nada: 8%

Otras respuestas que dieron abarcan desde desilusión, frustración, trauma, preocupación, herencia, genética y falta de virilidad hasta maldición.

Una de las ocurrencias de uno de los encuestados fue la siguiente: "Habría problema si es asiático, porque está comprobado que lo tienen chico".

Un representativo 24% no sabe/no contestó.

¿Recurrirías (si eres hombre) o le sugerirías a tu pareja (si eres mujer) que se someta a una cirugía u otro método para modificar el aspecto del pene o de la vagina?

No: un contundente 83%

Sí: 5%

Tal vez: un ínfimo 2%

No contestó: 10%

¿Has tenido problemas con tus parejas en tus relaciones sexuales?

No: 65%

Sí: 25%. Entre los más recurrentes destacan:

- La virginidad (de la pareja).
- No hay química sexual.
- La forma y el modo de hacerlo.
- La falta de lubricación.
- Estrés, cansancio.
- Ella piensa que no quiero hacerlo.
- Tener la luz prendida.
- Pena por nuestro cuerpo.
- Falta de circuncisión.
- Eyaculación precoz.
- Falta de erección.
- Tamaño muy grande del pene.
- Falta de concentración.
- Tedio, rutina.
- Diferencias culturales (aunque no se especificaron cuáles).

No contestó: 10%

Si respondiste sí, ¿te atendiste con un experto?

Del 25% que aseguró haber tenido problemas sexuales, sólo 6% se atendió con un experto

¿Hay algo que afecte tu confianza y autoestima en el desempeño de tu sexualidad? ¿Qué?

No: 45%

Sí: 25%. Entre éstos surgieron respuestas como las que se muestran a continuación:

- Falta de higiene.
- No conocer las zonas sensuales de mi pareja.
- Nerviosismo.
- Discriminación.
- Desamor y engaño.
- El tamaño del pene.
- Problemas con mi pareja.
- Sentirme aceptado/rechazado.
- Falta de erección.
- Mi físico.
- Adelantarme sin tener en cuenta el mutuo orgasmo.
- No satisfacerla.
- No sabe exactamente qué, pero algo lo ha afectado.

No contestó: 30%

¿A quién le preocupa más el tamaño del pene: al hombre o a la mujer?
Al hombre: 50%
A la mujer: 10%
A ambos: 16%.
No sabe/No contestó: un representativo 24%

¿Qué es más importante: la técnica para tener una relación sexual o el tamaño del pene?
La técnica: 70%
Ambos: 16%
El tamaño: curiosamente, nadie
Ninguno: 2%, pues más bien lo que importa es el tiempo de erección
No contestó: 12%

¿Alguna vez te has sentido intimidado por la respuesta de alguna mujer ante el tamaño de tu pene? ¿Qué pasó?
Jamás: 87%. Uno de ellos, incluso, apelando a la justicia divina, respondió: "No. Gracias a Dios".
Sí: 9%. Explican qué sintieron:
- "Me dio vergüenza."

- "Fue en las primeras experiencias, por inseguridad y falta de experiencia sexual."
- "Me hicieron sentir inferior."
- "Lastimaba su vagina."
- "No he estado con mujeres."

No contestó: 4%

¿Cuántas veces a la semana tienes relaciones?
Una: 37%
2: 24%
3: 11%
5: 1%
"Las que se puedan": 1%
Varias: 1% (aunque no dijeron exactamente cuántas)
"Depende": 5% (aunque no se especificaron las razones)
Ninguna: 9%
No contestó: 11%

¿Qué tanto disfrutas tus relaciones sexuales?
Mucho: sólo 79%
"Totalmente": 2%
Depende de la disposición de la pareja: 5%
No contestó: 14%

¿Has sentido un orgasmo?
Sí: 80%
No: ninguno
No contestó: 20%

¿Cuál es el promedio de orgasmos que tienes por cada relación sexual?
Uno: 35%
Dos: 19%
Tres: 9%
Siete: 1%
"Siempre": 4%

"Casi en todas": 1%
En ambas respuestas no se especificó en cuántas
    relaciones sexuales.
No contestó: 30% (curiosamente, 10% más que en
    la pregunta anterior, equivalente a 20%)

Define qué es un orgasmo:
Esta pregunta se prestó a una gran variedad de respuestas, desde las más conservadoras y técnicas, hasta las más divertidas y metafísicas. Aquí las más representativas que dieron los encuestados:
Evidentes:
- Punto máximo de excitación o goce.
- Sentir placer.
- Clímax.
- Satisfacción.
- Culminación de un acto sexual.
- Excitación máxima.
- Eyaculación placentera.
- Lo máximo.
- Goce perfecto.

Técnicas:
- Éxtasis físico y mental.
- Explotar, fuerza y relajación.
- Tensión corporal.
- Sensación que recorre el cuerpo.

Metafísicas:
- Conectarte con tu pareja.
- Grado máximo de acoplamiento y comunicación.
- Sensación de eliminar el paso del tiempo.
- Sentirse pleno.
- Volverse en sí mismo.
- Sensación explosiva, donde pierdes el
  conocimiento.

Uno de los encuestados prefirió no compartir su
    opinión bajo el argumento: "Es personal".
No sabe/No contestó: 32%

En la mayoría de los hombres su respuesta erótica está más centrada en los genitales que en el resto del cuerpo.

El líquido transparente que se secreta por la uretra (conducto por donde pasa la orina) durante la excitación ya contiene espermatozoides.

Algunos dicen que no se siente lo mismo con condón que sin condón.

Los contagios de ITS ocurren con mayor frecuencia cuando el hombre está bajo la influencia de alcohol o drogas.

Los hombres se erotizan más fácilmente con la lencería que con los besos.

Pueden tener un orgasmo sin eyacular, o eyacular sin tener orgasmo.

Algunos necesitan pensamientos antieróticos, como contar o recordar el último partido que perdió su equipo favorito, para evitar la eyaculación.

En algunos hombres, el principal temor del envejecimiento es la posibilidad de ver afectadas sus erecciones.

Las parafilias (antes llamadas desviaciones sexuales), como el fetichismo, el vouyerismo y el exhibicionismo, se presentan más frecuentemente en varones.

Algunos hombres pueden separar el erotismo de los afectos. Es decir, pueden mantener una relación sexual con alguien sin involucrar sus sentimientos.

Los hombres pueden ser portadores de ITS sin manifestar síntomas evidentes.

9. Personajes en la historia

Hay mucho por abarcar en la historia literaria sobre el tema de la sexualidad. No podemos pasar por alto a determinados personajes para reflexionar sobre lo que representaron en su época y cuántos de ellos influyeron en nosotros hasta el momento para que sigan siendo un punto de referencia en la actualidad. Ellos son parte de nuestra cultura sexual en estos tiempos.

Cada uno de estos personajes ejemplo, como los llamo, de los que hablará el historiador y profesor Enrique Alfaro, han ejercido en su momento una gran influencia social. Algunos han roto con las reglas, otros las han establecido.

Nuestro historiador hizo una selección muy clara de sus influencias y estoy segura de que cada uno ha sido importante en la información o desinformación, en su momento, de toda una sociedad. Habrá aspectos que hoy veamos con mayor claridad y otros que no entendamos, pero en todos los casos estos personajes marcaron la pauta en su tiempo. El entorno hablaba de ellos, se quejaba de ellos o hacía lo mismo que ellos; fueron rechazados y al tiempo abrieron conciencias o por su desempeño fueron borrados de la historia.

Conozcamos a continuación un poco más de su vida y de sus motivaciones.

Calígula

Son tantas las anécdotas horribles que la historia cuenta de Cayo Julio César, llamado Calígula (diminutivo de *caliga*, la sandalia de las tropas romanas), que la vida de este emperador romano sólo se explica desde la absoluta locura. Suetonio no dudó en calificarlo de monstruo. Calígula vivió para la depravación, la crueldad, el abuso y los excesos sin fin. Si un novelista hubiera creado a Calígula como personaje, más de un lector rechazaría esa imposible novela por mala y perversa, por increíble y desmesurada. Pareciera que aun la ficción no admite todo el mal que la imaginación más exacerbada pueda elucubrar sin faltar a la verosimilitud. Es cierto que algunos de los historiadores de la Antigüedad que escribieron sobre Calígula –Suetonio, Dión Casio–, lo hicieron con cierta animadversión con el fin de dar lustre a la dinastía flavia, reinante en Roma, en demérito de la anterior, la julio-claudia. De cualquier forma, es difícil explicar a Calígula, el caprichoso, el amoral, el tránsfuga de la razón.

Nació en Antium, en el año 12 d. de C. Pertenecía a una familia ilustre, era descendiente de Julio César y de Augusto. Sin embargo, tuvo una infancia difícil. Su padre, Germánico, fue muerto en circunstancias extrañas, y su madre, Agripina la Mayor, enviada al exilio con algunos de sus hijos por intrigas políticas. Calígula se crió en casa de su abuela, donde se le sorprendió cometiendo incesto con su hermana Drusila, su favorita. Muy probablemente también tuvo relaciones sexuales con sus otras hermanas, Julia y Agripina, a las que años más tarde, ya emperador, usó como moneda de cambio y las ofreció a sus amigos.

Tiberio, el segundo emperador romano, era abuelo por adopción de Calígula, al que nombró junto con otro nieto,

Tiberio Gemelo, como sus sucesores. Gemelo era su nieto de sangre, pero era muy pequeño para gobernar. Tiberio ya sabía lo que se podría esperar de Calígula: "Vive para su propia perdición y para la de todos". Calígula, por su parte, odiaba a Tiberio y planeó asesinarlo para vengar la muerte de su madre y sus hermanos. Sin embargo, no se atrevió o comprendió que no le convenía. En esos años adolescentes, le gustaba presenciar las ejecuciones de los condenados a muerte y su carácter se hizo hosco. "Estoy creando una hidra para el pueblo romano", afirmaba Tiberio.

Cuando cumplió veinticinco años, en el año 37 d. de C., Calígula ascendió al poder de una manera propia de su leyenda. Tiberio aún agonizaba en su lecho de muerte cuando Calígula le arrancó el anillo imperial y exigió ser reconocido como el nuevo César. Gracias a Macrón, el prefecto del pretorio, que probablemente asfixió a Tiberio pues no acababa de morirse, consiguió el juramento de fidelidad de los pretorianos y de los marinos de la flota imperial. Ya podía hacer su entrada triunfal en Roma. El senado anuló el testamento de Tiberio y otorgó a Calígula todos los poderes: lo aclamó como emperador, obtuvo la potestad tribunicia y los títulos de máximo pontífice y padre de la patria. Mucho esperaba Roma de su nuevo emperador. Inició una serie de reformas y tomó medidas políticas correctas y todo parecía ir bien para el joven emperador, a pesar de su escasa educación política y su desprecio por el senado. De pronto, seis meses después de llegar al poder, sufrió una enfermedad que, por decir lo menos, trastornó su personalidad. Si antes había sido incestuoso, egoísta, díscolo, afecto a la tortura y las ejecuciones, y había planeado asesinar a su abuelo, ahora el mundo sabría quién era Calígula en su máxima expresión. A partir de entonces entró en la noche de la locura.

Sus tres hermanas fueron representadas como diosas en las monedas. Ordenó asesinar a Tiberio Gemelo, y Macrón, el hombre que le ayudó a ser emperador, fue nombrado prefecto en Egipto al tiempo que recibió la orden de suicidarse antes de salir de Roma. Se disfrazaba y maquillaba (afición que tuvo desde adolescente) para infundir horror. Fueron tantas las ejecuciones injustificadas que sólo el capricho puede explicarlas, y pedía al verdugo que los matara lentamente, para que las víctimas se dieran cuenta de su muerte. Celebró el culto del emperador viviente como si se tratara de un dios. Se comparó con Júpiter Olímpico, y decapitó una estatua del dios para sustituirla con una suya. Levantó un templo en su propio honor y la estatua del emperador estaba entre las de los dioses. Amante de los caballos, a su favorito, *Incitatus*, le construyó un establo de mármol, lo cubrió de telas y piedras preciosas, lo alimentaba con manjares, puso a su servicio un grupo de esclavos para que lo atendieran y, por último, lo nombró cónsul, la más alta magistratura de Roma. En menos de un año gastó el tesoro del Estado, por lo que hizo cualquier cosa para conseguir dinero: estafas, apuestas inaceptables, juegos plagados de trampas, extorsiones, crímenes. Obligaba a los hombres con recursos a nombrarlo su heredero, luego simplemente los mandaba asesinar y en público se sorprendía por esos supuestos suicidios. Prostituyó a sus hermanas, así como a las esposas e hijas de los senadores en el propio palacio imperial.

Ante el descontento del pueblo de Roma, que estaba horrorizado, simuló campañas militares y triunfos inexistentes. Quiso eliminar la figura de Augusto, el primer emperador, de la historia de Roma, y pretendió destruir las estatuas y las obras de los grandes poetas y autores como Homero y Virgilio. A la muerte de Drusila, su hermana favorita y una de sus cuatro esposas, Calígula entró en una espiral de demencia de la que ya no saldría. Impúdico y sádico, comía mientras presenciaba cómo cortaban las cabezas de los prisioneros. En sus orgías, no respetó a mujer alguna. Las humillaba delante de sus maridos. Las anécdotas, puntuales, con nombres y hechos, son numerosas y nos hablan de su sadismo y perversión sin límites. Ansioso por ver a su hijo que aún no nacía, abrió el vientre de la mujer, con lo que consiguió, sin inmutarse, asesinar a la madre y al niño.

Calígula sufría ataques, tal vez epilépticos, era insomne y le temía a los fenómenos naturales. A nadie debe sorprender que en enero del 41 a. de C. tuviera éxito uno de los atentados en su contra. Habían sido casi cuatro años de pesadilla. Casio Querea lo asesinó, con otros conjurados. El emperador tenía veintinueve años. A su muerte, una parte del senado quiso restaurar la República. El nombre de Calígula fue borrado de los monumentos públicos y destruidas sus estatuas. Se pretendió borrarlo de la historia.

Marqués de Sade

Donatien-Alphonse François de Sade, fue conocido, perseguido, encarcelado y condenado por ser acaso el más grande libertino de la historia, el más perverso, pero también, y con justicia, por ser el autor de una vasta obra literaria y aun filosófica verdaderamente única. Lejos de perder interés con el tiempo, el marqués de Sade, aunque no fue marqués sino conde, ha sido repudiado y celebrado, y es punto fijo inevitable para los estudios filosóficos y psiquiátricos sobre la naturaleza humana, el origen del mal y los límites ético y moral de la conducta del hombre.

Su vida es impensable: agotó el catálogo completo de todas las perversiones posibles e imaginables. Después de él, todos los libertinos y perversos, de obra o de palabra, son vulgares imitadores. Por algo el *sadismo* lleva su nombre.

Noble, hijo de una familia acomodada, nació en París en 1740. Se educó con los benedictinos y los jesuitas, pero a los diez años era un experto *voyeur* que gozaba mirando las orgías de su tío. Sirvió en el ejército francés, fue a la guerra de los Siete Años, pero en cuanto volvió comenzaron los problemas. A los veintitrés años fue detenido por primera vez acusado de perversión sexual, blasfemias y profanación de la imagen de Jesucristo. Había empezado la leyenda. Su condición de noble lo salvó de una sentencia grave; además, apenas tenía cuatro meses de haberse casado en un matrimonio de conveniencia que fue todo lo contrario, pues se sacó el tigre de la rifa: su suegra se convirtió desde entonces en su peor enemiga.

En 1768 de nuevo fue acusado de perversión y entró una vez más en una prisión. Ya liberado, en 1772 fue por tercera vez enviado a la cárcel, condenado a muerte por los delitos de fustigar, envenenar y sodomizar prostitutas. Se fugó de la prisión de Miolans y huyó a Italia, junto con su cuñada.

Volvió a Francia, vivió en su castillo de Lacaste, bajo vigilancia policial, hasta que su conducta irremediablemente lasciva y nunca mejor dicho, sádica, lo llevó de nuevo a prisión, en 1777. Estuvo preso hasta 1790, salvo por una breve temporada. Vivió con horror y fascinación la Revolución francesa. Liberado por la Asamblea Constituyente, tuvo cargos en la sección revolucionaria de Piques, a pesar de ser noble. Durante el Terror, estuvo a punto de morir en la guillotina, pero no por sus crímenes, sino por su posición moderada; entonces fue acusado de traidor. Recuperó su libertad, pero el escándalo mayúsculo provocado por sus obras le valió, ahora sí, ser encerrado hasta su muerte, en 1814. Se le acusó de impiedad, obscenidad y perversión. Pasó el resto de sus días en prisión y luego en el hospital psiquiátrico de Charenton, donde murió.

Casi toda su obra, obscena, la escribió en prisión. En *Justine o los infortunios de la virtud*, *La historia de Juliette*, *Los ciento veinte días de Sodoma*, *La filosofía en el tocador*, entre otras novelas, narra, una y otra vez, con asombrosa crudeza amoral, explícitas violaciones, perversiones y toda clase de violencias extremas vinculadas a la sexualidad. En *Diálogo entre un cura y un moribundo* hace una defensa apasionada de su amoralidad y su ateísmo. El moribundo convence al cura de que la vida virtuosa es un error. Para Sade, los crímenes y las perversiones sexuales son naturales, y negarlos o condenarlos es inútil pues atenta contra la naturaleza. Las leyes y la ética, la moral, las normas y convenciones sociales son también antinaturales. También escribió panfletos políticos, teatro, cuentos, pero el tema es uno: la lucha por una "libertad" y "condición natural" que no caben en el mundo. Narrador virtuoso, Sade sigue ejerciendo una fascinación como una condena implacable. Figura emblemática y repugnante, querido y odiado, todavía no se escribe la última palabra, el último juicio sobre el marqués de Sade.

Pauline Bonaparte

Fue el otro Waterloo de su hermano. Mientras Napoleón dominaba Europa a punta de cañonazos, quitaba y ponía reyes y se hizo emperador de Francia, nunca pudo del todo someter a su hermana menor, la consentida, entregada a una vida frívola y licenciosa. Guapa, muy guapa, de rasgos finos y una figura pequeña pero muy agraciada, lo que suele llamarse una belleza, y además simpática, Pauline se ocupó desde muy joven en conquistar hombres y gozar de los placeres de la carne, como su hermano se dedicó a ganar batallas y conquistar países. Los historiadores, biógrafos y novelistas que han escrito sobre ella, coinciden en esas dos características que la definen de cuerpo entero: bella y frívola, y no pocos dudan en tildarla con una pa-labra muy dura: ninfómana, pues padecía (o gozaba) lo que los libros llaman furor uterino: "deseo violento e insaciable en la mujer de entregarse a la cópula". Podríamos preguntarnos si Pauline tendría un lugar en la historia por sus hazañas aunque no hubiera sido hermana de Napoleón. Es una pregunta imposible; nadie escapa a su circunstancia, a su tiempo, pero los testimonios sobre ella y una escultura de Antonio Canova en la que aparece semidesnuda como una Venus le han dado un lugar indiscutible en la historia de la sexualidad y del arte, entre los amantes de la belleza. Para la historia de Francia es irrelevante; su mayor rasgo es haber permanecido al lado del ex emperador, a quien tantos dolores de cabeza había producido, cuando cayó en desgracia y fue enviado al exilio.

Nació en 1780 en Ajaccio, Córcega, de donde provenía la familia. Llegó a París a sus trece años. En 1796, a sus dieciséis, ya era, genio y figura, Pauline Bonaparte. Bellísima, buena conversadora, simpática, frívola, amiga de los lujos, pronto se hizo popular. "Era una combinación extraordinaria de belleza física perfecta y la más extraña relajación moral", dice un testimonio. Coqueteó con la mayoría de los miembros del Estado Mayor de su hermano. El entonces general fue, de manera tan fugaz como inevitable, "cuñado" de buena parte de los oficiales de su ejército.

Napoleón quería evitar el gran escándalo, y no encontró mejor opción que buscar un marido para su hermana. Eligió entre sus hombres de confianza a Charles-Victor Emmanuel Leclerc, un oficial rico, joven e incondicional. Pauline y Leclerc se casaron en junio de 1797. De ese matrimonio nació el único hijo de Pauline, que murió antes de cumplir tres años. Pauline no sentó cabeza. Cuando Napoleón envió al general Leclerc a sofocar una rebelión en la entonces colonia francesa hoy llamada Haití, Pauline se negó a ir con su marido, estaba muy contenta con su vida en París. Dicen que fue obligada a partir. Mientras el general se ocupaba en las acciones propias de su oficio, Pauline organizaba espléndidos bailes y fiestas y se entretenía aun con los soldados de baja graduación. Sin embargo, cuando Leclerc enfermó de fiebre amarilla, Pauline mostró uno de los mejores gestos de su vida: no se separó de la cama de su marido hasta que éste murió. Entonces volvió a Francia con el féretro, lo hizo enterrar con honores y se olvidó de él. Allí terminó su duelo. Pauline volvió a la fiesta. No sólo era incapaz de rechazar cualquier insinuación de un pretendiente, sino que buscaba afanosamente ser deseada y admirada por los hombres, necesitaba confirmarse a sí misma su capacidad para seducirlos, uno a uno, a todos los que ella quisiera. Era sexualmente insaciable.

La situación resultaba delicada. Napoleón ya era el primer cónsul, el hombre fuerte de Francia; faltaban menos de dos años para que se coronara emperador, por tanto, no podía tolerar los excesos y escándalos de Pauline. Una vez más, acaso sin imaginación, decidió casarla para acabar con el problema, esta vez con un príncipe de una célebre y riquísima familia italiana: Camillo Borghese. Entre los Borghese, dueños de la célebre villa de ese nombre, hoy todavía sitio de visita obligada para cualquier viajero en Roma, se cuentan varios príncipes de la Iglesia y al menos un papa. Camillo Borghese, al parecer, era un bueno para nada, y su matrimonio con Pauline sólo sirvió para hacerla más rica. En Italia, en Roma, lejos de Napoleón, dueña de la villa, perfeccionó sus habilidades y se dedicó a lo suyo: vivió aún con más lujos y se buscó más amantes. Fue entonces cuando posó desnuda (no puede pasarse por alto su condición de hermana del emperador y la época) para Canova, quien hizo una escultura, mármol que inmortalizó a ambos, y que se conserva en la Villa Borghese. Vivió con Camillo menos de un año, pero Napoleón no permitió el divorcio. Luego, Pauline fue de aquí para allá y se estableció en Neuilly, donde hubo más de lo mismo. Sufrió agotamiento, trastornos vaginales debidos a la "fricción excesiva", y los nombres bien documentados de sus amantes continuaron alimentando su leyenda.

Cuando Napoleón había dejado de ser emperador, Pauline compartió con su hermano meses de exilio en la isla de Elba. Al cumplir cuarenta años, estaba enferma y se sentía vieja. Ordenó que se guardara la escultura en la que representa a Venus para que los curiosos no compararan su espléndida belleza de juventud con la mujer con arrugas que era entonces. Murió de cáncer, en Florencia, en junio en 1825. Pidió ser enterrada en el panteón de los Borghese. Tenía cuarenta y cuatro años.

Príapo

Este dios de la Antigüedad pagana podría decirnos mucho sobre la importancia del tamaño del pene, en particular sobre sus inconvenientes, porque las enormes dimensiones de su falo probablemente no le permitían tener relaciones sexuales. Su origen se sitúa en la ciudad de Lámpsaco, en Asia Menor, y su culto pasó a Grecia y aun al panteón romano. Como en tantos mitos, hay distintas versiones sobre su origen y vicisitudes, pero es considerado un dios menor, hijo de Dioniso (dios del vino) y de Afrodita (diosa del amor). Grotesco y deforme, se le solía representar como dios de la fertilidad, protector de jardines y huertos, de las viñas y los vergeles, de las cosechas y los rebaños. Su enorme miembro, absolutamente desmesurado, siempre erecto, es el símbolo de la virilidad, de la potencia sexual, de la fuerza de la naturaleza para engendrar y fecundar.

Una de las leyendas sobre el origen de Príapo, aunque todas coinciden con el mito, los atributos y las funciones del dios, dice que su deformidad se debió a los celos de Hera, esposa de Zeus. Éste, enamorado de la belleza de Afrodita, la sedujo. De esos amores nacería Príapo. Hera, celosa, tocó el vientre de Afrodita antes de que diera a luz, razón por la cual Príapo nació deforme. Afrodita, aterrada y temerosa de las burlas de que sería objeto por el tamaño del pene de su hijo, lo abandonó en el bosque. Lo encontraron unos pastores que lo criaron e iniciaron el culto a su virilidad.

La vida de Príapo es poco edificante. Dice la leyenda que una noche de excesos dionisiacos, Príapo intentó violar a la ninfa Lotis. Cuando se adentraba en la habitación, el rebuzno de un asno (detalle que debe ser considerado) despertó a la ninfa, quien huyó aterrada. Algunos autores afirman que fue tal el horror de Lotis, que, para huir de Príapo, de su enorme pene, pidió a los dioses ser transformada en planta (loto). Otra versión cuenta que Príapo, en otra ocasión, quiso violar a Vesta (la Hestia de los romanos), diosa virgen del hogar y del fuego sagrado. Un asno rebuznó y despertó a Hestia, que huyó del peligro. El asno es un animal asociado a la figura de Príapo y en las fiestas de Vesta era coronado de flores por el servicio que había prestado a la diosa.

En una casa de Pompeya se conserva un fresco de Pría-po, en el que aparece su enorme pene y a sus pies un cesto de frutas, símbolos de la riqueza y fecundidad de la casa. En medicina se usa el término priapismo. El diccionario define esta palabra como: "Erección continua y dolorosa del miembro viril, sin apetito venéreo".

Príapo era un dios rústico, torpe, incapaz de seducir o amar. Representa, por tanto, la sexualidad cruda y dura, sin contexto amoroso, basada sólo en su impulso viril, genera-dor. El mito de Príapo nos dice, en una conclusión apre-surada, que un pene en exceso grande y con gran potencia sexual puede ser, en sí mismo, contraproducente para la consumación del coito y su tamaño resulta absolutamente irrelevante para el amor.

Varios hombres postergan la revisión prostática por temor al tacto rectal.

La autoestimulación (masturbación) es una práctica que acompaña a muchos varones durante la mayor parte de su vida.

Los hombres disfrutan más recibir y dar sexo oral que las mujeres.

El olor del cuerpo de su pareja es más excitante para ellos que para ellas.

La homosexualidad masculina está más estigmatizada.

En la actualidad la bisexualidad es una orientación sexual que se observa más a menudo.

De los sesenta y ocho millones de visitas diarias a los sitios pornográficos en la red, el setenta y dos por ciento son hombres.

Hay varones que no han iniciado su vida sexual que pueden tener temor a relacionarse sexualmente.

Muchos hombres y mujeres mayores piensan que el sexo es para los jóvenes, a pesar de que continúen teniendo deseo sexual.

A los adultos mayores se les dificulta tener una expresión afectiva, como darse un beso o tomarse de la mano en público.

En las mujeres mayores la disminución de la lubricación vaginal generada por la baja de estrógenos propicia la presencia de dolor (dispareunia) durante la penetración.

10. El amor y el sexo

Me pareció que para hablar de amor y sexo era necesario acudir a un experto que no fuera romántico en sus respuestas, o que no me diera discursos poéticos sobre el tema. Por tanto, acudí a un experto en psicoanálisis: el doctor Alfredo Valencia.

Desde el momento en que me dio la cita para conversar sobre el amor y el sexo, me emocioné mucho porque sabía que hablaría de lo más frío y seco en relación con el tema. Nada de emociones, nada de falsos conceptos o de literatura barata, el asunto se abordaría desde nuestro ser, nuestro yo interno, las trampas que a veces nos ponemos para decir que eso es amor cuando no lo es.

Sabía algo muy claro, que con él no se vulgarizaría la palabra como se ha vulgarizado tanto, y que para el tema de sexo encontraría una respuesta clara y no mejorada. Para muchos quizá sea necesario releer este capítulo. No es fácil entenderlo a la primera, tiene muchos significados profundos. Dense tiempo, el psicoanálisis no entra de golpe y porrazo a nuestra vida. Debe digerirse porque eso implica digerirnos a nosotros mismos. No es una tela cortada igual para todos; cada uno, en la búsqueda de los porqués y para qués podrá encontrar su propia medida.

Si logramos tomar conciencia de qué son el amor y el sexo en nuestras vidas, lo que representan y cómo los representamos en la vida cotidiana, encontraremos la respuesta a muchos de los cuestionamientos de por qué nos va bien o mal en esos temas.

No se juzguen, véanse con la lupa interior, con la que no compartes con nadie porque es muy íntima, y se podrán conocer mejor. Algo muy claro entendí: todos los seres humanos a la hora de relacionarnos establecemos un contrato que vamos a llamar "el original". ¿Por qué y para qué estoy contigo? En el camino del desarrollo de esa relación muchas veces nos quejamos de que las cosas no sean diferentes o mejores, pero si revisamos nuestro contrato original nos daremos cuenta de que eso es lo que quisimos en un principio y cómo es que después queremos otra cosa.

Es muy interesante ver esta perspectiva de las relaciones. Yo me casé contigo porque eras bien guapa y tenías mucho dinero, nada más. Entonces, ¿por qué en el camino de la vida le pides que piense, razone y resuelva, si en el contrato original (ése que nunca compartes con nadie) tú querías una muñequita que resolviera tus problemas y limitaciones económicas? Otro ejemplo: me casé contigo porque eras bien borracho y nos divertíamos mucho; me gustaba que me llevaras a todos lados, a conocer gente, a disfrutar una vida social que yo no tenía porque soy penosa y tímida. El alcohol unió nuestras vidas. Pero nos casamos y un buen día me harto de tus juergas, de que hueles a rayos, de que no tenemos relaciones y llegas siempre tarde… revisa tu contrato original y verás que estás ahí por decisión propia.

Los contratos originales no se platican, son muchas veces inconscientes, ni siquiera te das cuenta de que se deben a esto o aquello. Pero revisarlos bien vale la pena porque no estás ahí por ser víctima de la situación, estás ahí porque eres cómplice y lo eres en la medida que sigues aceptando algo que no te gusta cuando a lo mejor antes lo permitiste o sí te gustaba o no pero nunca pusiste un alto.

Es importante vernos y aceptarnos justo como somos, y algo podemos mejorar sólo si nos damos cuenta de que lo somos y no nos gusta. Podemos superar eso de adentro que sale constantemente y nos hace infelices, pero tenemos que verlo, darnos cuenta, tomar conciencia de que existe. En el momento en que te das cuenta de que existe lo verás desde muchos ángulos y te hará ser mejor persona.

Todos tenemos miedo al cambio, pero no nos percatamos de que cada segundo estamos en constante cambio, en movimiento, que nada permanece igual; en consecuencia, ¿por qué negarnos al cambio? Es incongruente. Si ves que algo no funciona, haz otra cosa que amerite llevarse menos de tu energía y tu estabilidad. Muchas veces no dejamos a nuestra pareja por miedo, por flojera, por confort, pero entonces no hablemos desde la trinchera del amor porque vulgarizamos ese maravilloso sentimiento.

Insisto, el orgasmo y la plenitud sexual, por ejemplo, son responsabilidad de cada uno de nosotros. No podemos seguir depositando en el otro esa responsabilidad. Cada quien, decía mi mamá, que se rasque con sus propias uñas.

A un tema más o menos así le vamos a dedicar tiempo en las siguientes páginas con el doctor Valencia. Lee con calma, con mente flexible, abierta, como refiere el escritor Walter Riso en su reciente libro *El poder del pensamiento flexible*. La información presentada a continuación requerirá ser leída varias veces para comprenderla y aterrizarla en nuestra vida.

Amor y sexo

por Alfredo Valencia

Muchísimas personas se cuestionan qué es el amor. Se trata de una pregunta difícil de contestar, porque hay varias maneras de acercarse a esta problemática, hay diferentes guías que pueden llevarnos a por lo menos intentar dar con una respuesta. Me parece que de inicio podríamos decir que la situación amorosa es algo fundamental para el ser humano.

El amor es una petición que se hace, es una demanda que está sostenida por un par amado y amante; hay alguien que demanda ser amado y hay otro que está en disposición de amar o no. Esos lugares hacen complicada toda relación amorosa. La demanda de amor surge así, en términos generales, de algo que a veces al humano y sobre todo en estos tiempos se le dificulta ver, que es la profunda fragilidad en la que se está. Si algo pudiese definir al humano sería su profunda fragilidad, su profunda indefensión. Esa forma de ser indefenso coloca a la persona en una posición frente al otro de dependencia: dependo de que me alimente, de que me cuide, dependo en muchas cosas del orden de lo práctico; en ocasiones el amor se confunde con lo práctico.

Ahí se esconde el amor, en esa solicitud de dame seguridad, protégeme, cuídame, dame fuerza, quiéreme. Pero eso no es en esencia el amor, porque el que hace la solicitud del cuidado, si uno lo ve con detalle, no sabe si de eso se trata. No habría problemas del amor, si se tratara de eso, si se tratara de ¡cuídame, protégeme, dame! Porque habría muchos que sentirían el amor y además, el otro al dar eso estaría dando supuestamente amor y el otro lo estaría recibiendo, cuando sabemos que no es así, que no porque se dé y se reciba estamos en ese orden amoroso. Incluso esa confusión básica es lo que hace que haya problemas con el amor, porque el amor excede ese "dame esto, por favor". No, el amor más bien surge porque hay en el otro al que se le solicita algo que yo, sin saberlo, quiero tener, y –ése es el punto– que supongo que el otro tiene, que el otro me va a dar.

Menciono un ejemplo que alguna vez leí. El niño en la tienda pide que le compren un huevito Kinder, que es un chocolate. Pero para el niño el chocolate es lo de menos, lo que le interesa es lo que hay adentro para armar.

Eso es lo que buscamos los seres humanos, lo que la otra persona tiene adentro que puede complementar mi fragilidad. Lo que yo no tengo lo busco en el otro para de alguna manera completarme. El fenómeno del huevito Kinder es interesante porque no se sabe qué hay adentro. Los niños incluso pueden desechar el huevito en sí, lo que les importa es lo que contiene, y eso es una sorpresa, por eso se llama Kinder Sorpresa. ¿Qué hay en su interior? No lo sé hasta que lo abra. Pero eso que supongo que el otro tiene y que yo quiero tener en realidad no sé de qué se trata, supongo que hará de mí un hombre completo, una mujer completa, me va a llenar, me va a satisfacer, pero es un enigma, ¿qué será?

Ésta, entonces, es una visión del amor poco romántica. Sin embargo, el romanticismo que aparece en toda relación amorosa, esa fase del enamoramiento que provoca muchas quejas porque desaparece muy pronto o ya no se vuelve a tener, toda esa sensación se debe a que se cree que se ha encontrado eso que me ha completado. Pero si después resulta que no era así, se pierde todo ese sentimiento de bienestar y la zona del enamoramiento es porque se cree que se ha encontrado "eso" que es una incógnita. Gran parte de las dificultades entre las parejas es ésa, darse cuenta de que no encontraron lo que se deseaba como sorpresa esperada. Yo creí que era, pero no fue.

El amor se debería sostener precisamente en una relación donde se sabe que eso es imposible que se dé y ahí viene el encuentro, lo que se podría decir en términos muy habituales, la madurez, la comprensión, un ámbito a partir del cual nos podríamos acercar al problema del amor.

Todo es una incógnita en la relación amorosa, pero uno se coloca en la posición de demandarle al otro que le dé para completar algo que no sabe de qué se trata. Esto tiene que ver con nuestra historia, el amor se funda en nuestra historia, en nuestro contexto histórico de cómo a las figuras, los padres, los hermanos, la gente emocionalmente cercana a uno, uno los ve como aquellos que nos dan. Finalmente de inicio hay un "yo te pido y tú me das", es decir, hay un "amado y un amante". Los papeles se invierten: el que en un momento puede ser el que demanda el amor y el otro, que está en posición de amar, pueden invertir los papeles, y entonces el que estaba en posición de amante pasa a ser el que exija el amor, y es un vaivén, un vaivén en el que el mensaje es: "Sálvame de mi indefensión, sálvame de mis fragilidades, ayúdame a completarme". Ése es básicamente el terreno del amor y tiene sus variantes.

El amor no es una conducta, es lo que nos lleva a adoptar ciertas conductas. Es algo natural en el hombre, porque es natural nuestra indefensión, así nacemos indefensos. Un ejemplo es la relación prototípica del amor, la de la madre y su hijo.

A éste se le denomina el amor más puro, pero yo no estoy de acuerdo en que lo sea tanto, si pensamos, digamos, en ciertas enfermedades, como puede ser el aumento de la patología que se llama anorexia o los trastornos alimentarios; son enfermedades del amor. Ese amor que se califica de puro, el de madre e hijo conlleva una forma en la que uno intenta ver el amor de una madre con su bebé como el amor más pulcro, el más lindo, el más bello, y me pregunto: ¿será cierto? De ser así no habría neurosis, no habría problemas de conducta. El niño, el bebé, es profundamente indefenso y depende de esa mujer, que puede ser la madre o cuando no la hay, la que se encarga del bebé, de alimentarlo, de darle, de cuidarlo. Pero al fin y al cabo uno nunca sabe lo que es ese hijo para ella. Por ejemplo, en todos los cuidados maternales –darle la leche, cambiarle los pañales–, no se sabe, incluso la madre puede no saberlo. La pregunta de fondo es: ¿qué quiere su bebé?

Ella puede querer que su hijo sólo la quiera a ella porque es la proveedora: "Yo te alimento para que no te vayas con nadie más, yo soy lo fundamental para ti". Y eso mismo sucede también en las relaciones cuando somos adultos. Nos tendremos que preguntar ¿qué quiero de él o de ella? Por eso insisto en que el amor tiene que ver con tu historia, con tus vínculos, con tus relaciones fundamentales. Digamos que en todas las relaciones hay un contrato original entre ambos del cual nunca se habla. Yo estoy contigo porque me cuidas, me resuelves, me representas a tal o cual, me das estatus, me sitúas en, me generas o me recuerdas; los motivos reales por los que se está con el otro que nunca le voy a decir.

Por otra parte, el amor romántico es lo que se escribe, lo que se construye a partir de esa situación poco real. Es un cuento, en el mejor sentido: aspiraciones a lo puro, a lo bello, a lo completo, pero es una ficción que se construye de lo que en realidad aparece siendo el amor.

Todo ese sufrimiento manifestado con respecto al amor se relaciona con la frustración; el sufrimiento viene de la frustración ante esa indefensión. Como no pudiste protegerme, me frustro, sufro porque no tengo amor. Así lo construimos, pero dejame decirte una cosa, no hay alternativa, no hay un amor que sí complete, ¿completar qué? Esa frase de plenitud interna, "Ámate a ti mismo", es problemática porque parece decir "Si tú no me quieres, me quiero yo". No parece algo natural. Lo natural es "Ámame", aunque te metas en los laberintos y en los conflictos de lo que eso representa. "Ámate a ti mismo" no llena las expectativas o las características de lo que es el amor. Es más, es el resultado de que el otro no me quiso: "Si no tienes al otro, ámate tú solito", "Yo conmigo tengo", y la realidad es que conmigo solo nunca es suficiente.

En realidad, no me alcanza conmigo mismo, ni con el otro, ése es el problema de la situación amorosa. Extrañamente se podría decir –aunque suene a generalización y siempre hay que tener cuidado con ellas– porque no hay perfección, porque nadie lo completa a uno, porque uno nace indefenso, lo que resulta es que es necesario asumirse incompleto y completarse, aunque parezca trivial, con eso que hay, salirse de la expectativa de que el otro me dará, para ser y compartir con el otro.

En cuanto al concepto de las medias naranjas, la posibilidad remota de encontrar en la vida a nuestra media naranja no existe. Uno crea la ficción: "Porque el otro tiene lo que a mí me falta y teniéndolo yo seré feliz", ¿dos mitades se encuentran y hacen una naranja? No, el problema es que no hay medias naranjas, son dos naranjas. Incluso, a veces hay manzanas y naranjas, así que eso no funciona. No somos mitades, somos completos como somos con la clara intención de encontrarnos al otro pero para depositarme en el otro.

Hoy han cambiado las formas del amor, porque el amor tiene cosas culturales; por ejemplo, sabemos que eso que llaman el "amor romántico", hacer la corte, que te lleven serenata, que sientas mariposistas en la panza, que se encuentren, es una forma de amor que tal vez vaya desde la época medieval hasta nuestros días, pero no siempre fue así el amor. El amor cambia. Hoy ha cambiado. Cuando la relación de pareja era una especie de contrato, los padres elegían quién se casaba y eso tenía que ver con una serie de circunstancias sociales, por ejemplo, alcanzar la productividad, reunir fortunas, combinar apellidos, etcétera, la relación duraba porque dependía de un contrato externo al amor. El amor no estaba implícito.

En la medida que la relación de pareja depende del amor, más parejas se separan, porque hay intolerancia a que el otro no me dé. Tiene que ver con la sociedad de consumo. Hoy las cosas son más desechables, la moda, las marcas, todo se basa en áreas de consumo. Lo que deseo tener con una avidez terrible, al conseguirlo me doy cuenta de que me llenó sólo un rato. Como sucede con las cosas incluso, los automóviles, la ropa, y mucho más, yo apetezco eso con gran ansia, lo tengo, no me completó ni me hizo más feliz o me hizo feliz un ratito, pero anhelo más, quiero más, entonces eso lo desecho y busco otra cosa. Así es el amor también, se tira, se cambia por otro mejor, para luego darte cuenta de que no es suficiente.

Somos más egoístas, precisamente al estar más abiertos a las posibilidades de encontrar lo que me complete, lo que me haga feliz, al contar con más opciones de tener eso. Una vez que lo obtengo, si no me hace más feliz, lo desecho, al fin y al cabo dispongo de muchas opciones.

Ésa es la actualidad, eso es lo que veo hoy día. Está muy relacionado con un trastoque, no me gusta decirlo así porque se puede confundir con el aspecto moral, pero con un trastoque de valores. Hoy hay una especie de cultura de "todo para mí como si yo estuviese aislado". La única tarea es ver por mi bienestar, protegerme en ese bienestar y que lo demás no importe. O sea, ya no vemos las películas de vaqueros, como decían por ahí, donde todavía había cosas por las cuales morir. Parece que eso en la cultura contemporánea es cada vez más difícil, algo que sea más importante que la vida misma, que tu vida, algo por lo que yo estaría dispuesto a morir. Eso ya no existe, ya no se está dispuesto, ya uno se protege, se cuida, por ejemplo, en la salud con antioxidantes y ejercicio.

Uno no muere de amor, muere anhelando el amor, si entendemos ese amor como lo que intento transmitir, como completarse. Y ése es el asunto, ¿cuál es la indefensión más profunda del ser humano? Morirse. En esa zona del enamoramiento, la potencia es tal que somos inmortales.

El enamoramiento sí llega a interpretarse como que hay una mentira de por medio, "en amor miento". Sin embargo, hay que tomarlo con cuidado porque el amor en efecto es una mentira pero en el sentido de que uno cree que el otro le puede dar lo que busca, que el otro tiene lo que lo hará mejor. En ese contexto es una mentira, pero no lo es en el moral. El asunto es que si alguien pasó por esa situación del enamoramiento, de la potencia, del llenarse de vida, y luego se cae la máscara, el amor no tiene por qué acabar, y es que nunca empieza, es una ilusión. En nuestros días eso es muy claro, vivimos de ilusión: "Éste no me lo dio, pues veo si éste me lo da, y si éste tampoco, veo si el otro", como si al haber una gran dificultad el que tiene el problema es uno y no el otro.

El amor sería el acto afectivo mediante el cual creo que en mi unión con el otro me completo. Ese "creo que" es ilusorio, es imaginativo, es una suposición. Si esto es el amor, ¿cómo podríamos vivirlo en su máximo esplendor? ¿Cómo podríamos desarrollarnos en amor sin la frustración, sin la ruptura, cómo puedes lograrlo? Si uno se asume incompleto en su vida, si convive con el otro, se encuentra con el otro, comparte, decide compartir la vida con el otro.

Eso sería amor, pero el amor fuera de la ilusión de que el otro sea responsable de completarme. Con el otro me acompaño, con el otro comparto, acompañado del otro –es una frase romántica–, "decido morir". Eso existe, desde luego. Es un amor en el que dos se aman, no donde dos hicieron uno, sino donde dos pueden dar un tres, que son los hijos. Y en los hijos aparece esa transmisión del amor. Un hijo es el producto del amor, pero ahí ya caemos en el otro terreno, que siempre se comparte en cualquier temática de amor y sexo.

Marco una diferencia muy clara; una cosa es el amor y otra, la sexualidad. La sexualidad la entiendo como el vínculo, por ejemplo, entre una madre y el hijo. A veces, por desgracia, por la vulgarización del psicoanálisis se piensa que cuando los psicoanalistas hablamos de la sexualidad del bebé hablamos del sexo. Hay que diferenciar muy bien, una cosa es el sexo y otra, la sexualidad. Es evidente que en lo que hemos hablado del amor, hablamos del erotismo. El amor es lo erótico, el amor es la demanda: "Dame lo que me va a completar, dame lo que tú tienes para que yo sea mejor". Ésa es una dimensión erótica, que tiene que ver con la amistad, que tiene que ver con el amor entre madre e hijo, entre los amantes. En el amor dos se unen como son.

El sexo es otra cosa. Es el acto sexual, no hay que confundirnos. Lo sabemos, puede haber sexo sin amor, puede haber amor sin sexo por ciertas dificultades. Si los mezclamos estamos confundiendo las dimensiones.

Hay momentos en que se mezclan el amor y el sexo, pero son instantes, porque el sexo tiene que ver con una situación de unión, y la unión de los cuerpos no necesariamente va acompañada de la de los espíritus. En la mayoría de los casos se trata de la dimensión placentera, es otra de las formas en que quiero que me completes. Pero ahí hay más riesgo, por eso creo que las dificultades en el sexo son más importantes, digamos como las ve uno en la sociedad, que las del amor.

Si pensamos en el sexo como la unión de los cuerpos hay una condición muy necesaria para esa situación de encuentro corporal: quedas totalmente indefenso frente al otro, te abres por completo al otro y ahí la completud es casi real. En el sexo sí puedes hablar de dos medias naranjas, en el amor no, pero en el sexo, de dos se hace uno. El sexo es un solo cuerpo y aquí entramos al gran enigma del sexo y del amor; si en el amor yo quiero ser completado, tal vez esa completud se cumple en el acto sexual, pero, lo que es extraño, esa completud causa mucho miedo.

Las relaciones sexuales en general hoy no son satisfactorias. ¿Qué significa la no satisfacción en el acto sexual, haya o no amor? Significa la profunda angustia que implica el encuentro de los cuerpos, porque ahí uno se enfrenta directamente a la incompletud real. El amor y el sexo tienen como telón de fondo tres situaciones, dos que las podemos compartir, una que es más mítica pero no inmortal, a diferencia de los sexos: la prohibición del incesto. Esa tercera, la prohibición del incesto, es un orden mítico que construye sociedades, nos da apellidos, nos coloca en un lugar de identidad, pero las otras dos: en el amor yo quiero ser completo, yo quiero estar completo, pero dependo del otro y cuando el otro me da lo que supuestamente pedí, resulta que no era eso, es otra cosa, ¿qué?, es un enigma. ¿Quién sabe? Ser inmortal, tal vez, pero es imposible. En el sexo te confrontas con eso, otro y tú se completan, se hacen uno. En el acto sexual se hace un cuerpo, de dos cuerpos donde cada uno tiene lo que no tiene el otro, se completan, en el acto sexual se hace la ilusión, o se te cumple la unión, y eso provoca una profunda angustia, porque es el máximo sometimiento al otro, es el máximo encuentro con el otro, es la verdadera desnudez física, del alma, espiritual. Tus carencias se manifiestan en el sexo.

Entonces, la sexualidad es cada vez menos satisfactoria justo porque llegar al encuentro sexual para obtener placer implica asumir que en el otro te completas por un instante. Como se dice, en el acto sexual "yo no estaba ahí", te borras, te depositas en el otro. Hay una fusión, y la fusión causa mucha angustia. Hoy por hoy sí vemos que las patologías de lo sexual, las perversiones, son el resultado de esa dificultad para ese encuentro, porque –y eso tiene que ver con el amor–, sólo sabiéndote incompleto puedes ir al encuentro sexual. Si tú estás completo, ¿te imaginas el acto sexual?, te masturbas. O sea, en el acto sexual sí hay un yo dependo de ti, tú dependes de mí, nos fundimos en una ilusión o en algo que se representa en forma instantánea.

La sexualidad sin amor tiene consecuencias, como hijos infelices. El sexo puede traer un niño al mundo y el sexo sin amor puede hacer que lo que es producto no deseado del acto sexual, ese bebé, padezca una situación muy desafortunada.

El punto es que en el acto sexual el amor ya no juega, juega el encuentro de los cuerpos. Por eso insisto en que hay que diferenciar lo que es el sexo, la unión de los cuerpos, de la sexualidad. Es curioso, se le llama hacer el amor, pero ¡no estás haciendo el amor!, ése es un eufemismo.

Llamar a la sexualidad "hacer el amor" es una forma de encubrir, uno encubre lo que implica en realidad el acto amoroso sexual que es desaparecer, o sea, al decir: "Voy a hacer el amor" echo un velo sobre lo que en realidad implica el acto sexual: desaparezco en ti y tú desapareces en mí. Hacer el amor es "Nos completamos", no desaparezco, por eso es tan difícil. Hoy por hoy, solidaridad, compromiso, esas palabras que a fuerza de ser dichas han perdido todo su valor; antes podía uno dar la palabra, todavía puedes darla, vale para lo mismo, es decir, creo que sí las dificultades con lo sexual, las dificultades del amor están preñadas hoy, pero de una cosa que tiene que ver con el consumo, con la satisfacción pronta.

El sexo igualmente se ha visto empapado de esto, de la satisfacción pronta, no lo que implica el sexo, que es la desaparición de mí.

En ninguna etapa de la historia del ser humano se habla de una plenitud sexual, antes porque era un tabú, porque no se podía, porque no había tiempo, porque no había ganas; hoy porque todo es pronto, porque todo es rápido, porque todo es consumismo. ¿En verdad existe la plenitud sexual? Quizá, digamos, el espacio privado cada vez se ha hecho más un espacio público, entonces aquello que era del orden de la alcoba ahora es de un orden más expuesto. Ahora hay una serie de medios hacia los cuales podemos voltear en los que el sexo es explícito. Algo que antes sólo sucedía en la alcoba y tal vez en la intimidad de la pareja hoy es compartido en los televisores y en Internet. Esto quiere decir que la invasión del sexo es el resultado de mucho tiempo de haber mantenido taponeado eso que está ahí. Y siempre ha estado, lo que sucede es que ciertos códigos hacen que aparezca o desaparezca de la escena. Yo no diría que, por ejemplo, en la etapa de la Ilustración la gente fuera mojigata. Todo lo contrario, eran bastante atrevidos. De igual manera, los cortesanos no fueron muy moralistas.

Los aspectos sexuales se intentan tapar y aparecen las formas ocultas de la sexualidad por lo menos desde el siglo XIX hasta ahora. Hoy aparece otra vez una especie de exposición a lo sexual. Es como si fueran ciclos. Ah, pero hay un elemento permanente, que es la indefensión del ser humano que mediante lo amoroso intenta con el otro enriquecerse, completarse, potenciarse y percatarse de que en esa potencia que en un principio se podría dar hay un momento en que se cae, se vence. Eso que tenías para darme que me hizo feliz resulta que no es, ni me has completado, y menos podrás completarme todo el tiempo. Ahí es un punto de quiebre, nos damos cuenta de que el otro no está ahí para hacernos grandiosos, al menos no permanentemente. Todas las referencias literarias al amor mencionan que ese momento inicial de efervescencia se vence. ¿Se acabó el amor? No, yo diría, se acabó la ilusión de lo que pretendíamos bajo el nombre del amor.

Hay momentos en la vida de las parejas en que la monotonía las lleva a ya no disfrutar la sexualidad que tenían antes. El arranque en un principio de la pareja parece cesar con los años de matrimonio. ¿Por qué cesa? ¿Por qué se deja de tener relaciones sexuales con la pareja? Supongo que se trata de varias situaciones. La más sencilla consiste en achacar esta falta a las exigencias de la vida cotidiana, por lo menos eso se dice casi de manera inmediata: a qué hora, no tengo tiempo, estoy cansado, pero en realidad eso es el barniz. Hay otra dimensión que tiene que ver, más allá de las exigencias de la vida cotidiana, con la desilusión que implica que el otro no me completa.

Traspolamos la sensación del amor, de no obtenerlo, de no lograrlo, a nuestra sexualidad. Entonces es cuando hay estos movimientos hacia otros lados intentando lograr lo que acá se perdió. Pero también es cierto que abona el que una novia se convierta en una esposa y el valor de la palabra "novia" es otro que el valor de la de "esposa", y el valor de la palabra "esposa y madre" es todavía peor, a ver, ¡¿ten relaciones sexuales con una mamá!? Pero si mi esposa, mi ex novia, que en este momento es mi esposa, ahora es mamá, hay un orden que dificulta esa vinculación sexual, pero además, está el paradójico asunto que hoy vivimos, la profunda separación que prevalece entre mayor exposición a imágenes sexuales y el obtener placer. Implica incluso lo opuesto.

Sí hay satisfactores, pero nos encontramos en una situación donde la exhibición que tenemos hoy no necesariamente implica "puedes sentir placer", es decir, no porque tengamos a nuestra disposición más imágenes sexuales, no quisiera llamarles eróticas, porque las eróticas siempre han estado ahí, pero el elogio de la pornografía no es un aval para que tu sexualidad sea mejor. Esto lo veo como un síntoma, aparece afuera, es lo que no se da en la alcoba y aparece fuera de la pareja, lo que representa una dificultad para la misma, en la misma. Alguien podría, en una lectura fácil, decir: "Mira qué libres somos en la sexualidad como sociedad, porque ya hay una exposición más clara a estas imágenes", y no, eso no quiere decir que en realidad se disfrute más la sexualidad. Lo único que ha sucedido es que está fuera de nosotros, está allá nada más, no acá.

Es muy importante comprenderlo porque a veces al exponer más imágenes de orden sexual en los medios se cree que la sociedad es más abierta en la sexualidad. Ésa no es la lógica, lo único que ha sucedido es que está fuera de nosotros, aunque el televisor esté en la alcoba.

Es fuerte el tema si nos detenemos a pensar en el bombardeo absoluto en todos aspectos, en todos los medios, en la propia literatura, en todo. Ahora bien, lo peor que podemos hacer es verlo desde la dimensión moral, tenemos que considerarlo como un evento, un acontecimiento social que requerimos lograr entender. A veces con facilidad se dice: "Mira qué libres somos ya en la sexualidad, pues basta prender la tele o consultar Internet y ve nada más, eso quiere decir que ya estamos liberados". No es cierto, lo único que sucede es que eso real que es el sexo está expuesto fuera de nosotros y no necesariamente somos partícipes. No quiere decir que vivimos nuestra sexualidad sin cortapisas, puede tener hasta el efecto contrario: nos retraemos, nos da miedo y le apagamos. Por otro lado, una pareja puede utilizar estos recursos para divertirse porque estos recursos nos dan ideas, pero nada más.

Al hablar de imágenes pornográficas no sólo debemos caer en la típica de dos personas desnudas; ¡no hay imagen tan pornográfica como los millones de dóláres del chino!, ésa es una imagen pornográfica porque estás viendo aquello a lo que no accedes.

Tenemos acceso al salón de los millonarios, a las bellezas, a los cuerpos bonitos y eso nos confronta porque está allá afuera y no soy yo el que está ahí. Veo lo que no tengo. Es terrible, cuando uno creería que somos una sociedad más abierta porque hay esas imágenes, no es cierto. Yo diría que eso implica imágenes de dominio, de procura, de insatisfacción. Es más, está allá y si apago la televisión o

Internet desaparece la imagen, eso confirma que está fuera de mí.

Para concluir, quiero compartir una reflexión que me pareció importante. Hace poco viví una experiencia linda. Me invitaron a dar una plática con un filósofo y otro analista sobre la felicidad: ¿qué es la felicidad? Hicimos disertaciones acerca del tema. En el público había una mujer mayor, esposa de un analista muy querido, de noventa años e inactivo, aunque con una gran mentalidad. De pronto, su esposa alza la mano y dice: "Me llama mucho la atención que terapeutas, filósofos y analistas hayan hablado de la felicidad y en todo lo que han dicho nunca apareció la palabra orgasmo. Para ser felices hay que tener orgasmos, para alcanzar el orgasmo es necesario vencer las dificultades que implican fundirse con el otro y para perder el miedo a fundirse con el otro uno debe aprender que el otro no nos va a dar aquello que esperamos recibir para ser felices". Qué claridad, ¿no te parece?

Recuerdo que recientemente vi un programa de televisión de un escritor español que invitaba a escritores y un día convocó a gente que había publicado libros de cocina. Como es obvio, cayeron en el tema de los trastornos alimentarios, la anorexia, la bulimia, y quien conducía el programa le preguntó a un chef también de edad mayor: "Hoy que sabemos de antioxidantes, comidas sin colesterol, sin sodio, ¿qué piensa usted de eso, hacen bien, hacen mal, ayudan a vivir más?". Luego de pensarlo el chef le contestó: "Mire, no lo sé, pero lo que sí sé es que hace más daño el hambre".

Hay que tener hambre de amor, no de sexo, y la gente intelectualiza mucho el asunto del amor.

Y, Fernanda, ¿que si el tamaño importa? La frase parece indicar que cuanto más grande, mejor. No, es justo lo contrario, el tamaño no importa, ni la cantidad de dinero o bienes materiales. La insatisfacción humana proviene del concepto de que el tamaño, la cantidad, sí importan y estamos haciendo una sociedad de insatisfechos porque ¿quién dice cuánto mide el tamaño grande?

El climaterio masculino (andropausia) se manifiesta con cambios anímicos, cansancio crónico, falta de concentración, alteraciones en la respuesta sexual, depresión, pérdida de la memoria, entre otros.

Los varones mayores tardan más tiempo en excitarse.

Algunos hombres suelen tener relaciones sexuales extramaritales, no por un vínculo afectivo, sino más bien como una reafirmación de su insegura virilidad.

En algunas mujeres, al llegar a la tercera edad se ve afectado su autoconcepto, su autoestima y la imagen corporal, con repercusiones importantes en su erotismo. Ya no se sienten atractivas ni deseables.

La presencia de enfermedades físicas puede afectar la vida erótica mas no desaparecerla.

El placer erótico se modifica con la edad, pero es interminable.

Está demostrado que los hombres que tienen más de cien orgasmos al año tienen menor riesgo de sufrir una afección cardiovascular.

La autoestimulación en hombres y mujeres mayores es una opción erótica a la cual muchos recurren por la falta de pareja o de vida sexual activa.

En los adultos mayores, los problemas de erección son más frecuentes por causas emocionales, como la ansiedad, la autoobservación, o por problemas de salud como la diabetes mellitus, la hipertensión arterial, cirugía prostática, etcétera.

11. Prueba sexual

Te pido tiempo y verdadera dedicación para contestar esta prueba. Sé sincera(o) a la hora de responder. Nadie tiene por qué saber sus respuestas o, por el contrario, quizás algunos se animen a contestar en pareja; ¡ojalá! Al final lo importante de este examen es que te califiques y te conozcas más.

Por medio de esta prueba confiable y seria que aplica el Instituto Mexicano de Sexología te darás cuenta de cuáles son tus perspectivas de la sexualidad, cómo te desempeñas, qué te falta o qué te sobra en este ámbito.

El hecho de conocernos más gracias a estos resultados nos motivará a saber más sobre sexualidad. Aquí no te puedes engañar, sólo tienes que contestar con el tamaño de honestidad suficiente para conocerte más.

Este ejercicio es para que te veas a ti mismo(a) y saques tus propias conclusiones.

INVENTARIO DE SATISFACCIÓN SEXUAL*

Dr. Juan Luis Álvarez-Gayou Jurgenson

Instituto Mexicano de Sexología

1. En mis relaciones sexuales siento que me importa mucho la otra persona y le importo a ella

    Siempre   La mayoría de   En ocasiones sí   Pocas veces   Nunca
                las veces   y otras no

2. En mis relaciones sexuales tengo muchos sentimientos positivos hacia mi pareja y los recibo también

    Siempre   La mayoría de   En ocasiones sí   Pocas veces   Nunca
                las veces   y otras no

3. En mis relaciones sexuales expreso lo que me gusta y lo que no me gusta a mi pareja

    Siempre   La mayoría de   En ocasiones sí   Pocas veces   Nunca
                las veces   y otras no

4. Me cuesta trabajo aceptar que mi pareja me diga lo que le gusta y no le gusta durante la relación sexual

    Siempre   La mayoría de   En ocasiones sí   Pocas veces   Nunca
                las veces   y otras no

5. Durante la relación sexual doy y me dan besos

    Siempre   La mayoría de   En ocasiones sí   Pocas veces   Nunca
                las veces   y otras no

6. Recibo y doy muchas caricias durante mis relaciones sexuales

    Siempre   La mayoría de   En ocasiones sí   Pocas veces   Nunca
                las veces   y otras no

7. Siento y tengo mucha confianza en mi pareja

    Siempre   La mayoría de   En ocasiones sí   Pocas veces   Nunca
                las veces   y otras no

8. Siento mucho cariño por parte de mi pareja en la relación sexual

    Siempre   La mayoría de   En ocasiones sí   Pocas veces   Nunca
                las veces   y otras no

9. En mis relaciones sexuales me siento libre

Siempre La mayoría de En ocasiones sí Pocas veces Nunca
     las veces   y otras no

10. Me siento satisfecha después de tener relaciones sexuales

Siempre La mayoría de En ocasiones sí Pocas veces Nunca
     las veces   y otras no

11. Disfruto mucho el acariciar a mi pareja durante la relación sexual

Siempre La mayoría de En ocasiones sí Pocas veces Nunca
     las veces   y otras no

12. Disfruto mucho recibir caricias de mi pareja durante la relación sexual

Siempre La mayoría de En ocasiones sí Pocas veces Nunca
     las veces   y otras no

13. Me parece que mi pareja actúa en forma responsable durante las
relaciones sexuales

Siempre La mayoría de En ocasiones sí Pocas veces Nunca
     las veces   y otras no

14. Planeamos nuestras relaciones sexuales

Siempre La mayoría de En ocasiones sí Pocas veces Nunca
     las veces   y otras no

15. En mis relaciones sexuales tengo orgasmos

Siempre La mayoría de En ocasiones sí Pocas veces Nunca
     las veces   y otras no

16. Tenemos tiempo suficiente para nuestras relaciones sexuales

Siempre La mayoría de En ocasiones sí Pocas veces Nunca
     las veces   y otras no

17. En mis relaciones sexuales me siento seducida

Siempre La mayoría de En ocasiones sí Pocas veces Nunca
     las veces   y otras no

18. Mis relaciones sexuales son placenteras

Siempre La mayoría de En ocasiones sí Pocas veces Nunca
     las veces   y otras no

19. En mis relaciones sexuales siento erotismo propio y en la pareja

Siempre   La mayoría de   En ocasiones sí   Pocas veces   Nunca
           las veces   y otras no

20. En mis relaciones sexuales se dan abrazos

Siempre   La mayoría de   En ocasiones sí   Pocas veces   Nunca
           las veces   y otras no

21. Se da una entrega total en mí y mi pareja

Siempre   La mayoría de   En ocasiones sí   Pocas veces   Nunca
           las veces   y otras no

22. Siento respeto mutuo en las relaciones sexuales

Siempre   La mayoría de   En ocasiones sí   Pocas veces   Nunca
           las veces   y otras no

23. Las relaciones sexuales que tengo son apasionadas

Siempre   La mayoría de   En ocasiones sí   Pocas veces   Nunca
           las veces   y otras no

24. En mis relaciones sexuales se da el respeto

Siempre   La mayoría de   En ocasiones sí   Pocas veces   Nunca
           las veces   y otras no

25. Son importantes en mis relaciones sexuales los sabores

Siempre   La mayoría de   En ocasiones sí   Pocas veces   Nunca
           las veces   y otras no

26. Son importantes los olores durante mis relaciones sexuales

Siempre   La mayoría de   En ocasiones sí   Pocas veces   Nunca
           las veces   y otras no

27. La frecuencia con la que tengo relaciones sexuales me satisface

Siempre   La mayoría de   En ocasiones sí   Pocas veces   Nunca
           las veces   y otras no

28. Ver a mi pareja desnuda, y yo estarlo, es importante para disfrutar una relación sexual

Siempre   La mayoría de   En ocasiones sí   Pocas veces   Nunca
           las veces   y otras no

29. La masturbación contribuye a mi satisfacción sexual

Siempre   La mayoría de En ocasiones sí Pocas veces Nunca
           las veces   y otras no

Gracias por tu colaboración...

Para calificar el instrumento, todas las preguntas excepto el item número 4, tienen los siguientes valores:

Siempre	*5 puntos*
La mayoría de las veces	*4 puntos*
En ocasiones sí y otras no	*3 puntos*
Pocas veces	*2 puntos*
Nunca	*1 punto*

Para el item 4 ("Me cuesta trabajo que mi pareja diga lo que le gusta y no le gusta durante la relación sexual") los valores de las respuestas se invierten:

Siempre	*1 punto*
La mayoría de las veces	*2 puntos*
En ocasiones sí y otras no	*3 puntos*
Pocas veces	*4 puntos*
Nunca	*5 puntos*

El total se obtiene sumando los puntajes de cada pregunta. El puntaje mínimo es, por tanto, 28 y el máximo, 140. A mayor puntaje, mayor será el índice de satisfacción sexual.

Se asignaron cuatro niveles de satisfacción sexual a cuatro rangos de puntuación en función del comportamiento de la muestra:

Tabla 3. Niveles de satisfacción asignados a cada rango de puntación.

Puntaje total	Nivel de satisfacción sexual
28-110	Bajo
111-120	Medio
121-128	Alto
129-140	Muy alto

Cunnilingus se le llama a la estimulación oral de los genitales femeninos y *felación*, a la estimulación oral de los genitales masculinos.

Un(a) niño(a) deberá aprender entre los dos y los cinco años de edad que la masturbación o toqueteo es algo que se debe hacer en privado.

El interés sexual aumenta considerablemente, por medio de preguntas, entre las edades de tres a siete años. Las respuestas que hay que dar siempre habrán de ir de la mano de alguna de estas preguntas: "¿Dónde escuchaste eso? ¿Tú qué crees que es? ¿Por qué tienes esa duda?". De esa manera sabremos con mayor certeza lo que debemos contestar sin dar información adicional que puede ser innecesaria. Por ejemplo, un niño te pregunta: "¿Cómo nacen los bebés?" y tú le das una cátedra de penetración, óvulo con esperma, se forma en mi vientre, y le hablas del amor que existía entre tu padre y yo cuando te hicimos, etcétera... ¡No es necesario! Antes de arrancarte a explicar, piensa y pregunta porque a lo mejor su duda se relacionaba con si nacían secos o mojados. Hay que tener cuidado con hasta dónde informamos a los niños.

Es importante que a los niños y niñas les enseñemos a llamar a sus genitales por el nombre correspondiente: pene y vagina, punto. Hay casos en que si le preguntas a un niño si abusaron de él o alguien le tocó el pene y él sólo sabe que se llama pilín, te dirá que no, cuando a lo mejor sí lo toquetearon pero no está entendiendo el término en sí. Hay muchas maneras, sobre todo en nuestro país, de llamar al pene: pajarito, cosita, tilín, pilín, chilín, chilote... ¡ay, no! Eso está bien para las bromas entre adultos, pero a los niños hay que decirles las cosas por su nombre, en particular en el ámbito sexual, de modo que nunca haya confusión en cuanto a la información que solicitas.

12. ¿Con qué te quedas?

Me quedo con el velo que hay, hoy por hoy, en nuestro país en el tema de la sexualidad, porque pienso que los mensajes que se reciben a diario son muy confusos. Y éste es un punto en el que deseo nos detengamos a realmente pensar y discutir.

Programas hay en las diferentes Secretarías: repartición de condones por parte de la Secretaría de Salud, en los libros de texto de la Secretaría de Educación Pública se toca el tema del sexo, pero cuidado, del sexo, ¡no de sexualidad! Me explico: en esos libros vemos y aprendemos sobre los genitales masculinos y femeninos, sobre la vagina, el pene, la importancia de utilizar condones para evitar enfermedades de transmisión sexual o embarazos. Me parece un gran esfuerzo educativo y de salud hacerlo ¡pero no se habla, ni se aprende, ni se explica la sexualidad como tal!

No se habla del placer, de la importancia de sentir y de comunicarnos con el otro, de expresar lo que nos gusta y lo que no nos gusta. Y con un paso más adentro, pregunto: "¿Quién o quiénes hablan de sexualidad? ¿Papá y mamá?". En muy pocos casos, porque muchos de ellos citan la información contenida en estos libros de texto o dan información muy ambigua y confusa, bien sea porque no la saben o porque no les conviene que sus hijos la sepan. En muchos casos el tema lo delegan a otras fuentes como a los amigos, a Internet o a la televisión. Depositar esa responsabilidad en otros no me llevará a un buen desarrollo educativo en el ámbito sexual.

Vamos a la escuela y la misma historia: se habla de sexo, no de sexualidad. Los maestros hacen su mejor esfuerzo en lo que al material que reciben se refiere, pero volvemos al círculo vicioso: ¿qué tipo de material? ¡Uno no puede decir que sabe sobre su sexualidad por diferenciar un pene de una vagina o por saber utilizar un preservativo!

Ahora bien, ¿los medios de comunicación? Sí muestran la sexualidad pero estereotipada y te mandan mensajes contradictorios: el que está desnudo, por ejemplo, no siempre siente rico y si lo siente es porque te equivocaste de canal y estás en uno porno. Por lo regular las imágenes de sexualidad que vemos llevan una carga de sufrimiento o de placer excesivo o de sentimientos involucrados, pero que tienden forzosamente a un final feliz porque otro tipo de finales no nos gustan.

La sexualidad no es un tema que se hable con apertura en este país. Nos sentimos "maduros" porque vemos imágenes de sexo; porque viene una expo-sexo a México y es visitada por miles de personas (aunque me parece más un evento donde se vende y se expone el sexo que una invitación a desarrollar nuestra sexualidad con plenitud); porque vemos en la tele al actual secretario de Salud, Córdova Villalobos, mostrando los nuevos preservativos que se repartirán a la población; porque ya no nos da tanta pena comprar un preservativo en la farmacia.

Sin embargo, falta mucho para que se nos vea, a ti y a mí, en las más de seiscientas *sex shops* comprando como en el supermercado dildos, vibradores, lubricantes, vaginas plásticas, penes descomunales y el postre, por si se ofrece. Las preguntas por plantearnos son: ¿sabemos qué hacer con ellos? ¿Sabemos cómo introducirlos a nuestra vida de pareja? ¿Sabemos cómo meter en nuestra cama uno de esos penes descomunales y que nuestro marido diga: "Vieja, ¡qué buen detalle!". No, no es cierto. Estamos lejos de la educación sobre la sexualidad. Cuántas mujeres sufren cada vez que tienen una relación, cuántas jamás en su vida han sentido un orgasmo, cuántas conocen sus genitales, cuántas se dan permiso de expresar sus sentimientos. Confrontar la realidad no es fácil. Esto parece un péndulo que va de izquierda a derecha con facilidad, pero que no resuelve el equilibrio y conocimiento en el desarrollo benéfico de nuestra sexualidad.

Y ¿qué hay del tema de sentir, de explorarnos, de convivir con el otro, de disfrutar nuestra forma de percibir las relaciones sexuales, de tenerlas con gusto, con responsabilidad, con gozo, sin culpa, sin pena, sin miedos y de darnos permiso de vivir nuestra plenitud sexual? Eso sería apertura a la sexualidad, no lo otro.

No dudo que haya un eje por seguir en las políticas de salud y educación pública bien encaminadas en donde se enseñe sobre sexo, eso claro que existe y qué bueno, por algo se empieza. Pero ¿somos una sociedad preparada para nuestra sexualidad? No lo creo. Hay mucha desinformación, mucha confusión, mucha mediocridad en el conocimiento y otros tantos aspectos negativos que sí penetran en nuestro desempeño sexual en forma cotidiana.

Pensemos en los tabúes, en los prejuicios que nos formamos constantemente en relación con el tema de la sexualidad. No creo que en verdad seamos más abiertos o más complacientes o tolerantes con el tema. Por el contrario, siento que se discrimina a la gente que no tiene la misma preferencia sexual, por ejemplo. Los homosexuales pueden referirse a este tema de manera más amplia. Viven todos los días a costa de los prejuicios de los demás. Y si uno de ellos es tu hijo, ¿también adoptarías esa misma actitud? Pienso que debemos abrirnos en varios caminos de pensamiento y ampliar nuestros criterios en este sentido. Bravo por los padres que sí han aceptado a sus hijos, bravo por aquellos que ven el talento de las personas y no con quién se acuestan, bravo por vivir con tolerancia y respeto hacia los demás.

En realidad me quedo con que sobra sexo y falta sexualidad. Sí, el tamaño del sexo sí importa pero y ¿el de la sexualidad? Cuando llamé al Instituto Mexicano de Sexología para completar de manera importante este libro, me hablaron de comunicación en la pareja; del análisis del comportamiento en la toma de decisiones de las personas a la hora de tener una relación; de la cantidad de dinero que invierten y que consiguen con mucha dificultad para que la información en primer lugar exista (hacer estudios, encuestas, preguntar, sondear, ¡tener nuestros propios datos! y no hacer referencia siempre a los que existen en el país vecino...) y después, a ver cómo hacer para que llegue todo este material y conocimiento a la gente para que disfrute más su sexualidad. Los escuché preocupados porque parece que luchan para hacer entender a las personas que el tamaño de la sexualidad del mexicano es lo que más importa y pocos hacen caso.

Los terapeutas que aquí participaron, por ejemplo, no ven en consulta los tamaños de penes o de vaginas; ven casos en los que la sexualidad no se desarrolla plenamente, ven los impedimentos que existen en la mente de muchos para darse permiso de sentir placer, ven a gente frustrada, lastimada, inconforme, harta y desinformada.

No nos tapemos los ojos, no hablemos de conocimiento cuando falta mucho para eso. Este libro es un acercamiento a esa posibilidad. En todas sus páginas se habló de sentimientos, de percepciones, de miedos, de gustos, de desempeños, de lo que es nuestra sexualidad a la hora de cerrar la puerta y desnudarnos.

Otro aspecto acerca del cual vale la pena reflexionar: cuando se habla de sexo en cualquier medio de comunicación suben los *ratings*, ¿se han preguntado por qué? ¿Será por desinformación, será por morbo, será porque deseamos saber más qué se siente y cómo mejorar nuestra vida sexual…? ¿Por qué será? ¿O será para ver qué pescamos y qué aprendemos, así rapidito, en lugar de abrir un libro o dos o tres o gastar en una terapia…? Ahora resulta que por ver encuerados en la tele ya somos una sociedad abierta y sabemos de sexualidad. ¡Es ilógico! Creo que el medio de comunicación da información (en el mejor de los casos con buenos expertos y con criterio para buscar la mejor o más completa información), pero no es cierto que ésa sea la única vía para aprender lo suficiente para sentir plenitud.

Así que mucho sexo y poca sexualidad. No se tienen los tamaños todavía, hay mucho que trabajar en este ámbito. Vienen a mi mente las campañas de moralidad que se promueven en los medios y que pretenden contrarrestar los impactos tan impúdicos y fuertes que hay en ciertos medios, pero, hoy por hoy, a las seis de la tarde uno puede ver a una mujer amarrada y siendo violada en la telenovela vespertina, mientras que en el otro canal sale una mujer, que compite por el *rating*, a quien le están poniendo la madriza de su vida. ¿Cuál es el mensaje? ¿Qué entendemos de esto? ¿Cuál es la doble moral inmersa entre líneas?

Sólo pido que te cuestiones sobre lo confuso de los mensajes desde todas las trincheras a las que estamos expuestos o de las cuales aprendemos sobre sexo y no sobre sexualidad. El sexo se explota y mucho, es garantía. El asunto es justo ése, que como sociedad no lo podemos dejar de manejar con morbo, sin discriminación, y me parece que hay que diferenciar la información sobre el sexo pero cuestionando en qué contexto: ¿vas a enseñar a disfrutar o a sentir placer? o ¿lo vas a explotar como un pecado o como un insatisfactor constante? Cómo lo vamos a manejar, cómo lo vamos a entender e integrar es lo importante. En cuanto a la gente, insisto, que cada quien haga lo que quiera y lo que le guste pero es importante entender por dónde es que puede funcionar este tema: ¿como un castigo a los tamaños que no tengo?, o ¿como un castigo a los tamaños de educación que no tengo sobre la sexualidad?

De tamaños de penes, vaginas, condones, nalgas, senos y demás sí sabemos pero en lo otro, la sexualidad, estamos medio atorados.

Son tantos los círculos que envían mensajes confusos que no podemos depositar en ellos nuestro bienestar con tanta facilidad. Cuestionarnos está bien, tener dudas sobre nuestro desarrollo sexual, está bien, ¡no confundamos los términos por principio! Te invito a hacer un ejercicio: a partir de ahora date cuenta de cuánto se habla sobre el sexo y cuánto se habla sobre sexualidad y verás que hay un gran abismo. Pregúntate ¿cómo se habla de sexo?, escucha el tono, fíjate en el contexto, no sólo veas por ver, observa y date cuenta de cómo se habla de sexo y cómo se ve el sexo.

Ahora, ¿quieres hablar de sexualidad?: hazlo sin pena, con emociones involucradas, con gustos, con límites propios, con el deseo de sentir placer, de conocer más, de conocer más expectativas. Hazte más responsable de tu salud sexual. No está mal que se hable de sexo, pero es necesario el complemento, la acción de lo que implica la sexualidad.

Me queda claro que la mitad del placer es esperar para entregarte en buenas condiciones a una relación sexual. La sexualidad no es algo que se relacione con tamaños de penes, es algo que deja huella en nuestra vida y para siempre. Por eso poca gente habla con verdad sobre ella porque es como destapar el adentro del ser, la intimidad. Si analizamos cómo vivimos nuestra sexualidad nos daremos cuenta de que ésta es la manifestación de cuestiones muy profundas en nuestra forma de ser y percibir la vida. Ahí se refleja mucho de lo que somos, de lo que creemos, de nuestras carencias, de nuestro interior. Por eso fue importante incluir capítulos con las voces de las mujeres, de los hombres y de los jóvenes porque todas esas historias compartidas llevan un nivel de intimidad profundo y muy revelador. Cuando nos sentemos a hablar así con nuestra pareja, con nuestros hijos, con nuestra amiga, cuando nuestros hijos hablen con nosotros o permitamos a nuestra pareja decirnos qué siente y qué piensa sin pena, cuando mostremos lo que en verdad sentimos, estaremos hablando de sexualidad.

Sexualidad es comunicación, diálogo, interacción y apertura. Es honestidad, criterio, educación, es mostrar valores y principios, es expresar con el cuerpo, la mente y el corazón. Es algo integral, es un todo, es parte de nosotros, ¡es natural!

No existe la mala sexualidad, existe la mala o poca dedicación a este tema. No surgen de la nada la frustración o el miedo, hay una historia detrás de esos sentimientos que le da validez a esa forma de vivir nuestra sexualidad.

No me puede quedar más claro: el orgasmo es, como la tierra, de quien lo trabaja. Hoy ya no hay pretexto para sentirnos víctimas de tal o cual circunstancia, habrá que profundizar en dónde estamos y por qué estamos viviendo eso. Pocos casos serán los que puedan decir sufro o estoy ahí porque pobre de mí, no sé cuál camino tomar. Hay que integrar en nuestras vidas algo muy importante: soy el resultado de mis decisiones, de mis limitaciones, de mis atrevimientos, de mis deseos reprimidos o liberados. No hay nadie más que sea la piedra angular que le dé sentido a nuestra vida. Nosotros tenemos que dárselo, nosotros debemos trabajar diariamente por encontrar ese sentido que nos lleve a ser mejores personas. No lo dejemos en unas cuantas imágenes o en terapeutas inexpertos que con un cursito ya creen que resuelven la vida de los demás cuando la suya es un desastre.

El miedo paraliza, el miedo sirve para salvarte pero no para escudarte, no para delegar responsabilidades. Ojalá en un franco análisis mucha gente termine de leer este libro y se sienta equilibrada en el aspecto sexual, y las páginas anteriores le hayan servido para reafirmar su conocimiento pero ¿y si no? El tamaño de cómo te veas de ahora en adelante en relación con tu sexualidad será importante.

No permitas que alguien te lastime o te someta o te reprima o te dé instrucciones de cómo vivir. Provee a tu ser de la información suficiente para tomar mejores caminos, mejores opciones y que, por lo menos, éstas sean más placenteras. Castigamos al cuerpo, al espíritu, a las emociones, a nuestro ser de muchas formas inconvenientes y constantes. Deja de permitir que abusen de ti y no me refiero sólo al tema físico, me refiero también al abuso psicológico, al mental y al que manifiesta todos los anteriores: ¡al emocional!

El sexo está allá fuera todo el tiempo y ¡qué bueno!, pero la sexualidad está aquí adentro. Está en ti y depende de ti. Ese tamaño de conciencia sí importa.

¿Que cuáles tamaños sí importan? El tamaño de la educación, el tamaño del conocimiento, el tamaño de nuestra forma de vernos y de cómo nos sentimos, el tamaño de nuestro placer y gozo. ¡Esos tamaños sí importan! El tamaño de nuestras ganas, de nuestra comunicacion, de nuestros deseos, de nuestro placer, ¡sí importa! Hay que trabajar en la aceptación de que nuestro cuerpo está hecho para sentir. Es necesario conocerlo porque de lo contrario nos negamos la posibilidad de vivir a través de él. Abramos más puertas para vivir una sexualidad más plena.

Y tú ¿con qué te quedas?

En ochenta y cinco por ciento de los casos de abuso sexual a menores los perpetradores son integrantes directos de la familia, amigos o conocidos. ¡Cuidado! Y para complementar este punto, noventa por ciento de los niños que dicen que algo les hicieron expresan la verdad. El resto se refiere a tal o cual cosa porque lo oyó de algún adulto cercano.

El riesgo que corre una mujer de ser violada en su vida oscila entre catorce y veinticinco por ciento. Más de la mitad de estos actos ocurren antes de los dieciocho años y en veintidós por ciento de los casos, antes de los doce.

El mejor libro de sexualidad, el más completo, más práctico y mejor documentado que he tenido en mis manos, se llama *Sexualidad humana*, de Janet Shibley Hyde y John D. DeLamater, Editorial McGraw-Hill.

Datos de los expertos

Sexóloga Adriana Guadalupe López García

Médica Cirujana General, psicoterapeuta sexual y de pareja.
Tels. 01 777 316 3735 y 316 3101, 01 777 310 1120
Correo electrónico: adrianaglopez69@hotmail.com
adrianaglopez69@yahoo.com

Doctora Tari Tron

Doctora en psicología especialista en terapia individual
y de pareja.
Correo electrónico: taritron@hotmail.com

Doctor Fernando Figueroa Díaz

Terapeuta, médico psicoanalista.
CRITEF (Centro de Reinserción Individual y Terapia Familiar)
Tel. 5604 9848
Correo electrónico: critef@hotmail.com

Doctor Juan Luis Álvarez-Gayou

Fundador y director del Instituto Mexicano de Sexología (IMESEX) y terapeuta sexual.
Correo electrónico: gayou@imesex.edu.mx
Artículo: "La falacia de los dos orgasmos femeninos"

Doctora Libe Molinasevich Ruzal

Terapeuta sexual individual y de pareja, sexóloga y adictóloga con estudios enfocados a la sexoadicción y la adicción a personas.
Tel. 04455 5502 7906
Correo electrónico: loldak@yahoo.com
Artículos: "De los seres, los deberes y los narcopoderes", "Chocolate, sexo y cocaína sin adicciones"

Doctora Rina Riesenfeld

Terapeuta sexual y psicoterapeuta. Codirectora del CEISS (Centro de Educación Integral para la Salud Sexual) y codirectora de El Armario Abierto, librería especializada en sexualidad.
Tel. consultorio: 5264 8004
Correo electrónico: www.elarmarioabierto.com

Liz Basañez

Directora de Inteligencia Gradual, S.C., primer centro especializado en México para la ansiedad y la depresión.
Tels. 5254 5845, 5254 5619, 5254 7410, 5254 5601
Correo electrónico: www.inteligenciagradual.com

Enrique Alfaro

Historiador. Leer y Escribir.
Tel. 5682 3850
www.leeryescribir.com.mx

Edelmira Cárdenas

Orientadora sexual.
Tel. cel. 04455 1434 5555
Correo electrónico: edelmiracardenas@yahoo.com.mx

Paulina Millán Álvarez

Sexóloga
(IMESEX) Instituto Mexicano de Sexología
Tel. 5574 9070
dirinvest@imesex.edu.mx

El tamaño si importa, de Fernanda Familiar
se terminó de imprimir en abril de 2008 en
Quebecor World, S.A. de C.V.
Fracc. Agro Industrial La Cruz
El Marqués, Querétaro
México